U0433037

智能车辆前沿技术丛书

丛书主编　项昌乐　陈　杰

智能车辆强化学习与决策控制技术

REINFORCEMENT LEARNING BASED DECISION-MAKING AND CONTROL TECHNOLOGIES FOR **INTELLIGENT VEHICLES**

吕　超　龚建伟　龚　乘◎著

北京理工大学出版社
BEIJING INSTITUTE OF TECHNOLOGY PRESS

内容简介

强化学习是人工智能领域近年来崛起的新兴技术，在机器人、图像识别、语音识别等多个领域有着重要应用，而自主决策控制则是车辆智能化的重要体现。本书将二者结合起来，从数据采集、模型构建、模型验证等角度系统性地阐述了一系列基于强化学习的行为决策方法。全书共6章，第1和第2章介绍了智能车辆系统的基本构成，以及强化学习技术的基础知识；第3~5章基于不同强化学习的特点，详细阐述了经典强化学习、分层强化学习、深度强化学习在智能车辆决策控制系统构建中的应用，以及如何测试这些系统；第6章则从更宏观的角度探讨了目前强化学习方法在迁移和泛化方面的缺陷，并介绍了一种可迁移的强化学习决策控制方法。

本书可作为智能交通系统、智能车辆、地面无人车辆及移动机器人等相关专业高年级本科生和研究生的教学资料，也可以作为从事智能决策与控制技术领域研究的科研技术人员的参考资料。

图书在版编目（CIP）数据

智能车辆强化学习与决策控制技术 / 吕超，龚建伟，龚乘著. -- 北京：北京理工大学出版社，2024. 5

ISBN 978-7-5763-4104-1

Ⅰ. ①智… Ⅱ. ①吕… ②龚… ③龚… Ⅲ. ①智能控制-汽车 Ⅳ. ①U46

中国国家版本馆 CIP 数据核字（2024）第 109129 号

责任编辑：李颖颖　　**文案编辑**：李颖颖
责任校对：周瑞红　　**责任印制**：李志强

出版发行 / 北京理工大学出版社有限责任公司
社　　址 / 北京市丰台区四合庄路 6 号
邮　　编 / 100070
电　　话 / （010）68944439（学术售后服务热线）
网　　址 / http://www.bitpress.com.cn

版 印 次 / 2024 年 5 月第 1 版第 1 次印刷
印　　刷 / 三河市华骏印务包装有限公司
开　　本 / 710 毫米×1000 毫米　1/16
印　　张 / 14.5
彩　　插 / 8
字　　数 / 252 千字
定　　价 / 74.00 元

前　言

随着全球新一轮科技革命和产业变革的加速演进，人工智能、5G、云计算等新一代技术正驱动着全球汽车产业向电动化、自动化、网联化的方向转型升级，自动驾驶已成为汽车发展的必然趋势。党的十九大提出了“科技强国”和“交通强国”战略，强调推进基础设施建设，促进自动驾驶发展；《智能汽车创新发展战略》提出构建协同开放的智能汽车技术创新体系，突破车路交互、智能决策控制等关键基础技术。然而，当前自动驾驶面临着认知能力弱、适应能力差、经济成本高、安全性差、行驶效率低等痛点，这些痛点制约着自动驾驶向高等级水平发展，也限制了自动驾驶的大规模落地应用。

作为智能车辆的关键技术之一，智能车辆决策控制技术的目标是实现不同驾驶场景中最优驾驶策略的推理与执行，其技术水平直接决定了智能车辆在行驶时的经济性、安全性、效率性以及社会接受度。例如：在车辆换道的过程中，需要考虑周围车辆的动态变化、当前环境是否拥堵、自身的行为是否会给其他车辆带来不便等因素，从而选择最佳的换道时间与换道轨迹。现有方法多使用专家知识预先设计规则或基于特定场景数据训练专家模型，从而实现智能车辆的决策控制。然而，面对道路复杂多变、多异构交通参与者的真实城市驾驶工况，它们往往因规则歧义、场景差异过大而难以适应。近年来，以AlphaGo为代表的强化学习技术以其出色的任务适应能力和自学习自推演能力得到了学术界和工业界的共同关注，并成为实现机器人与无人车辆智能决策控制的重要技术途径。本书围绕智能车辆决策控制技术及强化学习技术，从基本概念与定义到一系列应用实例，深入介绍不同的强化学习技术及其在智能车辆决策控制技术中的应用。

本书是作者团队在多年科研基础上形成的重要成果，书中内容不仅包含了作者团队参加“跨越险阻”“中国智能车未来挑战赛”“中国机器人及人工智能大赛－百度 Apollo 城市道路自动驾驶虚拟仿真赛”“世界人工智能大会－元宇宙点亮智能驾驶－AI 驾驶仿真大赛”等国内外重大赛事活动所获得的技术积累，而且还融合了强化学习领域最新的技术发展。作者团队在强化学习和行为决策方向有近 10 年的研究经验，书中涉及的决策模型和测试方法均来自作者团队的研究成果，例如：第 3～6 章的内容基于作者团队发表于 *IEEE Transactions on Intelligent Transportation Systems*、*IEEE Transactions on Vehicular Technology* 和《中国公路学报》等国内外顶级期刊上的论文。书中涉及的决策技术，例如：经典强化学习、马尔可夫决策、深度强化学习等，已在北京理工大学车辆工程专业的本科生课程“无人驾驶车辆理论与设计”（100032418）、研究生课程“智能车辆理论与应用”（0300084）、留学生全英文课程“（英）智能车辆机器学习技术”（0301017）中进行了系统讲授。因此，本书内容适合智能车辆领域的从业人员、研究人员，以及车辆工程专业、交通工程专业等高年级本科生及研究生阅读和参考。

本书获得国家出版基金项目，以及北京理工大学“双一流”建设精品出版工程项目的资助。书中涉及的相关研究获得科技创新 2030——“新一代人工智能”重大项目（2022ZD0115503），以及国家自然科学基金项目（52372405）的资助。

本书在成书过程中，除封面署名作者外，由作者团队指导的在读研究生于洋、陈昕、鲁洪良、贺先祺、王昊阳、林云龙、陈丹妮、宋泽、范思哲、伍仔清、王俊斌、秦绪鹏、张林、吴世杰等参与了书稿部分章节的写作以及全书的校对工作，在此对他们的辛勤付出表示感谢。

本书从多种强化学习技术分支与不同层次智能车辆决策控制技术角度，结合了较多应用实例对强化学习技术与智能车辆决策控制技术进行介绍，希望读者能够从应用角度出发对相关概念与技术获得更深刻的理解。然而，由于近年来有关强化学习与智能车辆决策控制技术的研究方向较多，受限于本书内容体量，难以涵盖全部研究与应用方向，故而本书旨在以具体实例为代表介绍一些典型的应用方向。同时，由于作者团队时间与精力有限，书中难免出现遗漏和错误之处，希望各位读者批评指正。

作　者

目 录

第1章

智能车辆系统概述

智能驾驶是提升道路交通智能化水平、推动交通运输行业转型升级的重要途径[1]。智能驾驶不仅能够提升车辆利用率，减轻汽车对于环境的污染，而且还能提升汽车驾驶的行驶安全性。同时，智能驾驶能够满足人们对智能生活的追求和向往。随着信息化、网联化的不断发展，智能驾驶技术也进一步得到发展，逐渐走入大众的视野。

智能车辆是一种能够以较高速度移动的机器人，它能够感知环境、理解场景、进行自主决策，并控制车辆到达设定的目的地。在没有人为操纵的情况下，智能车辆可以完成自动、安全、有效的驾驶[2]。

本章通过介绍智能车辆架构和智能驾驶发展摘记，对智能车辆进行整体概述，然后依次介绍智能车辆的两个基本组成部分——环境感知与场景理解模块、决策控制模块。

1.1　智能车辆介绍

1.1.1　智能车辆架构

美国汽车工程师学会（Society of Automotive Engineers，SAE）将自动驾驶的级别划分为6个，分别是从0级到5级。在0级，车辆没有自主性，应该完全由驾驶员控制。在1级，车辆可以在驾驶过程中提供一些帮助，例如自动紧急制动或车道保持支持。在2级，车辆拥有更多的自主性，它可以在某些特定情况下自动转向、加速和制动，但是司机应该时刻保持高度警惕。在3级，车辆可以在特定条件下完全控制转向、加速和制动。当自动驾驶系统无法继续运行时，驾驶员应该做好接管的准备。在4级，车辆可以在几乎所有的条件下完成所有的驾驶任务，而无须驾驶员的注意。在5级，车辆负责所有的驾驶任务，可以在所有的环境中运行，无须人工干预。因此，在1级和2级，车辆为半自动车辆，驾驶员在驾驶过程中起主导作用，车辆只能辅助驾驶员。从3级到5级，车辆为自动驾驶汽车，车辆处于主导地位，驾驶员应该辅助车辆。

智能车辆的“智能”定义为：汽车在人为干预较少或无人为干预下即可实现驾驶目标。这就要求汽车具备环境感知和场景理解的能力，并在此基础上得到恰当的决策，即通过精准的行为控制来实现得到的决策。智能车辆又称为自动驾驶车辆、无人车辆、无人驾驶车辆等。如图1－1所示为通用概念汽车的示意图，在一辆具有智能驾驶能力的车辆上面，需要集成众多传感器和信号处理器来完成感知和决策的任务。这辆车配备了传感器和信号处理器，它有防抱死制动系统、电动转向接口、控制器局域网（Controller Area Network，CAN）总线、雷达传感器、激光雷达、惯性测量单元、前视摄像头、中央计算机、全球定位系统、无线通信系统、司机输入、显示器等。

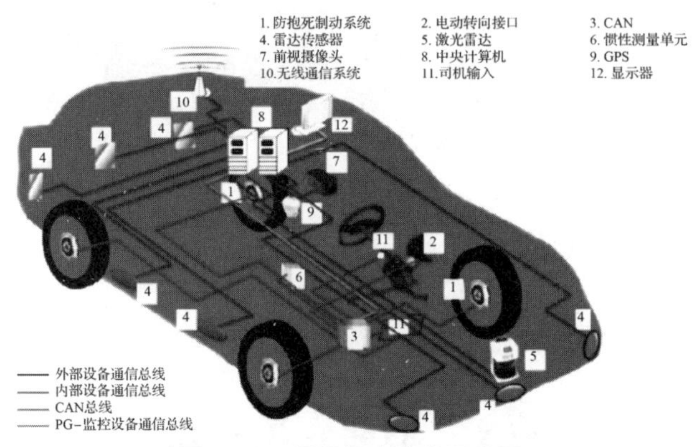

图 1-1　通用概念汽车示意图

典型智能车辆架构如图 1-2 所示[3]。“外部传感单元”所采集的周围环境信息以及“本车线控系统状态信息”通过“车辆接口”传送至车辆内部处理模块；处理模块先进行传感器信息融合，再根据融合的结果对当前场景进行分析，从而作出对应的决策和规划，并依次给出“高级行为控制量”“低级车辆控制量”；控制量经过车辆接口，又传送到外部传感单元以及车辆的线控系统，由此，整个“采集-处理-控制”过程形成了一套完整的闭环系统。

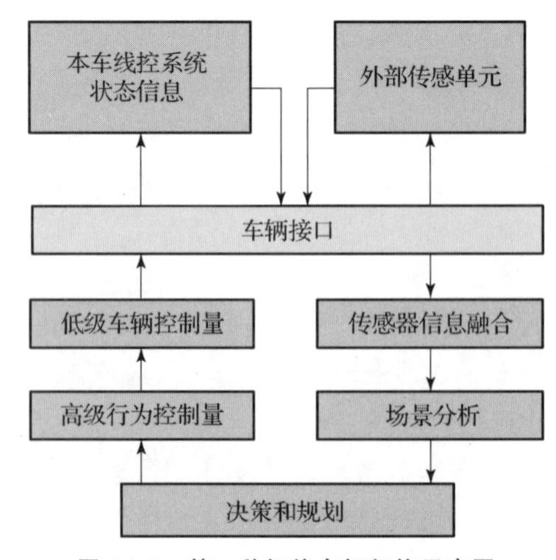

图 1-2　第一种智能车辆架构示意图

基于典型的智能驾驶车辆的基本架构，将构造智能车辆系统划分为两个重要的功能模块。如图 1－3 所示，这两个模块分别是：环境感知与场景理解、决策控制，它们是智能车辆的重要组成部分。

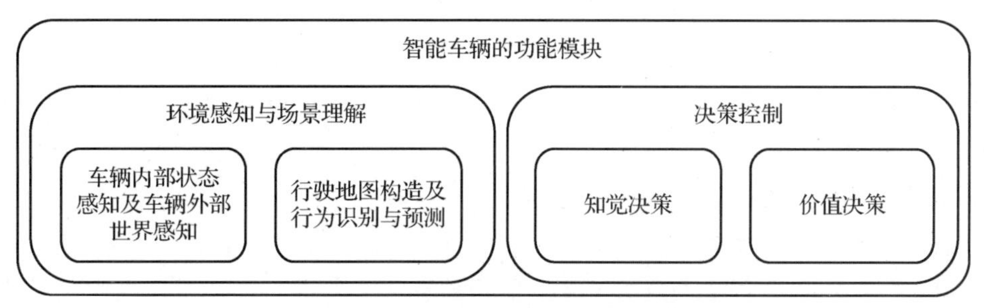

图 1－3　智能车辆的功能模块组成

环境感知与场景理解模块负责将车辆内部状态，外部世界的信息转化为用于车辆决策可理解的信息。智能车辆通过环境感知模块来获取车辆周边环境的相关信息，如主车位置及速度信息、周边车辆位置及速度信息、行人信息、道路交通标志信息、车道变更信息等[4]。场景理解模块将这些信息进行整合和分析，可以得到对场景重要信息的表征、行人换道意图、他车行驶预测轨迹等，为后续决策规划模块提供信息[5]。

在本书中，对智能车辆的决策控制模块定义为：根据当前的场景，对动作进行选择。被选择的动作分为微观动作与宏观动作，微观动作是直接对车辆的控制量进行决策的动作，包括主车期望速度、方向盘转角、主车加速度等。决策直接指导车辆的运动状态，不需要控制模块的辅助。宏观动作是对车辆控制量的上层量进行决策的动作，包括：驾驶意图、行驶轨迹等。宏观动作不能直接指导车辆实现智能驾驶的既定目标，因此，需要引入控制模块指导智能汽车执行决策得到的宏观动作。控制模块可以通过识别车辆的当前位姿，并根据决策得到宏观动作，然后将宏观动作转为微观动作，给智能车辆指导具体的运动状态。

近年来，学术界出现了将两大模块合并的基于机器学习的端到端的系统。它不严格遵循上述的两大功能模块，而是从环境中学习，然后直接采取行动。但是端到端模块由于其黑盒特性，使得驾驶员的安全性无法得到保证，在应用于现实世界前仍需大量的研究和验证。因此，本书的研究聚焦在基于分模块算法的智能车辆上。

在一些智能车辆的文献中，将决策控制模块进一步详细拆分为决策、规划、控制三个模块。本书中为了体现三者的紧密关系，并兼容基于学习的决策控制方法，我们使用一体化的决策控制模块来描述相关功能。本书聚焦在决策控制模块上，并应用基于强化学习的方法来解决智能车辆决策控制的相关问题。

1.1.2 智能车辆发展摘记

1.1.2.1 国外智能车辆摘记

(1) 基于分模块算法的自动驾驶车辆

大多数研究者认为，“1939 年纽约世界博览会”是自动驾驶汽车的首次亮相。在 1939 年纽约世界博览会上，由美国通用汽车公司（General Motors Company，GM）赞助的名为“Futurama”（未来世界展览）首次向世人展示了对未来自动驾驶的构想。如图 1-4（a）所示，设计师 Norman Bel Geddes 向当时的人们展示了他对未来汽车及交通的想法——未来汽车采用无线电控制，使用电力驱动，由嵌在道路中的电磁场提供能量来源。

1953 年，美国无线电公司（Radio Corporation of America，RCA）实验室成功地研制了一辆微型汽车，它由按一定模式铺设在地板里的电线进行导航和控制。如图 1-4（b）所示，在 1958 年的时候，通过与内布拉斯加州及美国通用汽车公司合作，RCA 实验室又成功在试车场上进行了 400 英尺[①]的真实路况、全尺寸汽车实验。1960 年，美国通用汽车公司已测试了全尺寸汽车的自动驾驶功能，其中包括车道保持、变道以及跟车功能的实现。

全球多个国家也迎来了智能车辆技术的快速发展。在 1967 年的日本，自动驾驶汽车在试车场上达到了 100 km/h。在 1986 年的德国，无人车“VaMoRs”成功实现完全无人驾驶；到 1987 年，VaMoRs 已能够以 96 km/h（约 60 mph）的速度高速行驶。如图 1-4（c）所示，在 20 世纪 80 年代后期，立体摄像机被 VaMoRs 用于侦测移动的障碍物。

在早期，智能车辆通常在实验室内开发，然后在专用场地上进行测试。随着智能车辆的发展，一些研究者开始将智能车辆应用于真实道路，并在多场景中进行演示。1997 年，研究者们在加利福尼亚州圣地亚哥的 I-15 公路上举办了高速公路自动驾驶车辆演示，名为“Demo’97”。在本次演示中，对单车、多车及不同平台的自动驾驶技术进行了测试。如图 1-5，展示了 Demo’97 中两辆来自俄亥俄州立大学团队的汽车正在没有基础指令的情况下超车的场景。

2004 年 3 月，美国国防高等研究计划局（Defense Advanced Research Projects Agency，DARPA）举办了一个无人驾驶汽车挑战赛“DARPA Grand Challenge”。图 1-6 展示了第一届“DARPA Grand Challenge”的部分参赛车辆。虽然第一届的比赛没有队伍最终完成比赛，但正是这个比赛，吸引了众多

---

① 1 英尺 = 0.304 8 米。

（a）

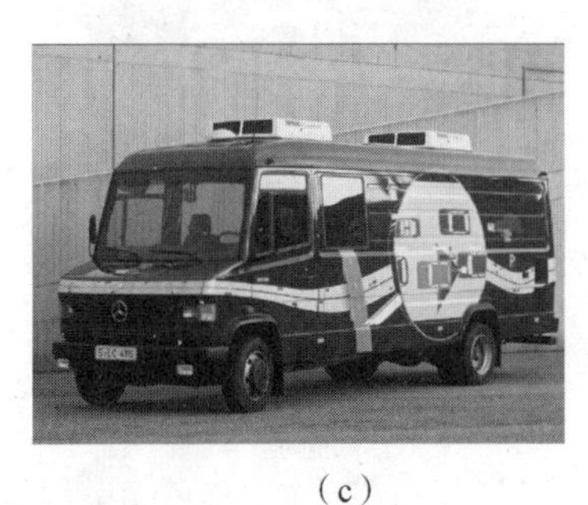

（b）　　　　　　　　　　　　（c）

图 1－4　早期智能车辆示例

（a）1939 年纽约世界博览会上美国通用汽车公司展出的“Futurama”；
（b）1958 年 GM 试车场上一辆自动驾驶汽车；（c）1987 年德国无人车 VaMoRs

图 1－5　来自 Demo'97 中俄亥俄州立大学团队的汽车超车场景

以 Google 为代表的全世界 ICT 公司和硅谷创业公司加入智能汽车的研发中来，由此也引起了传统汽车产业“智能化”的变革。随后的几届，也涌现了众多杰出的队伍和杰出的设计。2007 年，DARPA 发起了另一项名为“DARPA Urban Challenge”的竞赛，旨在探索城市环境中的自动驾驶技术。许多著名的自动驾驶控制方法，如 Stanley 方法，就是在这些挑战中发展起来的。这些方法至今仍被广泛使用。

图 1－6 首届“DARPA Grand Challenge”比赛部分参赛车辆

智能车辆的快速发展逐渐吸引了科技公司参与到此领域的研发中。2010年左右，谷歌开始涉足自动驾驶领域，它们的目标是将自动驾驶汽车带入人们的日常生活，并尝试了两种不同的方法来开发自动驾驶汽车。如图 1－7 所示，一种方法是通过增加传感器和自动驾驶技术来改造现有的车辆，比如增加感知、规划和控制模块并添加相关硬件；另一种方法是设计一辆全新的汽车，完全从自动驾驶的角度出发。因此，这类车辆将不需要方向盘、刹车和油门踏板。

图 1－7 Google 自动驾驶汽车

如图1－8所示，近10年来，越来越多的汽车公司，如特斯拉、宝马等许多公司都参与其中。自动驾驶汽车已经走出实验室，走进了我们的日常生活。Autopilot是最著名的商用自动驾驶系统之一。2014年，特斯拉发布了他们的第一个版本的Autopilot Hardware 1.0，用于半自动驾驶和驾驶员辅助。2016年，Autopilot Hardware 2.0发布。2019年，完全自动驾驶（Full－Self Driving，FSD）计算机被嵌入到Autopilot 3.0中，可以支持完全自动驾驶。

（a）

（b）

图1－8　汽车公司生产的自动驾驶汽车

（a）特斯拉自动驾驶汽车；（b）宝马自动驾驶汽车

近年来，自动驾驶汽车和自动驾驶技术已经成为国际消费电子展（International Consumer Electronics Show，CES）上的明星。如图1－9所示，在“CES 2019”上，韩国的现代汽车和日本的丰田汽车分别展示了它们的自动驾驶概念车。在“CES 2021”上，凯迪拉克发布了他们的新自动驾驶汽车“Halo”，这辆车没有方向盘、刹车和油门踏板，是为全自动驾驶设计的。在“CES 2023”上，德国本特勒公司推出了自动驾驶巴士“Holon Mover”，它是专门为城市交通设计的穿梭巴士，可容纳15名乘客。

（2）基于端到端算法的自动驾驶车辆

近年来，随着机器学习技术的发展，智能驾驶领域中出现了一种新的架构——端到端学习[6]。端到端学习方法是直接从环境中学习，它不严格遵循上述的智能车辆功能模块。在端到端的框架下，智能车辆输入环境状态后直接输出需要采取的行动。该框架不需要通过人工设计或处理来生成中间的表示特征，从而实现从高维图像、雷达感知数据，直接映射到转动方向盘、自动调节油门踏板及制动踏板等车辆的操作。

在2022年2月的《自然》杂志上，Wurman P R. 等发表了一篇关于如何使用端到端学习方法来训练赛车的文章[7]。如图1－10所示，该文章中使用强化学习算法在电脑游戏中训练赛车，使得这辆车通过自己学会了如何在没有人类指导的情况下驾驶。最后，它运用所学习到的驾驶方法打败了人类赛车驾驶游戏冠军。

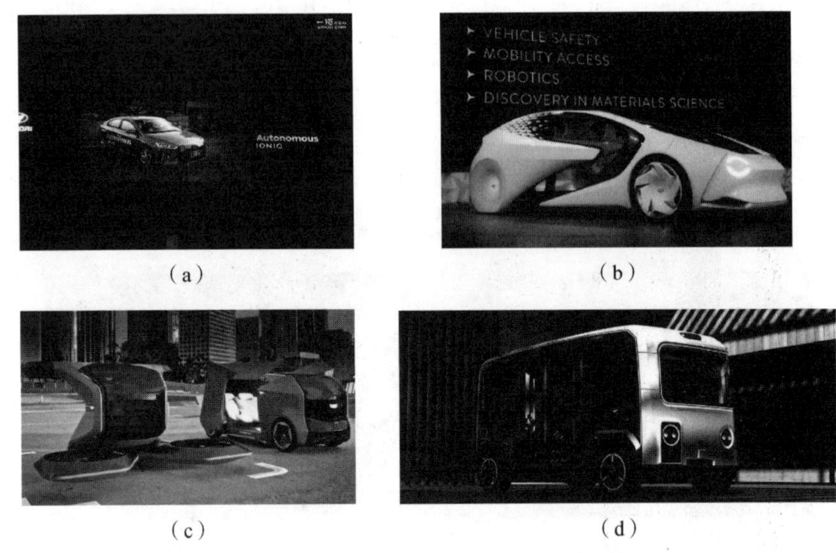

（a）　（b）

（c）　（d）

图 1－9　在 CES 上展出的自动驾驶汽车

（a）现代汽车自动驾驶概念车；（b）丰田汽车自动驾驶概念车

（c）凯迪拉克自动驾驶汽车“Halo”；（d）本特勒自动驾驶巴士“Holon Mover”

图 1－10　基于端到端学习方法的赛车在游戏中训练的过程图

2019 年，特斯拉在完成硬件和 FSD 工作之后，便着手对自动驾驶算法进行重构。如图 1－11（a）所示，在 2023 年特斯拉 FSD V12 版本被推出。它是特斯拉推出的第一个端到端 AI 自动驾驶系统，完全是基于大模型和数据驱动的方案。这一里程碑标志着特斯拉在自动驾驶技术上迈出了一大步，距离实现完全自动驾驶的愿景也更进了一步。

随着大模型和生成型预训练变换模型（Generative Pre－trained Transformer，GPT）的快速发展，近年来研究者们提出了许多与 GPT 相结合的应用。例如著名的 ChatGPT，它是一种通用的聊天机器人，可以处理许多不同的数据模式，如文本、图像和视频等。在智能车辆领域将 GPT 和自动驾驶结合起来，生成了 DriveGPT[8]，进行端到端学习。如图 1-11（b）所示为 DriveGPT-4，它是在一个全面的多模态语言模型的基础上开发的，能够处理包括视频、文本和控制信号在内的输入。经过大量数据的训练，在给定环境信息的情况下，DriveGPT-4 可以回应人类的询问，并预测自动驾驶汽车的控制信号。

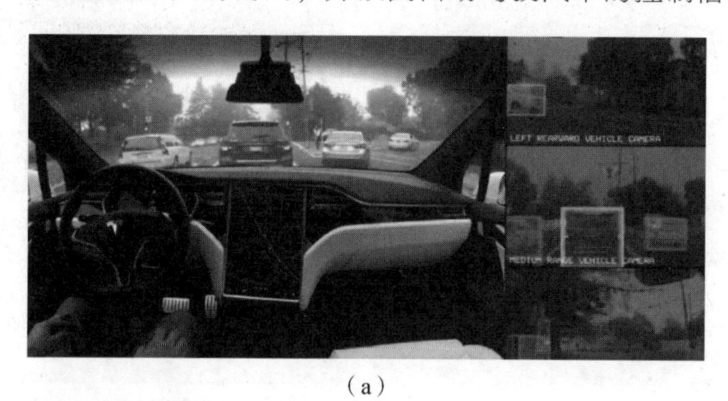

（a）

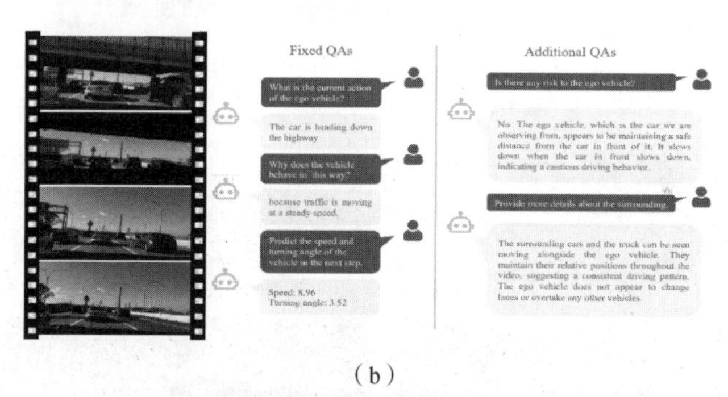

（b）

图 1-11　配备 FSD V12 的特斯拉自动驾驶汽车

（a）配备 FSD V12 的特斯拉自动驾驶汽车测试场景；
（b）搭载 DriveGPT-4 的智能车辆回应人类询问的问答界面

尽管基于端到端算法的自动驾驶技术结果令人印象深刻，但在端到端学习的架构下，驾驶员的安全性无法得到保证。要想在现实世界中得到应用，仍需要很多的研究和验证。

1.1.2.2　国内智能车辆摘记

如今随着国外越来越多技术的涌现，世界范围内的无人驾驶技术研究已经丰富多样，而我国对无人驾驶技术的研究，也成为世界无人驾驶技术的重要一环。在我国，虽然自动驾驶汽车起步偏晚，但是发展迅速。从 20 世纪 80 年代开始，我国也逐渐开始了自动驾驶技术的相关研究。1991 年到 1995 年的“八五”期间，南京理工大学、北京理工大学、清华大学、浙江大学和国防科技大学等5所高校联合研制出我国第一辆具有自主识别功能的军用地面机器人ATB－1（Autonomous Test Bed－1），这是我国第一辆能够自主行驶的测试样车，其行驶速度可以达到21 km/h。如图1－12所示，ATB－1的诞生标志着中国无人驾驶行业正式起步并进入探索期。无人驾驶的技术研发正式启动，也代表了同一时期（20世纪90年代）国内无人驾驶车辆技术研究领域的先进水平。1996年到2000年的“九五”期间，第二代无人驾驶车辆ATB－2问世。其功能得到了大大的加强，直线行驶速度最高可达到75.6 km/h。

图1－12　中国首辆军用地面机器人ATB－1

2001年9月，国防科技大学与中国第一汽车集团历时一年半、联合研发的“红旗CA7460”自主驾驶汽车问世。如图1－13所示，它被称作我国首辆自动驾驶轿车。这辆车基于两台摄像机，通过图像识别处理系统测量前方车辆的距离和相对速度。该车通过车载主控计算机规划道路和行驶状态，最高时速可达170 km/h，还具备安全超车功能。

图1－13　中国首辆自动驾驶轿车红旗CA7460

2011年，“红旗HQ3”，即第二代红旗自动驾驶汽车，完成了第一次长距离高速自动驾驶测试。如图1－14所示，它从长沙开到武汉，全长286千米，自动驾驶的平均速度为85 km/h。整个旅程中，人工干预的里程约为2 240米，不到自动驾驶总里程的1%。

2012年，由中国人民解放军陆军军事交通学院开发的自动驾驶汽车“军交猛狮3号”完成从北京到天津114千米的公路测试。如图1－15所示，这辆车是由一辆SUV现代途胜改装而成，总自动驾驶时间为85分钟，平均速度为79 km/h，最高时速为105 km/h。

图 1 - 14　第二代红旗自动驾驶汽车红旗 HQ3

图 1 - 15　“军交猛狮 3 号”进行公路测试的场景

2009 年 6 月 4 日，为鼓励自动驾驶汽车发展，国家自然科学基金委员会首届中国“智能车未来挑战赛”在西安举行，如图 1 - 16（a）所示。在这个挑战赛中，智能车辆被要求完成一系列任务，比如在城市道路上行驶、避开行人、在农村地区行驶等。湖南大学、西安交通大学、上海交通大学、北京理工大学、国防科技大学、清华大学以及意大利帕尔玛大学等国内外 7 所大学的无人驾驶车辆同台竞技，展示了当时我国智能车最前沿的科技魅力。2013 年，北京理工大学与比亚迪股份有限公司联合研发的“Ray”无人车，如图 1 - 16（b）所示，在常熟市承办的 2013 年第五届中国智能车未来挑战赛中，从 11 家单位、18 辆无人驾驶车中脱颖而出取得总冠军。

众多来自高校、科研院所和企业的研究团队在智能汽车未来挑战赛的竞争中迅速成长。如图 1 - 17 所示，它们采取了不同的智能车无人平台，完成了在多种驾驶场景中的任务，极大地促进了中国智能汽车技术的发展。

(a)

(b)

图 1-16　首届中国智能车未来挑战赛比赛过程图

(a) 第一届中国智能车未来挑战赛比赛现场图；

(b) 第五届中国智能车未来挑战赛中“Ray”无人车比赛现场图

图 1-17　中国智能车未来挑战赛中来自各支参赛队伍的智能车辆

2013 年，百度涉足自动驾驶市场，并在两年后的 2015 年，百度自动驾驶汽车完成了在真实道路上的测试。2020 年 10 月，百度在北京向公众全面开放了阿波罗（Apollo）机器人出租车服务。如图 1-18 所示，到目前为止，百度机器人出租车服务在中国的许多城市都可以找到，比如上海、北京、广州、长沙、重庆等。

图1-18　百度自动驾驶汽车和百度机器人出租车

除了小型乘用车，公交车也是自动驾驶市场的焦点。2015年，宇通集团开发并在中国公路上测试了第一辆自动驾驶巴士，如图1-19所示。在测试中，这辆自动驾驶巴士在全开放道路环境下行驶了32.6千米，最高时速为68 km/h，整个驾驶过程完全自主，没有人为干预。

图1-19　宇通客车的无人驾驶大客车

在最近的5~10年里，许多汽车公司和科技公司都参与了中国的智能车辆市场。如图1-20所示，国内成立了许多专注于自动驾驶技术的新公司，如“元戎启行”“小马智行”“初速度”等。除了解决在城市道路上行驶的问题之外，一些公司也尝试在其他领域应用自动驾驶技术。比如：图森和智加技术应用智能车辆解决运输物流问题；美团、驭势科技开发智能车辆应用于非公共道路，如校园、机场、公园等。

智能网联汽车通过集成通信、网络和自动驾驶技术，近年来受到越来越多的关注。如图1-21所示，北京、杭州、上海、长沙、长春等城市已经开通了智能网联汽车测试道路。这些测试道路的建设为智能汽车新技术的测试、验证和示范提供了丰富的场景以及先进的设施和可控的风险。

图 1-20　汽车公司及科技公司推出的部分智能车辆

(a)　(b)　(c)

(d)　(e)

图 1-21　在全国多个城市开通的智能网联汽车测试道路

(a) 北京；(b) 杭州；(c) 上海；(d) 长沙；(e) 长春

1.2　智能车辆的基本组成部分

1.2.1　环境感知与场景理解模块

环境感知模块有两个主要工作需要实现，分别是车辆的内部状态感知和外部世界感知。智能车辆的环境感知技术与传感器息息相关，各类传感器可以将不同的外界信号转化为能够被识别的电信号。智能车辆的传感系统可以分为内部状态传感器和外部传感器[9]。在场景理解模块中有两个主要工作需要实现，一个是基于静态的障碍物构造行驶地图，另一个是基于动态的障碍物进行行为识别与预测。通过传感器获取到车辆驾驶的基本参数后，该场景理解模块首先构造当前的行驶地图，然后提取行为识别和预测信息，来过渡到场景理解。本节通过车辆的内部状态感知和外部世界感知，以及行驶地图构造、行为识别与预测两个部分来介绍车辆的环境感知与场景理解。

1.2.1.1　车辆的内部状态感知和外部世界感知

车辆的内部状态感知是用于了解主车车辆自身的状态，包括当前主车的位置、主车自身的速度、主车自身的加速度等，而外部世界感知则用于获取主车在道路上行驶时周围的信息。智能车辆通过外部世界感知获得周边静态物体和动态物体的位置、速度、轮廓等信息，并为智能驾驶提供支持。

通常用于实现智能车辆内部状态感知的传感器包括全球定位系统（Global Positioning System，GPS）和惯性测量单元（Inertial Measurement Unit，IMU）。GPS主要应用于确定智能车辆的绝对位置和速度，其定位精度为5~15米，它能帮助智能车辆了解相对于目的地的位置以及相对于道路网络的位置。IMU是一个六自由度传感器，其中包括了加速度计和速率陀螺仪。当车辆在运动时，它可能沿着横向、纵向和垂直三个方向的各轴，经历线性和旋转运动。惯性测量可以在车辆内部进行，不需要参考外部点，测量信息包括线加速度、角速率和加速度。GPS与IMU用于车辆定位，实现车辆自身状态获取。IMU与GPS都能实现对主车自身状态的感知，但是它们分别存在缺点。对于IMU，即使其测量中存在的误差或偏差很小，它的累积误差也可以导致位置误差无限增长，这就需要增加外部源的测量，以定期纠正其误差，而GPS可以为它提供有界的测量误差精度估计。对于GPS，它的测量易受到信号中断的干扰和影响，而

IMU 是一个独立的、不受干扰的系统，它完全独立于周围环境。因此，当 GPS 信号短期丢失时，IMU 可以连续提供导航信息。因此，如图 1－22 所示，通常采用卡尔曼滤波等信息融合方法将这两种传感器结合起来[10]，为智能驾驶的主车提供准确的实时信息更新。

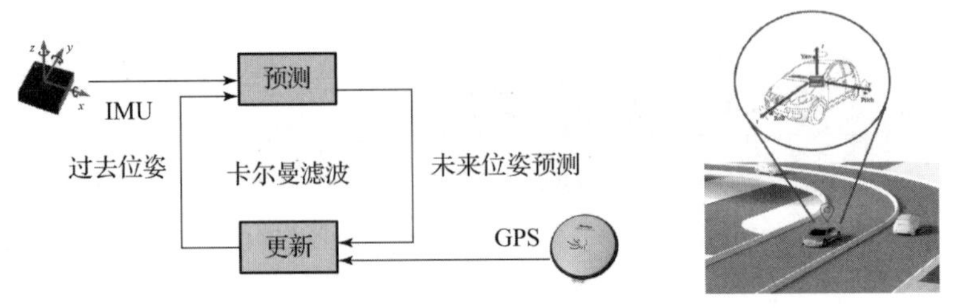

图 1－22　IMU 与 GPS 融合流程图

如图 1－23 所示，通常用于外部环境感知的传感器包括激光雷达（Lidar）、毫米波雷达（Radar）和相机（Camera）。激光雷达是一种广泛应用于道路车辆的主动传感技术，用于检测远近障碍物，提供距离和方位测量信息，然而，激光雷达扫描仪的价格通常非常昂贵。毫米波雷达能在广泛的环境条件下有效运作，一般不受周围光线或雨、雪、雾或灰尘的影响，其成本也往往较低，但毫米波雷达的测量不够精确，尤其是方位角的测量误差较大。相机也是目标检测领域不可或缺的重要传感器。单目相机通常用于车道标记或车道边缘检测，以及基本的、低精度的目标检测和定位，目前应用于车道偏离警告系统和一些前向碰撞警告系统、路标识别应用程序。而多目相机，例如立体视觉系统，可以为世界上的物体提供深度地图，并可用于障碍物检测[11]。由于相机使用了低成本的现成组件，其功能的实现几乎完全在软件中进行，因此使得这一类传感器非常适合研究开发和测试。但该类传感器在应用于阴影、反射、大气天气、灰尘和烟雾等场景下时面临挑战。

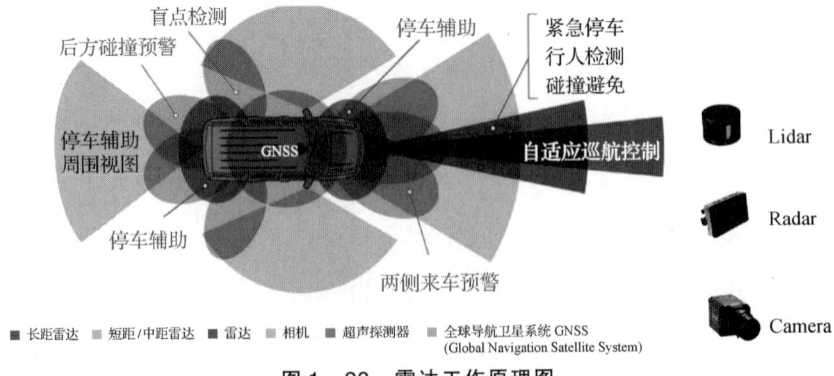

图 1－23　雷达工作原理图

基于内部传感器与外部传感器的信息融合，这对于无人驾驶车辆的设计具有重要意义。为满足技术要求，通常在设计自主车辆传感器系统的时候采取一般架构，如图 1－24 所示。

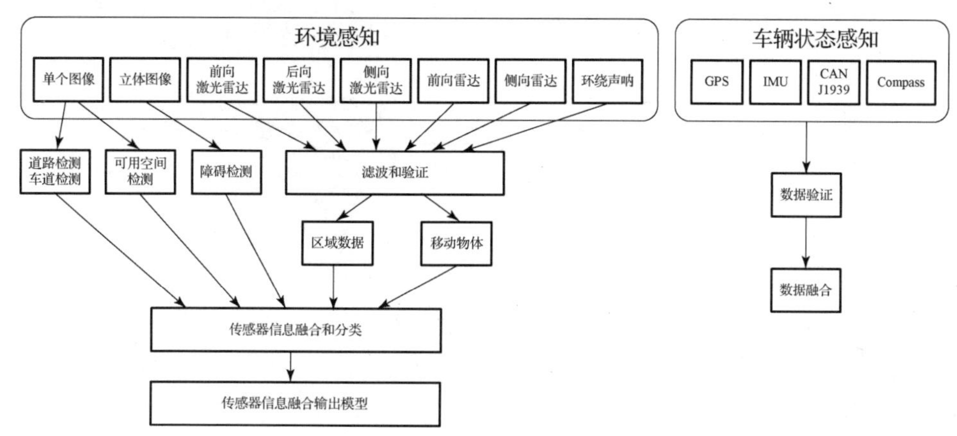

图 1－24　自主车辆传感器系统一般架构

1.2.1.2　行驶地图构造及行为识别与预测

在环境感知中，模块实现了对车辆的内部状态感知和外部环境感知。基于传感器检测到的信息后，该模块进一步构造场景理解，为智能车辆提供能应用于决策的信息。将不能自主改变位置的物体称为静态障碍物，包括交通标志、交通信号、车道标线、建筑物等；将可以自主改变位置的物体称为动态障碍物，包括车辆、行人、自行车、摩托车等。在场景理解模块中，基于静态的障碍物构造行驶地图，基于动态的障碍物进行行为识别与预测。

对于静态物体，基于传感器数据，可以开发算法来完成检测和识别任务。例如，车道检测算法可以提取有关车道结构几何特征的特定信息，并表示车道标记的位置。交通信号识别算法可以检测车辆周围环境中一个或多个交通灯的位置，并识别它们的信号状态。如图 1－25 所示，基于静态信息构造行驶地图，主要分为两类：栅格数据和矢量数据[12]。基于栅格的数据将区域划分为多个单元或网格的集合，通常具有统一的大小，并且为每个网格单元分配一个或多个值，用于表示映射信息。一般而言，栅格数据会占用大量内存，但由于信息是在更直接的级别上表示的，因此需要更简单的数据处理技术，类似的处理技术包括数字高程图和土地覆盖或使用图。矢量数据表示曲线、连接的线段甚至离散点的信息，曲线或线段也可以围住并表示区域。矢量数据是一种更复杂、更丰富的表示形式，因此通常需要较少的存储空间，但需要更复杂的处理算法，例如数字路线图和恒定高度地形图等。

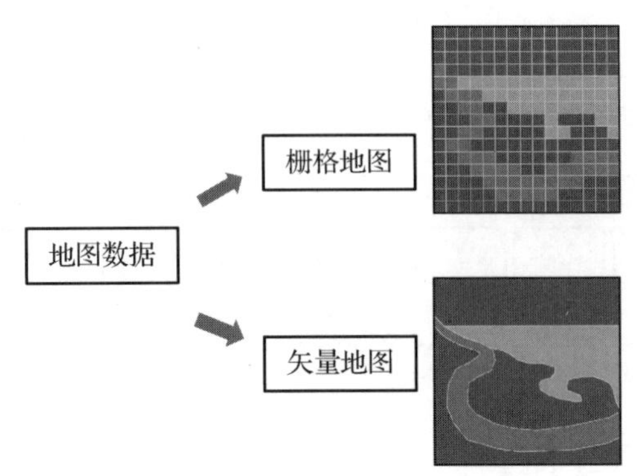

图 1-25　行驶地图的分类示意图

在内外感应器数据采集及行驶地图构建之后，智能车辆已经知道了自己的状态和其他动态物体的状态，为了作出正确的决策，需要考虑其他动态障碍物的当前行为信息和未来预测信息。因此，需要对车辆、行人和骑行者等动态对象进行行为识别和轨迹预测[13]。

动态对象行为识别的一般方法如图 1-26 所示。行为识别可以建模为通过机器学习技术有效解决的分类问题，利用跟踪信息和数据提取被检测物体的位置、速度、骨架等特征信息。基于特征信息训练的分类器，将不同对象的行为分类到不同的类别中，用于区分和识别动态对象的行为，例如用于识别行人的过街意图及车辆行驶意图等。

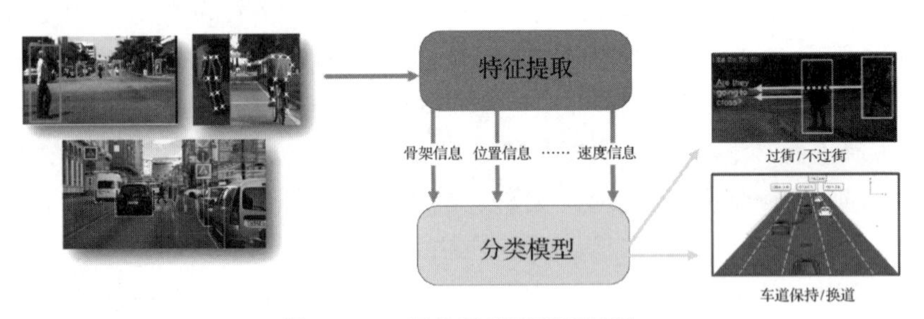

图 1-26　行为识别模型流程图

类似于行为识别，内外传感器感知的信息及构造的行驶地图可以用于提取轨迹预测问题的特征。如图 1-27 所示，轨迹预测问题被建模为回归问题，将提取到的骨架、位置、速度等特征信息输入到回归模型中，模型输出交通参与者的未来轨迹信息，从而完成轨迹预测任务。这些预测可以帮助智能车辆作出决策并规划合适的路径。综上，基于环境感知与场景理解模块，智能车辆得到了可以用于车辆决策可理解的信息。

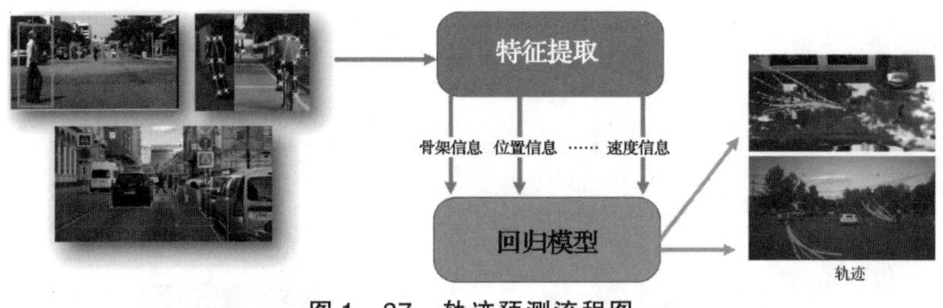

图 1－27　轨迹预测流程图

1.2.2　决策控制模块

广义上讲，决策是一种认知过程。它是指在几种可能性中选择一种期望或一种行动。在现实生活中，决策是一个使用极为广泛的词，与日常生活息息相关。对于自动驾驶汽车来说，决策更为复杂。当车辆在道路上行驶时，交通状况、事故甚至天气状况都会迫使车辆作出重新规划其路径的决策。例如，前面的车辆由于交通堵塞而减速，主车应决策是否保持在原驾驶路线上，还是换到可能更快的驾驶路线[14]。在一些智能车辆的文献中，决策控制部分被单独拆分为决策、规划与控制模块，本书为了体现决策、规划、控制的紧密关系，并兼容基于学习的决策控制方法，使用一体化的决策控制模块来描述相关功能。

1.2.2.1　决策控制模块的定义

如前所述，在本书中，对智能车辆的决策控制模块定义为：根据当前的场景，对动作进行选择，见 1.1.1 的相关内容。基于学习的决策模型，直接从数据和与环境的交互中学习，常常直接输出车辆的微观动作量。强化学习作为一种先进的机器学习方法，近年来已被用于解决自动驾驶汽车的决策控制问题。模仿学习也是一种有效的方法，它从人类驾驶员的专家数据中学习，实现环境状态到人类驾驶员操作的映射[15]。此外，随着大语言模型的发展，GPT（Generative Pre－trained Transformer）也在自动驾驶中展现出应用前景，用于预测自动驾驶车辆的微观动作信号[16]。传统控制方法需要研究横向和纵向控制，如图 1－28 所示，其中横向控制主要用于车辆方向盘的控制，实现无人驾驶汽车的路径跟踪；纵向控制则主要负责车辆油门、刹车的控制。在智能车辆的行驶过程中，车辆的横向运动和纵向运动存在耦合关系，通常将纵向运动和横向运动进行解耦，设计两个独立互补关系的控制器，对其分别进行控制。两者协同工作以使智能车辆按照预定的参考轨迹行驶。

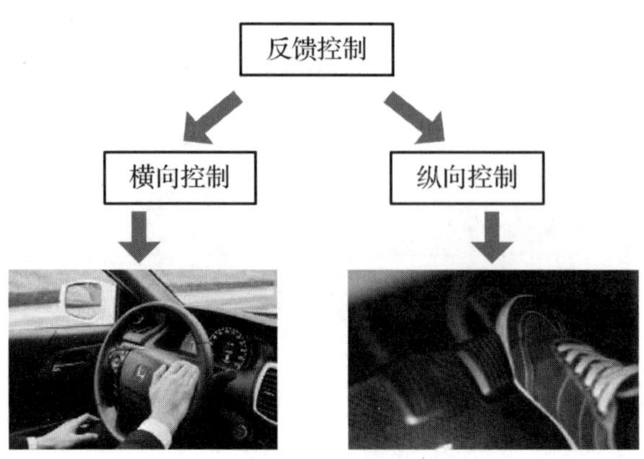

图 1-28　无人车反馈控制图

1.2.2.2　决策控制的分类

在认知神经科学中，决策主要分为两种类型：知觉决策与价值决策。知觉决策是在接受特定的感知输入后，在大脑中通过特定的表征、转换和加工，作出选择的过程。例如，当行人试图通过马路时，如果看到红色信号，则会停下来；如果看到绿色信号，则会穿过马路。基于价值的决策是在做决定时评估和权衡不同选择的预期利益或价值后作出选择。例如，在股民购买股票的时候，会考虑多只不同股票的价钱并衡量它们的未来收益，然后选择最优的股票进行投资。

智能车辆中的知觉决策主要是基于驾驶规则实现的决策方法。基于规则的决策方法具有快速、稳定的特点，是自动驾驶领域应用广泛的决策方法[17]。基于规则的方法是指使用一组预定义的规则来指导决策。有限状态机[17]是一种典型的基于规则的决策方法，它将不同的决策建模为有限数量的状态，决策的过程就是在规则下状态之间转换的过程。如图 1-29 所示，这个状态机包括三种状态：直行，向右换道，向左换道。其中的规则 4 定义为：当主车辆与前方车辆的距离小于 10 米时，则会触发向左变道的动作。当智能车辆在路上直行时，满足规则 4，则从直行状态作出左变道决策，到达向左的换道状态。通过设立合理的规则，使得车辆状态在这些状态之间切换，智能车辆就可以完成在城市道路上行驶的任务。但由于状态机的转换过程基于预定义的规则，当环境和驾驶任务发生变化时，状态机无法有效地适应新环境，因此，基于规则的方法适应性差。

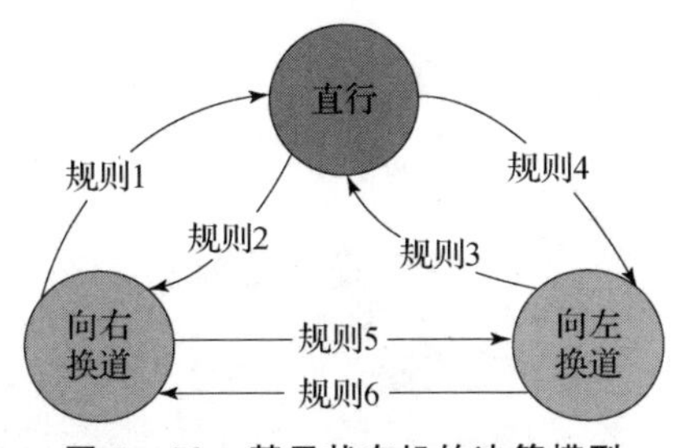

图 1－29　基于状态机的决策模型

智能车辆中的价值决策是以马尔可夫决策过程（Markov Decision Process，MDP）为基础的决策方法[18]。MDP 由状态（State）、动作（Action）和奖励（Reward）组成。如图 1－30 所示，在每一种状态下，决策者可以选择一种行动，行动的选择导致状态的变化，从而产生相应的奖励或惩罚。因此，MDP 不依赖于预定义的规则，它根据决策本身的价值作出决策，比基于规则的方法具有更好的适应性。最原始的 MDP 需要提前了解环境的全部信息，这导致其应用具有局限性。

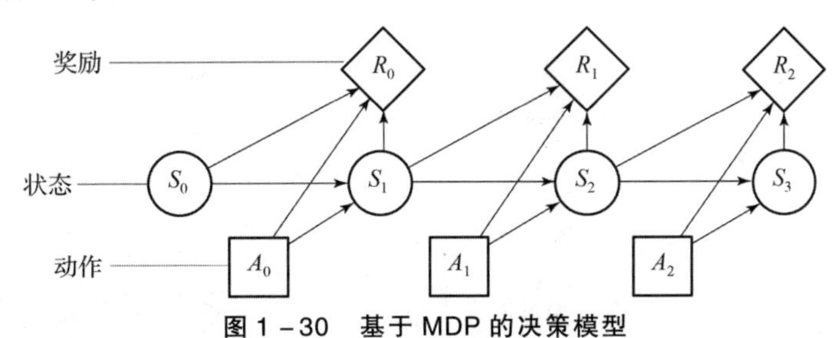

图 1－30　基于 MDP 的决策模型

基于学习的方法，如强化学习（Reinforcement learning，RL），可以在未知环境的全部知识的情况下进行学习。对智能车辆模型引入强化学习算法，将提高其适应性。如 1－31 所示，在 MDP 基础上，加入强化学习的决策控制模型可以直接从与环境的交互中学习策略，而不需要预先知道全部状态转移的概率和奖励函数。

虽然强化学习算法可以在状态转移关系未知的环境中建模决策算法，但是它所考虑的状态是确定性的，没有观测误差。观测误差在智能驾驶中是很常见的问题，例如由于恶劣的天气条件，激光雷达测量到其他物体的距离是不确定的，无法观察到距离的真实值，这会导致部分可观测的问题。如图 1－32 所示，部分可观察马尔可夫决策过程（Partially Observable Markov Decision Process，POMDP）及方法是通过在 MDP 中增加一个新的观测值 O 来解决这类问题。

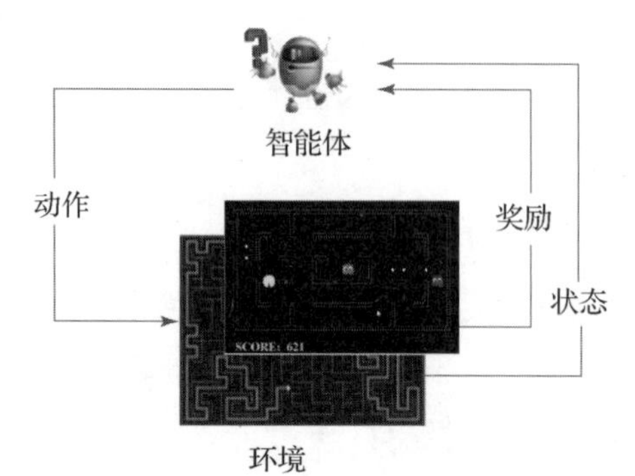

图 1-31　强化学习模型示意图

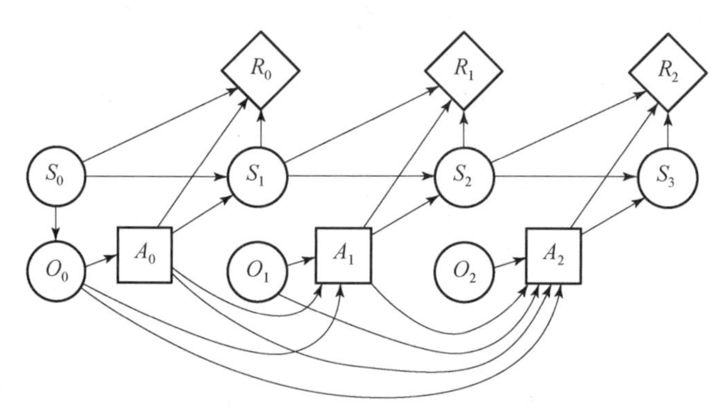

图 1-32　基于 POMDP 的决策模型

当存在多辆智能车辆时，每辆智能车辆都需要根据自身利益和群体利益之间的平衡来作出决策，如图 1-33 所示。这类问题可以用多智能体系统（Multi-Agent Systems）和博弈论（Game Theory）来解决。在本书中，主要是采取基于强化学习的方法来解决智能车辆决策控制模块中的相关问题。

图 1-33　多智能体博弈场景

第2章 强化学习基础

强化学习用于描述和解决智能体（Agent）在与环境的交互过程中通过学习策略以达成累计回报最大化或实现特定目标的问题[19]。2015年，Google Deep Mind提出基于深度强化学习的DQN算法[20]，在多款Atari游戏的得分上，以绝对的优势领先于人类玩家。2016年，结合强化学习和深度学习设计的AlphaGo战胜多名职业围棋选手，次年升级架构后战胜世界围棋冠军。

对于智能车辆而言，强化学习可以和不同层次的模块相结合，从而完成决策控制任务。本章将介绍强化学习的基本概念、逻辑框架和常用算法，主要内容包括强化学习概述，马尔可夫决策过程，Q 迭代与 Q 学习，函数逼近以及深度强化学习等。

2.1　强化学习概述

强化学习是学习连续决策问题中的最优策略，即建立状态（State）到动作（Action）的映射，来最大化累计奖励（Reward）的一类问题。如图2-1所示，强化学习是一个高度跨学科的主题，它与机器学习、控制理论、大脑和神经科学有关。在机器学习领域，它独立于监督学习和非监督学习之外；在最优控制领域，它属于逼近动态规划方法；在脑与神经科学领域，它是脑科学中学习机制的一种，并借鉴了神经科学中奖励系统的相关理论。在本书中，我们重点关注机器学习部分。

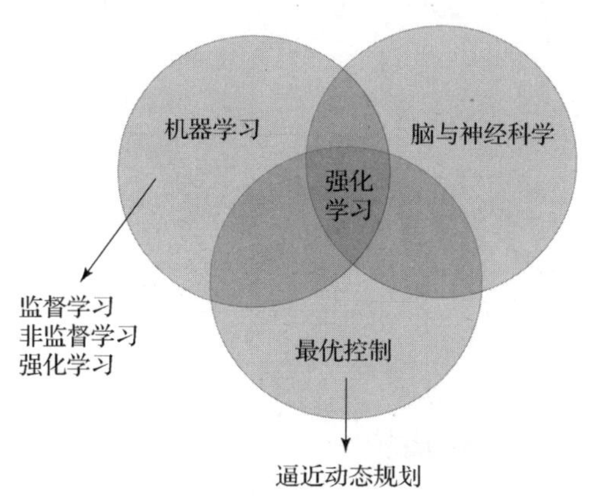

图2-1　强化学习是一门多领域的交叉学科

2.1.1 强化学习的特点

首先将强化学习与监督学习、非监督学习进行对比。强化学习是通过智能体（Agent）与环境的不断交互完善决策的一种目标导向学习方法，旨在找到连续时间序列中的最优策略；监督学习是通过带有标签的数据学习数据中固有的规则[21]，通常指回归、分类问题等算法；无监督学习是通过无标签的数据找到其中的隐藏模式[22]，通常指聚类、降维等算法。

监督学习是通过对有标签的数据进行分析，找到数据的表达模型，这样的方式不适用于交互的场景而且很依赖先验数据。无监督学习的目的是从无标签数据中找到隐藏的结构，而不是像强化学习一样最大化奖励值。强化学习不需要过度依赖先验知识，而是可以通过与环境交互补充所需信息，让系统不断地自主学习，进而免受监督者的限制。

总结来看，强化学习与其他学习方法相比较，主要有以下5个特点：

（1）没有监督者，只有奖励信号。在强化学习中没有监督者，这意味着强化学习不能够由已经标注好的样本数据来指导系统动作，智能体只能从环境中获得奖励作为反馈，并通过奖励值的不同判断动作的优劣。

（2）试错学习（Trial and Error learning）。因为没有监督者，所以没有直接的指导信息，智能体要不断与环境进行交互，通过试错的方式来学习，并得到最优策略（Optimal Policy）。

（3）反馈延迟（Feedback Delay）。反馈延迟实际上是奖励延迟。智能体可能不会在完成动作后立刻从环境中获得相应的奖励，有时候需要完成一连串的动作，甚至是当完成整个任务后才能获得奖励。

（4）智能体的动作会影响其后续的数据。在某一状态下智能体选择不同的动作，会获得不同的奖励值并进入不同的状态。由于强化学习基于马尔可夫决策过程（下一个状态仅与当前状态有关而与历史无关，具体将在2.2中讨论），因此下一个时间步智能体所处的状态不同，接收到的后续数据都会不同。

（5）时间序列（Time Series）是一个重要概念。机器学习的其他范式常常采用独立同分布的数据集，而强化学习适用于动态系统中的连续决策问题，因此更加注重输入数据的序列性，即训练数据通常以序列的形式表示，且前后数据之间具有高度的相关性。

2.1.2 强化学习的发展历史

强化学习作为机器学习的子领域，其灵感来源于心理学中的行为主义理论，而行为主义理论中最著名的实验之一就是巴甫洛夫的狗。如图2－2所示，狗在面对食物时会分泌唾液，然而听到铃声的时候却不会分泌唾液。之后实验人员在给予狗食物的同时摇铃，经过多次训练后，狗在只听到铃声时也会分泌唾液。

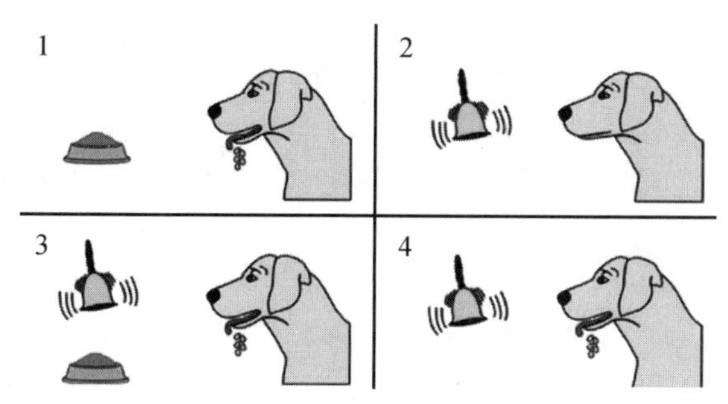

图2－2　巴甫洛夫条件反射实验

实验的结果表明：在一定的刺激情境中，如果动物做出某种反应的结果能满足它的某种需要（获得奖励或逃避惩罚），那么它的这种反应出现的几率就会提高。在这种反应过程中，经过多次的错误尝试与偶然成功，情景与反应动作之间建立了联系，形成了条件反射。

人的学习和认知过程也是同样的机理。婴儿从降生之初，就始终在与身边的环境进行交互。如图2－3所示，婴儿吃到食物会开心，摔倒会疼痛哭泣，通过这些很简单直观的反馈，婴儿逐渐形成对世界的认识，这也是婴儿智力逐渐发展的重要过程。

图2－3　婴儿的学习过程

可以把智能体比作初生的婴儿，通过不断地探索其所处的环境并接受对应的奖励值，智能体逐渐建立起在特定状态下做出特定动作与获得的回报之间的关系。在此基础上，智能体在后续的交互过程中倾向于趋利避害，经过大量训练建立起从状态到该状态下较优动作之间的映射，这就是策略（Policy）。强化学习的目标就是通过一定的迭代方法，不断对学习到的策略进行优化，直至收敛到最优策略（Optimal Policy）。

下面介绍强化学习的主要发展历史。1956 年 Bellman 提出了动态规划方法，[22]这是强化学习的理论基石之一。1988 年 Sutton 提出时序差分算法[23]。1992 年 Watkins 提出 Q－learning 算法[24]，这是强化学习中应用最广泛的算法之一。1994 年 Rummery 提出 SARSA 算法[25]。1996 年 Bersekas 提出解决随机过程中优化控制的神经动态规划方法[26]。2009 年 Kewis 提出反馈控制自适应动态规划算法[27]。2014 年 Silver 提出确定性策略梯度（Policy Gradient）算法[28]。2015 年 Google－DeepMind 提出 Deep－Q－Network 算法[20]，将强化学习与深度学习相结合，开启了深度强化学习（DRL）领域的研究。

强化学习彻底引发工业界注意的事件是：2016 年至 2017 年，由 Google－DeepMind 团队开发的 AlphaGo 以大比分分别战胜了世界围棋冠军李世石和柯洁，图 2－4 是两场比赛的对局画面。从那以后，强化学习的理论和方法成为国内外诸多学者和公众关注的焦点。AlphaGo 的成功证明了基于强化学习设计的人工智能算法在某些方面能达到人类水平，甚至超越人类。

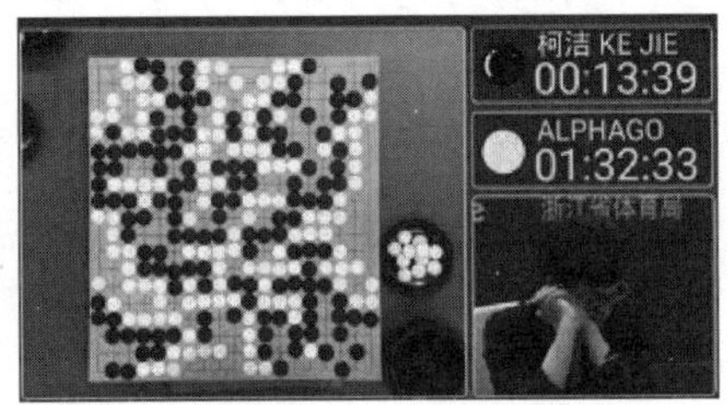

图 2－4　AlphaGo 战胜世界围棋冠军

强化学习强调与环境的交互过程，在很多情景下，强化学习可以在对环境不具备充分了解时，仅通过试错学习就能够得到一套解决方案，因此强化学习具有很强的适应性与泛用性。正是因为这种普适性，强化学习的应用领域十分广泛，包括自动驾驶、博弈论、控制论、运筹学、信息论、仿真优化、多主体系统学习、群体智能、统计学以及遗传算法等。

2.2　马尔可夫决策过程

马尔可夫决策过程（Markov Decision Process，MDP）是强化学习中的重要概念和理论基础。马尔可夫决策过程定义了强化学习环境，几乎所有的强化学习习问题都可以经过一定的处理后转化为马尔可夫决策过程，所以对马尔可夫决策过程的理解掌握是解决强化学习问题的基础。因此，在本节中我们将对其理论思想和解决方法进行重点讨论。

本节将以循序渐进的方式，首先介绍马尔可夫过程（Markov Process, MP），并在此基础上引入马尔可夫决策过程，最后通过贝尔曼方程介绍解决马尔可夫决策过程的基本方法。

2.2.1　马尔可夫过程

在介绍马尔可夫过程之前，首先介绍马尔可夫性质和马尔可夫状态的概念。状态 S_t 具有马尔可夫性质的条件为：

$$\mathbb{P}[S_{t+1} \mid S_t] = \mathbb{P}[S_{t+1} \mid S_1, \cdots, S_t] \tag{2-1}$$

公式（2-1）表示当状态 S_t 是马尔可夫状态时，下一状态 S_{t+1} 以当前状态 S_t 为条件的概率分布，等同于 S_{t+1} 以序列开始到当前时间步的全部状态为条件的概率分布。这意味着即使舍弃全部历史状态而仅考虑 S_t，也不会丢失用于描述未来事件所需的有用信息。

马尔可夫状态是强化学习的一个重要概念，因为强化学习主要针对的是连续决策的问题。如果在每个时间步下进行决策时都考虑整个数据序列，将会增加计算复杂度，拖慢程序的运行速度。而在马尔可夫状态下，整个历史状态都可以舍弃而仅需考虑当前状态的信息，这无疑将起到简化算法，加快收敛速度的作用。

进而，对于一个马尔可夫状态 s 和其后继状态 s'，从 s 到 s' 的状态转移概率定义式为公式（2-2）：

$$p_{ss'} = \mathbb{P}[S_{t+1} = s' \mid S_t = s] \tag{2-2}$$

进而可以形成从所有状态 s 到后继状态 s' 的状态转移概率矩阵 $\boldsymbol{P}$：

$$\boldsymbol{P} = \begin{bmatrix} p_{11} & \cdots & p_{1n} \\ \vdots & \cdots & \vdots \\ p_{n1} & \cdots & p_{nn} \end{bmatrix} \tag{2-3}$$

公式（2-3）中每一行的元素和为 1。

在此基础上，可以定义马尔可夫过程。马尔可夫过程是一个具有马尔可夫性质的无记忆性的随机序列。一个马尔可夫过程（或马尔可夫链）是一个二元组 $\langle \boldsymbol{S}, \boldsymbol{P} \rangle$，其中 $\boldsymbol{S}$ 是一个有限的状态集（即状态空间），$\boldsymbol{P}$ 是一个状态转移概率矩阵，定义同公式（2-3）。

用一个上班族的日常工作来举一个简单的马尔可夫过程的例子，如图 2-5 所示。图中的每一个圆圈或方块都表示一个状态，状态之间的连线表示状态之间的转换，状态之间的数字表示转换概率。例如，假设工作为起始状态，其后继状态包括去开会和去看手机，并且由工作向这两个状态的转移概率都是0.5，这就构成了两种可能的状态链。图中由方框表示的休息为终止状态，或者可以将其理解为以概率1进行自循环的一个状态。

从图2－5中也可以看出，从当前状态转移到下一个状态的概率仅取决于当前的状态，而与当前状态之前的序列都无关，这就是马尔可夫性质。注意此时我们还没有引入动作，任何一个状态都以确定的概率转移到下一个可能的状态。

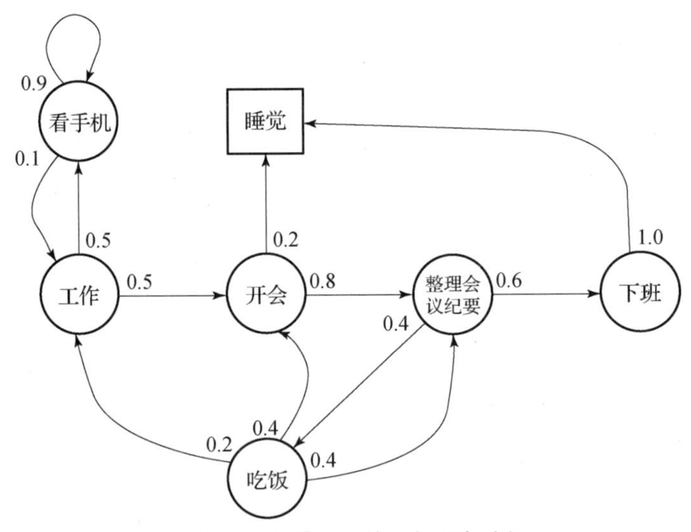

图2－5　日常工作的马尔可夫过程

下面我们可以在图2－5中的马尔可夫过程中进行随机采样，假设起始状态均为S_1 = 工作，那么采样得到的序列可以表示为S_1，S_2，…，S_T。分别用Ph，Wk，Mt，Om，Ow，Sp，Et代表看手机、工作、开会、整理会议纪要、下班、睡觉、吃饭的状态。下面给出几组随机序列的示例：

1）Wk，Mt，Om，Ow，Sp

2）Wk，Ph，Ph，Wk，Mt，Sp

3）Wk，Ph，Ph，Wk，Mt，Om，Et，Wk，Ph，Ph，Wk，Mt，Om，Et，Mt，Sp

另外，将图2－5中的各个状态转移概率稍加整理，可以得到下面的状态转移矩阵$\boldsymbol{P}$。其中，每个数值表示从对应行的状态转移到对应列的状态的概率。

$$
\boldsymbol{P}=\begin{array}{c} \\ Wk \\ Mt \\ Om \\ Ow \\ Et \\ Ph \\ Sp \end{array}
\begin{array}{c}
\begin{array}{ccccccc} Wk & Mt & Om & Ow & Et & Ph & Sp \end{array} \\
\left[\begin{array}{ccccccc}
 & 0.5 & & & & 0.5 & \\
 & & 0.8 & & & & 0.2 \\
 & & & 0.6 & 0.4 & & \\
 & & & & & & 1.0 \\
0.2 & 0.4 & 0.4 & & & & \\
0.1 & & & & & 0.9 & \\
 & & & 1.0 & & &
\end{array}\right]
\end{array}
\tag{2-4}
$$

2.2.2　马尔可夫决策过程分析

在马尔可夫过程的基础上，进一步引入马尔可夫决策过程（Markov Decision Process，MDP）。从名称可以看出，马尔可夫决策过程实际上是马尔可夫过程加入决策。准确地说，MDP 是一个带有价值和决策的马尔可夫链，在 MDP 问题中，所有的状态都是马尔可夫的或具有马尔可夫性质。

通常来说，MDP 问题可以用智能体环境交互来说明，如图 2-6 所示。智能体是学习者和决策者，它观察时间步 t 时的环境状态 S_t，然后采取行动 A_t，将环境状态更改为 S_{t+1}，并将得到奖励 R_{t+1}。这里 R_t 是一个简单的数字或信号，用于评估环境变化。然后，智能体观察到新的状态，采取新的行动并获得新的奖励。因此，MDP 和智能体一起给出了一个序列 S_0，A_0，R_1，S_1，A_1，R_2，S_2，A_2，$R_3\cdots$

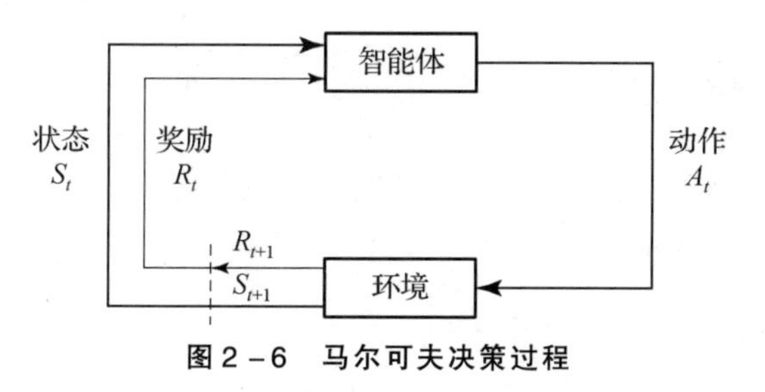

图 2-6　马尔可夫决策过程

现在我们来讨论一下策略（Policy）。策略 π 是在给定状态下对动作的分布，将状态映射到选择每个可能动作的概率。例如，策略 $\pi(a \mid s)$ 是在状态 s 下采取动作 a 的概率，则

$$
\pi(a \mid s)=\mathbb{P}\left[A_t=a \mid S_t=s\right] \tag{2-5}
$$

智能体的目标是最大化它获得的奖励。这里定义回报（return）G_t 是时间步 t 的总折扣奖励，则

$$G_t = R_{t+1} + \gamma R_{t+2} + \cdots = \sum_{k=0}^{\infty} \gamma^k R_{t+k+1} \tag{2-6}$$

这里 γ 是折扣率，$\gamma \in [0,1]$，它用于表示未来奖励的重要性。γ 越接近 1，说明未来奖励在计算回报中发挥的作用越重要。

回到日常工作马尔可夫过程案例。从一个特定的状态，比如工作状态，可能有很多条马尔可夫链通向睡觉这一终止状态，而回报只给出了特定链的累积奖励的一个样本。若想更好地评估特定状态的累积奖励，就需要一种可以覆盖从这个状态开始的所有链的方法。为解决该问题，我们需要定义值函数。值函数有两种，即状态值函数和动作值函数。

MDP 的状态值函数（state - value function）$v_\pi(s)$ 是从状态 s 开始，遵循策略 π 的预期回报。$v_\pi(s)$ 可以评估智能体所处状态 s 的好坏，

$$v_\pi(s) = \mathbb{E}_\pi[G_t \mid S_t = s] \tag{2-7}$$

如此，我们就可以根据 π 的分布得到一个涵盖从状态 s 开始的所有回报的评估。

类似地，动作值函数（action - value function）$q_\pi(s,a)$ 也可以通过加入动作 a 来定义。$q_\pi(s,a)$ 估计在给定状态下执行给定动作的好坏程度。状态值函数和动作值函数之间的区别在于是否涉及动作，

$$q_\pi(s,a) = \mathbb{E}_\pi[G_t \mid S_t = s, A_t = a] \tag{2-8}$$

综上，目前我们可以通过定义值函数来评估每个状态的好坏。下一节，我们将讲解贝尔曼方程，实现如何使用值函数来计算状态的价值。

2.2.3 贝尔曼方程

下面我们对公式（2-7）的状态值函数进行进一步的推导。将回报 G_t 的表达式代入后进行整理，可以得到

$$\begin{aligned} v_\pi(s) &= \mathbb{E}_\pi[G_t \mid S_t = s] \\ &= \mathbb{E}_\pi[R_{t+1} + \gamma R_{t+2} + \gamma^2 R_{t+3} + \cdots \mid S_t = s] \\ &= \mathbb{E}_\pi[R_{t+1} + \gamma(R_{t+2} + \gamma R_{t+3} + \cdots) \mid S_t = s] \\ &= \mathbb{E}_\pi[R_{t+1} + \gamma G_{t+1} \mid S_t = s] \\ &= \mathbb{E}_\pi[R_{t+1} + \gamma v_\pi(S_{t+1}) \mid S_t = s] \end{aligned} \tag{2-9}$$

通过这种方式，我们获得了时间步 t 与时间步 $t+1$ 的状态值之间的关系。这就是所谓的贝尔曼方程[29]，它可以帮助我们开发递归求解值函数的算法。从贝尔曼方程中可以发现，状态值函数可以分解为两部分：即时的奖励 R_{t+1} 和

经过折扣的后继状态的状态值函数 $\gamma v_\pi(S_{t+1})$。同理，对于动作值函数也可以进行类似的分解，从而获得时间步 t 与时间步 $t+1$ 的动作值之间的关系：

$$q_\pi(s,a) = E_\pi[R_{t+1} + \gamma q_\pi(S_{t+1},A_{t+1}) \mid S_t = s, A_t = a] \tag{2-10}$$

式（2-9）和式（2-10）被称为贝尔曼方程。那么，如何使用贝尔曼方程计算状态值呢？让我们介绍两个新参数。$p_{ss'}^a$是在采取动作 a 后，从状态 s 转移到状态 s'的状态转移概率。如果我们根据策略 π 计算 $p_{ss'}^a$ 的期望值，就可以得到一个新的概率 $p_{s,s'}^\pi$，则

$$p_{s,s'}^\pi = \sum_{a \in A} \pi(a \mid s) p_{ss'}^a \tag{2-11}$$

另一个新参数是 R_s^a，即在采取动作 a 后状态 s 的期望奖励。在许多情况下，对于给定的状态-动作对，奖励是恒定的，这与即时的奖励 R_{t+1} 相同。如果我们根据策略 π 对 R_s^a 求数学期望，就可以得到 R_s^π，

$$R_s^\pi = \sum_{a \in A} \pi(a \mid s) R_s^a \tag{2-12}$$

现在将 $p_{ss'}^a$和 R_s^π 代入式（2-9）的状态值函数公式，我们将得到状态值函数的表达式：

$$v_\pi(s) = R_s^\pi + \gamma \sum_{s' \in S} p_{s,s'}^\pi v_\pi(s') \tag{2-13}$$

让我们回到图 2-5 所示日常工作的马尔可夫过程。现在，我们通过添加动作将其修改为日常工作的马尔可夫决策过程，如图 2-7 所示。我们有五个状态，分别是：看手机、工作、开会、整理会议纪要和睡觉。在这里，状态下班和睡觉合并，因为从下班到睡觉的状态转移概率是 1，所以我们不需要两个单独的状态。状态吃饭被忽略并改为动作吃饭。现做如下假设，在任意状态 s 下选择动作 a 的概率为 0.5，换句话说，策略 $\pi(a \mid s) = 0.5$，折扣率 $\gamma = 1$。除了动作“吃饭”，其他动作的状态转移概率都为 1。

之后，我们需要为每个状态的转移指定一个奖励。从工作到看手机的奖励是 -1，这是一个负奖励，因为我们知道在工作过程中看手机是不好的。如果我们进入工作状态，那么我们得到的奖励是 0。从工作到开会状态，我们需要继续在会议上保持专注，但此时因为缺乏动力专注度不够，所以我们得到的奖励是 -2。从开会到整理会议纪要，属于类似的原因，我们得到的奖励也是 -2。从整理会议纪要到睡觉，可以休息，此时我们精神愉悦，并获得奖励 10。在状态“整理会议纪要”，我们也可以选择动作“去吃饭”，并获得奖励 1。现在我们已经构建了一个学生马尔可夫决策过程。

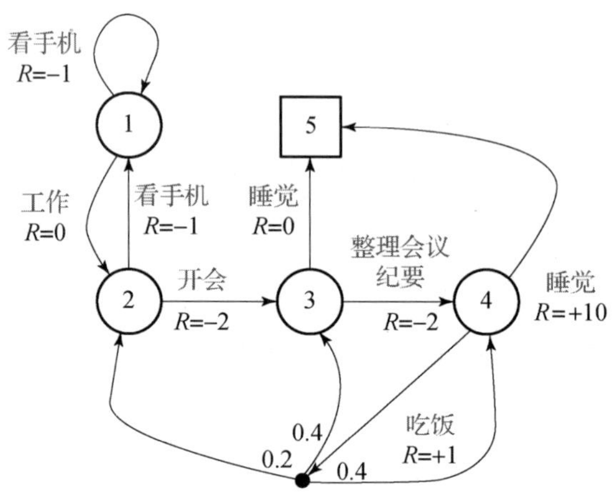

图 2－7　日常工作的马尔可夫决策过程

我们现在尝试使用状态值函数公式（2－13）来计算每个状态的价值。为了简化表达，我们用数字 1 到 5 代替之前的状态，分别是看手机、工作、开会、整理会议纪要和睡觉。因此，我们有如下五个状态值 $v1$，$v2$，$v3$，$v4$ 和 $v5$ 需要计算。由于状态 5 是终止状态，因此 $v5 = 0$。

对于状态值 $v2$，我们首先根据式（2－11）和式（2－12）计算 $p_{s,s'}^{\pi}$ 和 R_s^{π}。状态 2 有两个后继状态，分别是状态 1 和状态 3。因此我们需要计算 $p_{2,1}^{\pi}$ 和 $p_{2,3}^{\pi}$。从状态 2 到状态 1，唯一可以选择的动作是看手机，且策略 $\pi(a|s) = 0.5$ 意味着在状态 2 下选择动作看手机的概率为 0.5。在采取动作看手机后，从状态 2 转移到状态 1 的状态转移概率是 1，因此 $p_{2,1}^{a} = 1$。而所有其他动作不能帮助我们从状态 2 转移到状态 1，因此计算得到 $p_{2,1}^{\pi} = 0.5 \times 1 + 0 = 0.5$。类似的 $p_{2,3}^{\pi} = 0.5$。下面计算 R_2^{π}。在状态 2，我们有两个动作可以选择，即看手机和开会。动作看手机导致进入状态 1，并获得奖励 -1。选择看手机的概率是 0.5。动作开会导致进入状态 3，并获得奖励 -2。因此，计算得到 $R_2^{\pi} = 0.5 \times (-1) + 0.5 \times (-2) = -1.5$。现在我们可以将 R_2^{π}，$p_{2,1}^{\pi}$ 和 $p_{2,3}^{\pi}$ 代入状态值函数公式，得到状态值 $v2$ 的表达式

$$v2 = R_2^{\pi} + \gamma(p_{2,1}^{\pi} \times v1 + p_{2,3}^{\pi} \times v3) = -1.5 + 0.5 \times v2 + 0.5 \times v3$$

之后，可以用相同的方法求出 $v1$，$v3$，$v4$ 的表达式。联立 $v1 \sim v5$ 的表达式，可以得到状态值分别为 -2.3，-1.3，2.7，7.4，0。我们以状态 4 为例验证状态值计算是否有误。图 2－8 中红色字体为 $v4$ 的计算式，根据式（2－13）计算其结果与 7.4 相等，说明状态值的计算正确。

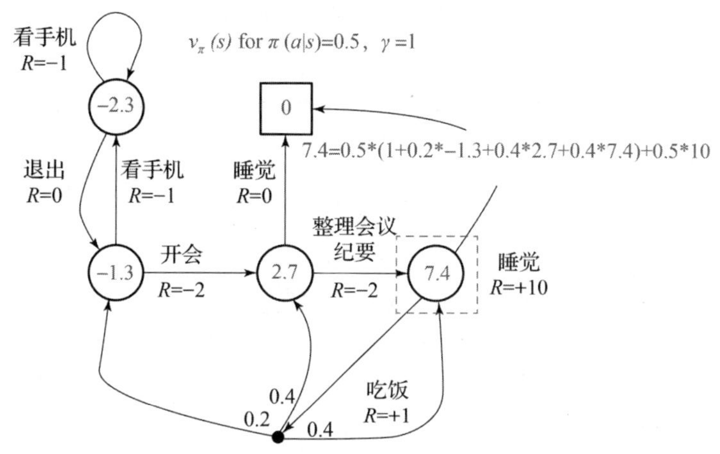

图2-8　日常工作的马尔可夫决策状态值计算验证（文末附彩图）

接下来，我们建立状态值函数和动作值函数之间的关系。根据状态值函数和动作值函数的定义，在状态 s 下根据策略 π 选取动作，并将每个可选动作的概率与该动作的动作值函数相乘，再对所有动作求和，其结果应当等于状态 s 下的状态值函数。因此，状态值函数实际上是动作值函数对策略的期望，

$$v_\pi(s) = \sum_{a \in A} \pi(a \mid s) q_\pi(s,a) \tag{2-14}$$

有了状态值函数与动作值函数之间的关系，结合式（2-11）和式（2-12）我们可以推导出动作值函数的表达式

$$q_\pi(s,a) = R_s^a + \gamma \sum_{s' \in S} p_{ss'}^a v_\pi(s') \tag{2-15}$$

更进一步，我们可以得到状态值函数和动作值函数的贝尔曼方程的递归表达式，这对于开发解决 MDP 的相关算法非常有用。将动作值函数表达式（2-15）代入状态值函数表达式（2-14），可得到

$$v_\pi(s) = \sum \pi(a \mid s)(R_s^a + \gamma \sum P_{ss'}^a v_\pi(s')) \tag{2-16}$$

反向代入，可得到

$$q_\pi(s,a) = R_s^a + \gamma \sum p_{ss'}^a \sum \pi(a' \mid s') q_\pi(s',a') \tag{2-17}$$

式中，s'和 a'分别表示下一个时间步的状态和动作。

如前所述，智能体的目标是获得最大的累积奖励。在定义了值函数之后，智能体的目标就是获得最优值函数。最优值函数是在所有策略中取得的最大值函数，对应于最优价值函数的策略就是最优策略。最优状态值函数（Optimal state - value function）$v_*(s)$和最优动作值函数（Optimal action - value function）$q_*(s,a)$分别定义如下。

$$v_*(s) = \max_{\pi} v_{\pi}(s) \tag{2-18}$$

$$q_*(s,a) = \max_{\pi} q_{\pi}(s,a) \tag{2-19}$$

如果我们在这里取最大值，可以看到最优值函数通过贝尔曼方程递归地相关联：

$$v_*(s) = \max_{a} q_*(s,a) \tag{2-20}$$

$$q_*(s,a) = R_s^a + \gamma \sum_{s' \in S} ss'^a v_*(s') \tag{2-21}$$

式（2-20）和式（2-21）是贝尔曼最优方程。进一步，我们可以建立相邻两个最优状态值函数和最优动作值函数之间的联系：

$$v_*(s) = \max_{a}(R_s^a + \gamma \sum P_{ss'}^a v_*(s')) \tag{2-22}$$

$$q_*(s,a) = R_s^a + \gamma \sum p_{ss'}^a \max_{a'} q_*(s',a') \tag{2-23}$$

上面给出的贝尔曼最优方程是非线性的，没有解析解。我们一般采用 Q-learning 和 SARSA 等方法求解近似解，这将在下一节中介绍。

2.3 Q 迭代与 Q 学习

在 2.2 中，我们介绍了 MDP 和贝尔曼方程的概念。这里引入一个电动汽车的环境来进一步描述 MDP，见图 2-9。在网格世界中有一辆电动汽车，其目标是去接朋友或者去充电站。在这个网格世界中，这两种状态都是终止状态。这是一个典型的 MDP 问题，网格世界中的每个状态都具有马尔可夫性质。汽车下一时刻位于哪个网格内，完全由当前时刻的状态决定，与历史状态无关。

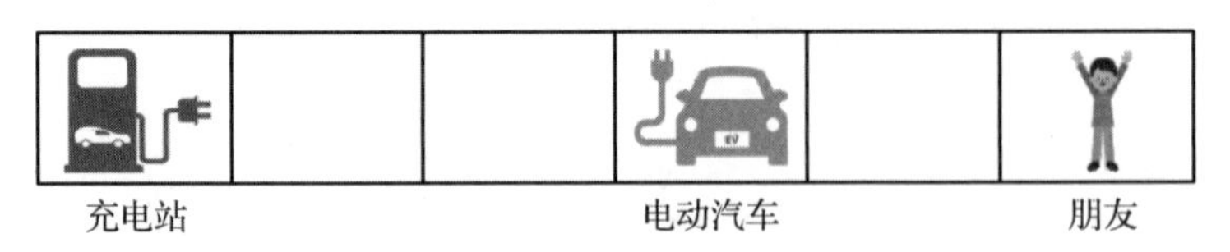

图 2-9　电动汽车环境

该问题中，我们将状态定义为一组数字，代表从 0 到 5 的相应网格。对于每个网格的状态转移，我们还定义了不同的奖励值。网格 0 和 5 是目标状态，我们给予它们较高的奖励。此外，规定电动汽车去接朋友比去充电站更为重要，因此到达状态 0 时的奖励为 1，而到达状态 5 时的奖励为 5。到达其他所有状态的奖励都是 0。汽车有两个动作，分别是向左和向右行驶，分别用动作

−1 和 1 表示。通过定义状态、奖励和动作，构建了一个完整的 MDP 问题，如图 2−10 所示。

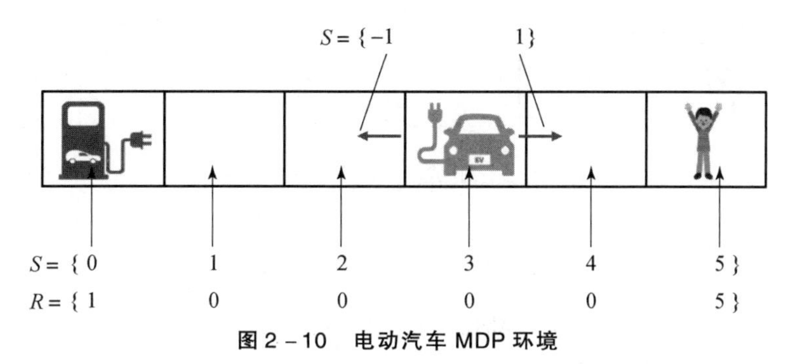

图 2−10　电动汽车 MDP 环境

现在需要了解如何使 MDP 实现其目标，为此需要定义策略。在此，我们引入确定性策略 $\pi(s)=a$，它是从状态到动作的映射。智能体的目标是通过某种策略来最大化所获得的总奖励。因此，我们需要知道如何评估总奖励，回报 G_t 定义为从时间步 t 开始的总折扣奖励，

$$
\begin{aligned}
G_t &= R_{t+1} + \gamma R_{t+2} + \gamma^2 R_{t+3} + \cdots \\
&= R_{t+1} + \gamma(R_{t+2} + \gamma R_{t+3} + \cdots) \\
&= R_{t+1} + \gamma G_{t+1}
\end{aligned}
\tag{2-24}
$$

针对本问题，以一个确定性策略为例，见图 2−11。当车辆处于状态 1 时，给定的确定性策略会返回向左的动作，也就是 −1，即 $\pi(1)=-1$。同样的原因，当车辆处于状态 2、3 或 4 时，策略会返回向右的动作，也就是 1。因为该确定性策略为 $\pi(1)=-1$，$\pi(2)=1$，$\pi(3)=1$，$\pi(4)=1$。

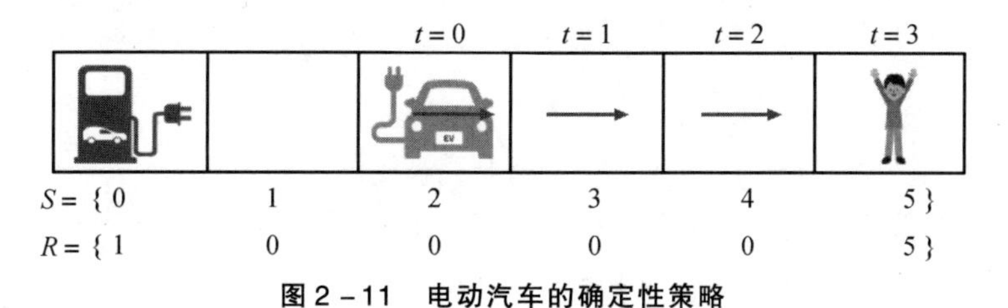

图 2−11　电动汽车的确定性策略

假设在 $t=0$ 时，车辆处于状态 2，之后它根据确定性策略一直向右行驶，直到到达状态 5。该样本过程见图 2−12。

该样本过程回报的计算过程如下：

$$
\begin{aligned}
G_t &= R_{t+1} + \gamma R_{t+2} + \gamma^2 R_{t+3} + \cdots \\
&= 0 + 0 + 5\gamma^2 \\
&= 5\gamma^2
\end{aligned}
\tag{2-25}
$$

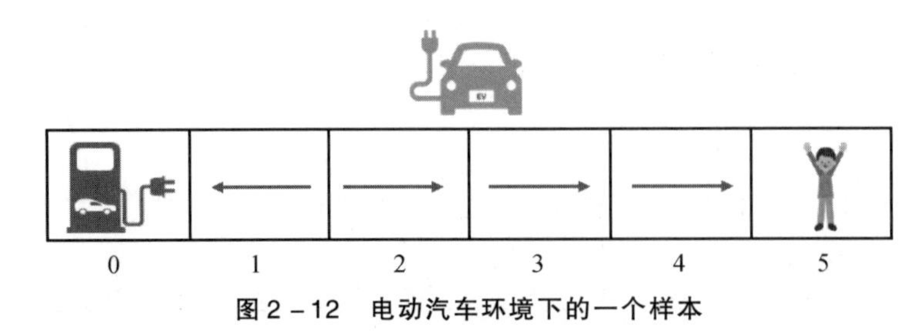

图 2-12　电动汽车环境下的一个样本

回报只是对总奖励的一个样本进行评估。为了更准确地评估，需要定义值函数，包括状态值函数和动作值函数，分别见式（2-9）和式（2-10）。通过最大化值函数，见式（2-18）和式（2-19），可以找到最优策略。后续我们将使用这个电动汽车环境作为 Q 迭代和 Q 学习的案例。

2.3.1　Q 迭代

如式（2-22）和式（2-23）所示，最优值函数通过贝尔曼最优方程递归进行关联，现在我们进一步推导 Q 迭代（Q-iteration）的更新规则。Q 迭代假设在给定状态和动作的前提下，可通过奖励函数 $R(s,a)$ 来计算奖励。状态转移是确定的，可以直接通过状态转移函数 $T(s,a)$ 给出，因此，式(2-23)中最优动作值函数可以进一步写为

$$Q_*(s,a)=R(s,a)+\gamma\max_{a'}Q_*(T(s,a),a') \tag{2-26}$$

因为用于计算奖励和状态转移的模型已知，所以这是一种基于模型（Model-based）的方法。动作值函数是这里的重点，通常用 q 表示，所以动作值函数通常被称为 q 函数。为了突出它，q 被替换为大写的 Q。这种算法被称为 Q 迭代。

Q 迭代的伪代码如表 2-1 所示。

表 2-1　Q 迭代伪代码

Q 迭代
初始化 $Q(s,a)$ 重复(循环对每个迭代 i)： 　对所有的(s,a)做： 　　$Q_{i+1}(s,a)\leftarrow R(s,a)+\gamma\max_{a'}Q_i(T(s,a),a')$ 　结束循环 直到收敛到 Q_*

初始化 Q 表，并在每次迭代中重复后面的过程。对于所有的状态－动作对，使用更新规则更新 Q 表，持续更新直到收敛。一旦找到最优 Q 值，就可以根据式（2－27）找到最优策略。

$$\pi^*(s) = \arg\max_a Q_*(s,a) \tag{2-27}$$

在此，我们用前面介绍的电动汽车环境来举例说明 Q 迭代。在首次迭代前，需要初始化一个行表示动作、列表示状态的 Q 表，图 2－13 中每个元素都是对应状态－动作对的 Q 值。初始时刻每个元素的值都是 0。该 Q 表展示了初始化的 Q 表和元素 $Q(0,-1)$ 的位置。

$Q_0(s, a)$	−1	1
0	0	0
1	0	0
2	0	0
3	0	0
4	0	0
5	0	0

$Q_0(0, -1)$

图 2－13　电动汽车环境的初始化 Q 表

假设折扣率 $\gamma = 0.5$，根据初始化的 Q 表，可以根据式（2－27）计算 $Q(1,-1)$ 的值。计算过程如下：

$$Q(1,-1) = R(1,-1) + 0.5\max_{a'} Q(0,a')$$

车辆在状态 1 时采取动作 −1，会向左行驶到达状态 0。根据环境，到达状态 0 的奖励为 1，因此，$T(1,-1) = 0$，$R(1,-1) = 1$。表达式由此转为

$$Q(1,-1) = 1 + 0.5\max_{a'} Q_0(0,a')$$

我们需要从 Q 表中找到状态 0 下的最大 Q 值及其相应的动作。这里向左及向右两种动作的对应 Q 值都是 0，因此 $Q(1,-1) = 1 + 0.5 \times 0 = 1$。通过相同的规则，可以计算并更新 Q 表中的所有元素，从而得到第一轮迭代后的 Q 表，如图 2－14 所示。

$Q_1(s, a)$	−1	1
0	0	0
1	1	0
2	0	0
3	0	0
4	0	5
5	0	0

图 2－14　电动汽车环境第一轮迭代后的 Q 表

图2－15展示了向左和向右行驶两个动作的Q值曲线，前者用蓝色表示，后者用紫色表示，与Q表相对应。可以看到，对于向左行驶，只有状态1的Q值是1，其他状态的Q值均为0；而对于向右行驶，只有状态4的Q值是5，其他状态的Q值均为0。因此，在状态1时选择向左行驶、在状态4时选择向右行驶是更优的选择，因为Q值更高。此外，图2－15还显示了当前Q值与最优Q值之间的差值，这说明了算法何时收敛，即当当前Q值与最优Q值之间的差值为0时。

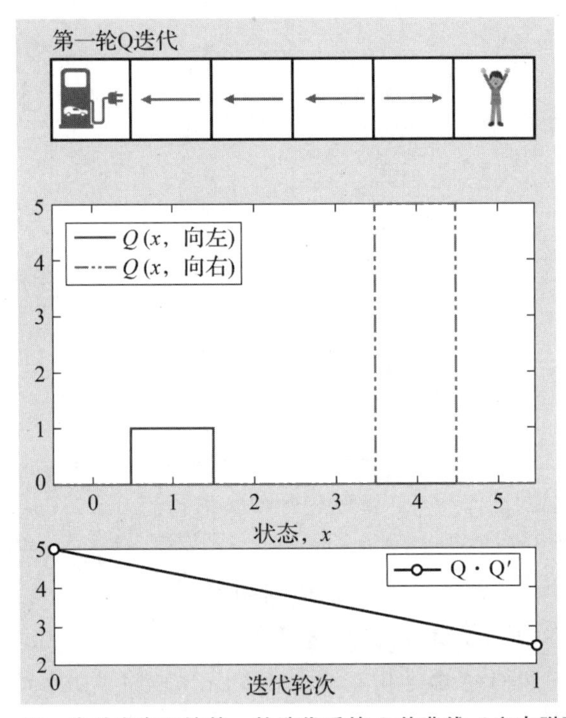

图2－15　电动汽车环境第一轮迭代后的Q值曲线（文末附彩图）

按照相同的规则继续迭代，得到第二轮迭代后的Q表。可以看到，状态2和状态3的Q值发生了变化。显然，在状态2时选择向左行驶更优，在状态3时选择向右行驶更优。此外，算法尚未收敛，因为当前Q值与最优Q值之间的差值仍然不为0。第二轮迭代的结果如图2－16所示。

当进行到第四轮迭代时，得到了如下Q表。除了状态0和状态5以外，所有状态的Q值都发生了变化。同时可以发现，当前Q值与最优Q值之间的差值已经接近于0。第四轮迭代的结果如图2－17所示。

$Q_2(s, a)$	-1	1
0	0	0
1	1	0
2	0.5	0
3	0	2.5
4	0	5
5	0	0

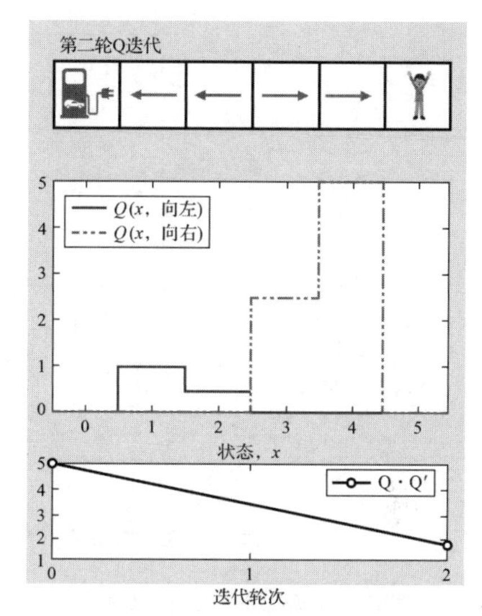

图 2-16　电动汽车环境第二轮迭代后的 Q 表与 Q 值曲线（文末附彩图）

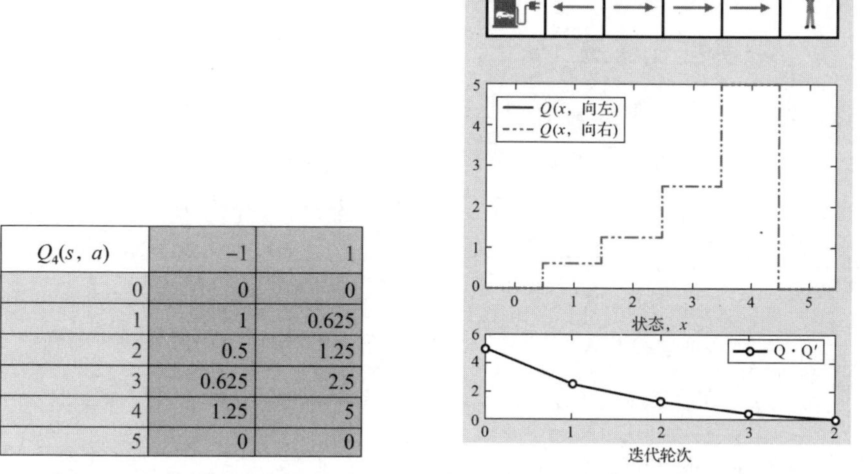

$Q_4(s, a)$	-1	1
0	0	0
1	1	0.625
2	0.5	1.25
3	0.625	2.5
4	1.25	5
5	0	0

图 2-17　电动汽车环境第四轮迭代后的 Q 表与 Q 值曲线（文末附彩图）

在进行到第五轮迭代时，发现 Q 表不再发生变化，同时收敛线达到 0。此时，Q 迭代已经收敛。如图 2-18 所示，最优策略可以用绿色箭头表示：在状态 1 下，车辆应该向左行驶；在其他三个状态下，车辆应该向右行驶。这些选择对应更高的 Q 值。

$Q_5(s,a)$	-1	1
0	0	0
1	1	0.625
2	0.5	1.25
3	0.625	2.5
4	1.25	5
5	0	0

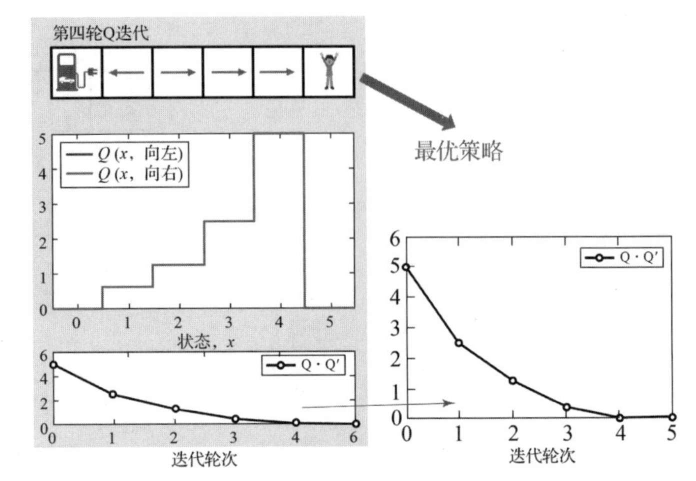

图 2-18　电动汽车环境迭代收敛时的 Q 表与 Q 值曲线（文末附彩图）

通过电动车辆的例子，我们可以得出结论：Q 迭代必须提前了解奖励函数 $R(s,a)$ 和状态转移函数 $T(s,a)$，这实际上限制了 Q 迭代在许多场景下的应用。现实世界中许多问题的奖励函数和状态转移函数是事先未知的，因此我们需要一种新的方法，即时序差分学习。

2.3.2　时序差分算法

如果 MDP 的所有知识都是已知的，那么这是一个规划问题，可以通过贝尔曼方程求得值函数。然而，对于时序差分学习（Temporal - Difference learning，TD learning），状态转移函数和奖励函数是未知的，这是一个学习问题。时序差分学习应该通过试错方式从采样的经验片段中进行学习。对于 MDP 来说，一个样本就是意味着从一次实验中观察到一系列的状态、动作、奖励等。由于状态转移的概率未知，我们必须尝试一个动作并等待奖励分配。更新规则如下：

$$v(S_t) \leftarrow v(S_t) + \alpha(G_t - v(S_t)) \tag{2-28}$$

式中，α 是 0~1 的学习率。这里 G_t 是时间 t 的实际回报，这是折扣的总奖励，表达式可见式（2-25）。但应注意的是，除了 R_{t+1}，其他奖励都是未来的奖励，而这些奖励在本回合未结束前无法获得。因此，为了在每个时间步更新状态值，可以使用估计的回报来替代实际回报。在每个时间步，我们会获得一个即时奖励，然后将即时奖励与后续状态的状态值估计相结合，以获得估计的回报。更新规则如下：

$$v(S_t) \leftarrow v(S_t) + \alpha(R_{t+1} + \gamma v(S_{t+1}) - v(S_t)) \tag{2-29}$$

通过这种方式，可以在每个时间步更新状态值，这就是时序差分学习。根据贝尔曼方程，我们可以将式（2－29）表示的 TD learning 的更新法则进一步写为

$$Q(S_t,A_t) \leftarrow Q(S_t,A_t) + \alpha(R_{t+1} + \gamma Q(S_{t+1},a') - Q(S_t,A_t)) \quad (2-30)$$

这种 TD learning 方法又称为 SARSA。SARSA 中的 S 表示状态，A 表示动作，R 表示奖励。整个名称表示学习的样本序列，即一个状态－动作－奖励－状态－动作的序列。这种方法通过采样和更新值函数，逐步逼近真实的状态值或动作值，从而优化策略。

2.3.3　Q 学习

Q 学习是一种无模型的方法，不需要关于状态转移和奖励函数的知识。Q 学习是一种 TD learning 的方法，使用时序差分更新规则。它与 SARSA 非常相似，唯一的区别在于 SARSA 是一种 On－Policy（同策略）算法，而 Q 学习是 Off－Policy（异策略）的。同策略算法中，学习是基于当前正在执行的策略进行的。异策略中，学习可允许智能体根据一个策略进行，而采取行动时可以使用另一个策略。SARSA 是一种 On－Policy（同策略）算法，因为该算法总是先使用策略找到动作，然后更新 Q 值和策略。而 Q 学习是 Off－Policy（异策略）的，它在每个时间步直接选择使 Q 函数最大化的动作，而最优动作值函数则独立于所遵循的策略之外。通过这种方式，Q 学习在许多情况下比 SARSA 更有效地找到最优策略。Q 学习的更新规则可以表示为

$$Q(S_t,A_t) \leftarrow Q(S_t,A_t) + \alpha(R_{t+1} + \gamma \max_{a'} Q(S_{t+1},a') - Q(S_t,A_t)) \quad (2-31)$$

然而，总是选择对应于最大化 Q 值的贪婪动作未必是好的策略，因为 Q 值一直在更新，在收敛之前真正的全局最大化 Q 值是未知的。若总是选择贪婪动作，可能会错过全局最优的真正贪婪动作。ε－Greedy Policy（ε－贪婪策略）可以解决这个问题。其工作方式如下，以 $1-\varepsilon$ 的概率选择贪婪动作，以 ε 的概率随机选择一个动作。如此，有机会根据当前关于 Q 表的知识找到一个更好的非贪婪动作。ε 被称为探索率（Exploration Rate），它介于 0 和 1 之间。如果探索率太大，意味着它总是随机尝试不同的动作，这会使算法难以收敛；反之，找到新贪婪动作的机会变小，可能对找到最优策略造成阻碍。

现在给出 Q 学习的伪代码。在每个回合中，需要重复以下过程。在每个步骤，使用 ε－贪婪策略选择动作，并等待奖励和观察新的状态，使用该更新规则更新 Q 值，然后进入下一步，直至到达终止状态。该过程将重复多个回合，以找到最优的 Q 表和策略。表 2－2 给出了 Q－learning 的伪代码。

表 2-2　Q-learning 伪代码

Q-learning 算法
初始化 $Q(s,a)$
重复(对每个集循环):
初始化 S_t
重复(对集中的每一步循环):
从 S_t 中选择 A_t,使用获得来自 Q 的策略(如 ε-Greedy)
采取动作 A_t,观察 R_{t+1}, S_{t+1}
$Q(S_t,A_t) \leftarrow Q(S_t,A_t) + \alpha(R_{t+1} + \gamma \max_{a'} Q(S_{t+1},a') - Q(S_t,A_t))$
$S_t \leftarrow S_{t+1}$
直到 S_t 结束

现在继续用电动汽车的例子来说明 Q 学习的过程。假设初始状态是 3，学习率 $\alpha=0.2$，探索率 $\varepsilon=0.3$，折扣率 $\gamma=0.5$。初始状态如图 2-19 所示。

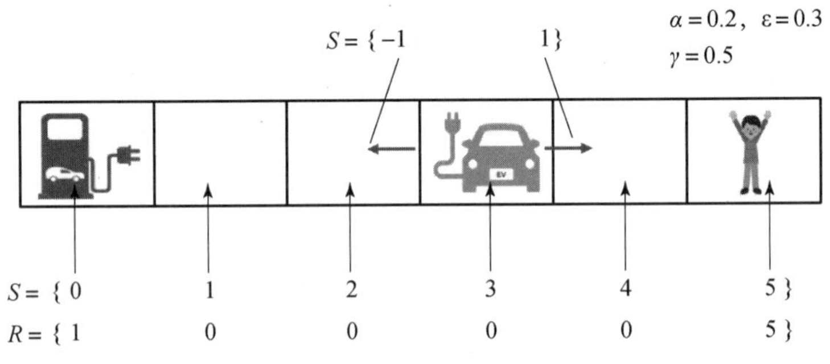

图 2-19　电动汽车 Q 学习初始状态

整个 Q 表初始化为 0。第一个时间步，在状态 3 时，两个动作对应的 Q 值均是 0，因此选择任一动作都可以。假设车辆选择向右移动到状态 4，则需要更新的 Q 值为 $Q(3,1)$，表示从状态 3 采取向右行驶动作。当前 $Q(3,1)=0$，状态 4 下两个动作 Q 值都是 0。由环境信息可知转移到状态 4 的奖励为 0，因此 $Q(3,1)$ 的值更新过程如下：

$$Q(3,1) \leftarrow Q(3,1) + \alpha(R_{t+1} + \gamma \max_{a'} Q(4,a') - Q(3,1))$$
$$= 0 + 0.2 \times (0 + 0.5 \times 0 - 0) = 0$$

可以发现，更新后的 $Q(3,1)$ 没有变化，仍为 0。在第二个时间步，车辆随机地选择向左行驶。状态 4 下两个动作对应的 Q 值都是 0。车辆随机地选择向左行驶，并移动到状态 3，此时，则需更新的 Q 值为 $Q(4,-1)$，表示从状态 4 采取向左行驶动作。采用相同的更新规则计算得到 $Q(4,-1)=0$。至此，

Q表的数值尚未得到更新，所有Q值仍为0。事实上，在本案例实验中，前9个时间步内Q表数值均未更新，如图2-20所示。

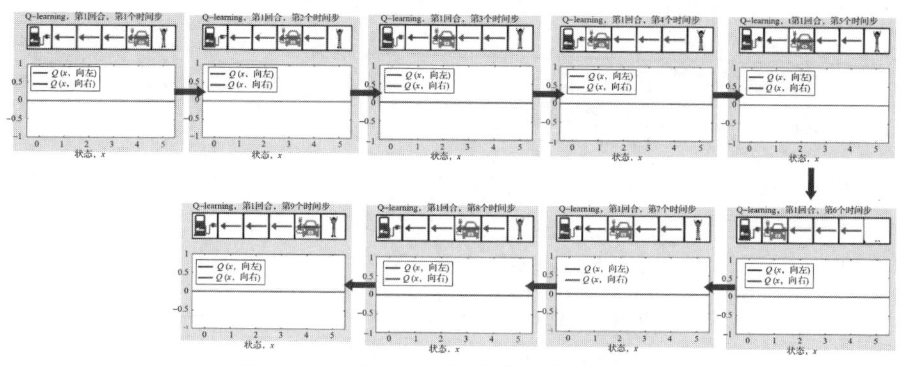

图2-20 前9个时间步的Q值更新过程

实验进行到第10步，车辆处于状态4，随机地采取向右行驶的动作，并达到状态5这个终止状态。根据环境，该过程对应奖励值为5。根据计算公式得到$Q(4,1)$的值为1，计算过程如下：

$$Q(4,1) \leftarrow Q(4,1) + \alpha(R_{t+1} + \gamma \max_{a'} Q(5,a') - Q(4,1))$$
$$= 0 + 0.2 \times (5 + 0.5 \times 0 - 0) = 1$$

$Q(4,1)$的值从0更新为1，Q表的值得到了首次更新。并且由于达到终止条件，本回合结束。图2-21展示了$Q(4,1)$发生变化的过程。

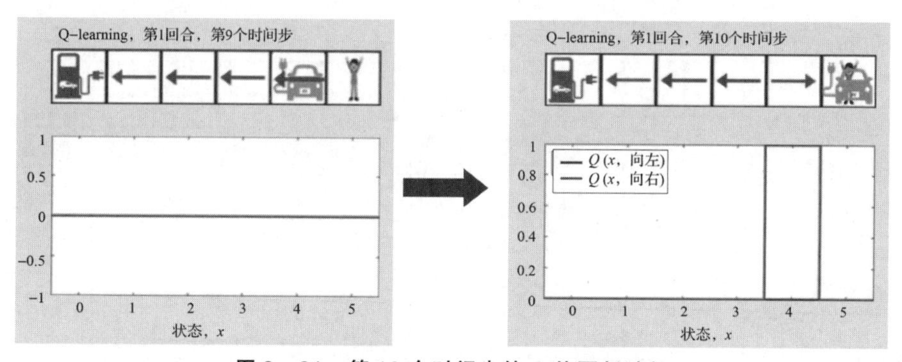

图2-21 第10个时间步的Q值更新过程

本实验在训练70个回合后得到了最优策略，如图2-22所示。需要注意，此时算法仍未完全收敛，因为当前Q值与最优Q值间的差值仍未达到0。但实际上，最优策略已经获得。虽然最终的Q值还没有达到，但同一状态下不同Q值间的差异已经确定。例如，车辆在状态1时选择向左行驶，对应Q值为$Q(1,-1)$，其真实值为5。考虑到当前尚未完全收敛，当前$Q(1,-1)$值可能为4.5；反之在状态1时选择向右行驶，对应Q值为$Q(1,1)$，其真实值为1，当前值可能为 0.5。由于 4.5 > 0.5，事实上在状态 1 下的最优策略已经找到了，并不需要等待算法完全收敛。因此，在 Q 学习中通过设置某种终止条件来终止算法是非常重要的。

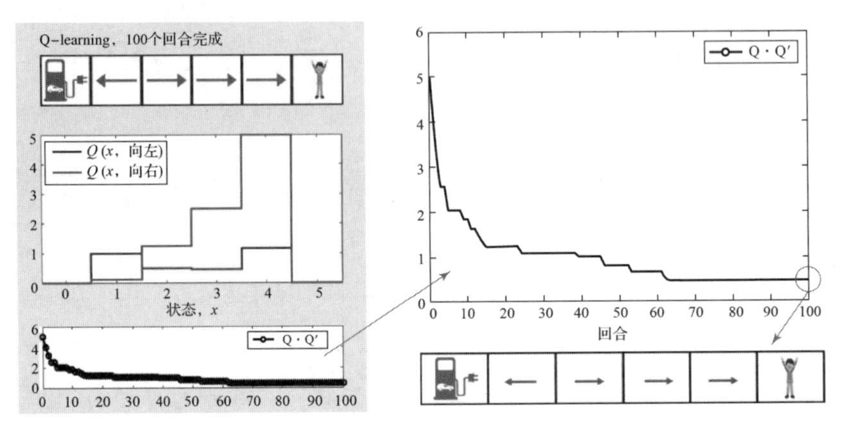

图 2-22　Q 学习训练过程 Q 值变化过程

现在对 Q 迭代和 Q 学习进行比较，对比结果如图 2-23 所示。相同的电动汽车环境下，Q 迭代只需 5 次迭代就能得到最优策略，而 Q 学习需要 70 个回合以上的迭代才能收敛，这比 Q 迭代要慢得多。原因在于，Q 迭代对状态转移和奖励函数都有完整的了解，而 Q 学习没有。Q 学习通过多次试错才能找到最优策略。因此，若状态转换和奖励函数已知，那么 Q 迭代是更好的选择；反之可选择 Q 学习。

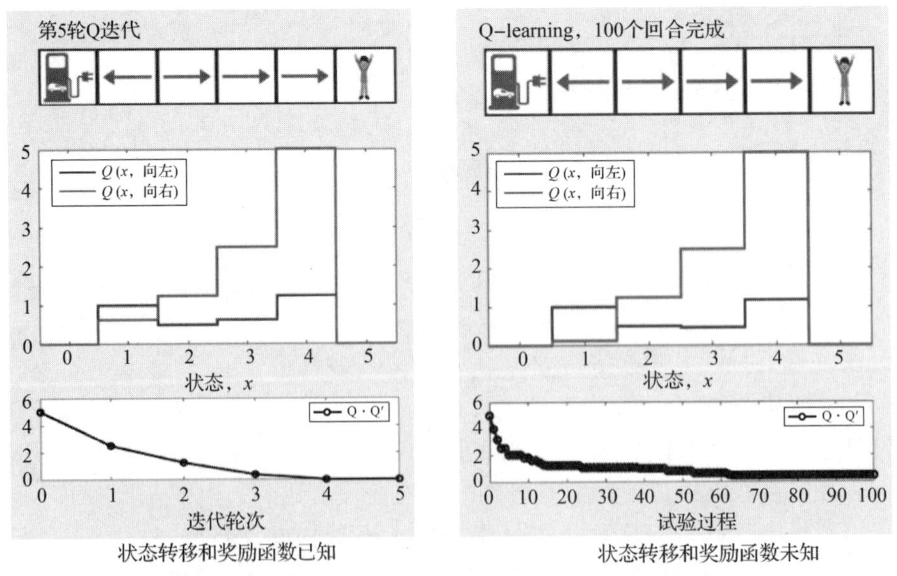

图 2-23　电动汽车环境下的 Q 迭代与 Q 学习迭代过程

综上，Q 迭代需要 MDP 的完整知识。为解决许多现实环境无法提供奖励函数和状态转移函数的问题，可使用时序差分更新规则。最简单的 TD learning 方法是 SARSA 学习，它是 On - Policy 算法。另一种 TD learning 方法是 Q 学习，它是 Off - Policy 算法。在更新的规则上，Q 迭代应该在所有状态 - 动作对的扫描后进行。SARSA 可以在每个时间步进行更新，下一步的 Q 值由所遵循的策略导出。Q 学习也可以在每个时间步更新 Q 值，但是，下一步的 Q 值是从所有值中选择的最大值，而不是由其所遵循的策略导出。

2.4　函数逼近

2.4.1　函数逼近方法

在利用 Q 学习解决电动汽车问题的过程中，需要创建一个 Q 表来记录每个状态 - 动作对的 Q 值，并在每个时间步更新这个 Q 表。然而，我们需要思考两个问题：Q 表的大小是否重要？如果状态或动作是连续的，Q 表还有效吗？

我们来看两个例子。第一个是围棋，如图 2 - 24（a）所示。围棋棋盘的尺寸是 19 × 19 的，这意味着它有 361 个可以放置棋子的位置，每个位置有三种不同的状态：黑棋、白棋、无棋子。因此，围棋的总状态数是 3^{361}。如此巨大的状态空间超出了任何计算机的处理能力。另一个例子是赛车游戏，如图 2 - 24（b）所示。在赛车游戏中可以通过控制油门、刹车和方向盘来驾驶汽车，这些控制变量在给定范围内是连续的。连续的状态和动作空间使得传统的 Q 表无法有效处理这些情况。

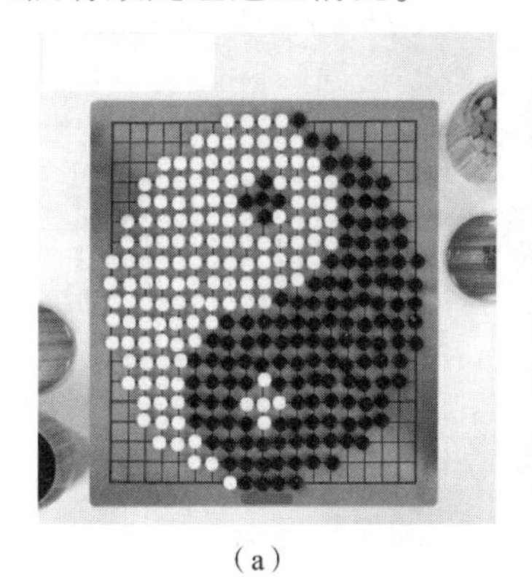

（a）

（b）

图 2 - 24　无法使用 Q 表的例子

当状态或动作过多且离散，或状态和动作是连续的情况下，Q 表就不能使用了。为了能够使用强化学习，我们可以选择构建一个函数来逼近真实的 Q 函数。例如，对于没有动作的连续状态问题，我们可以使用函数 $\hat{v}(s,w)$ 来逼近值函数 $v_{\pi}(s)$，如图 2－25 所示。这里 w 是函数参数。如果近似效果良好，给定任何状态，我们可以直接得到状态值。

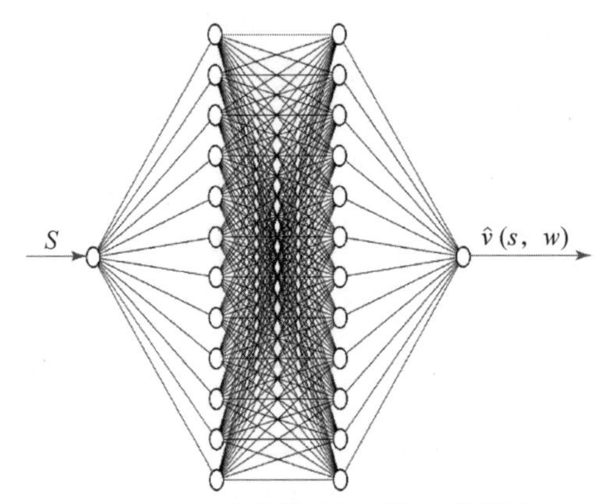

图 2－25　连续状态问题的函数逼近

对于具有连续状态和动作的 Q 函数，如图 2－26（a）所示，我们可以使用相同的方法来构建逼近函数 $\hat{q}(s,a,w)$。这样，给定状态和动作的值，我们可以直接得到 Q 值，而不需要使用 Q 表。对于具有连续状态和离散动作的情况，如图 2－26（b）所示，我们可以构建一组逼近函数，每个函数对应一个动作。通常，这些由我们自己构建的逼近函数被称为逼近器。使用逼近器来估计 Q 值的方法称为函数逼近方法。

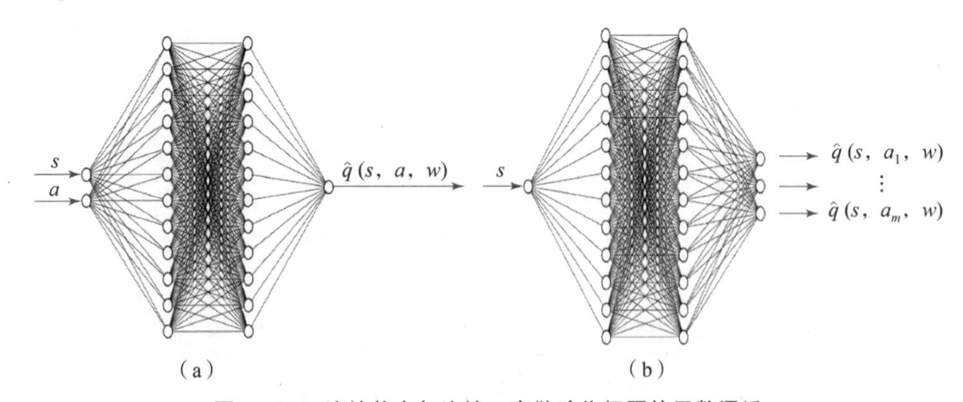

图 2－26　连续状态与连续、离散动作问题的函数逼近

实际上，我们有许多选项来选择逼近器，比如神经网络、特征的线性组合、决策树、傅里叶基或小波基、最近邻等等。人工神经网络是最广泛使用的

逼近器之一。为了构建一个有效的逼近器，可以使用多种神经网络，例如前馈神经网络、径向基函数神经网络、卷积神经网络，甚至是深度神经网络或深度学习。

2.4.2　值函数逼近

在上一节中我们提到，逼近器用于逼近状态值函数或动作值函数，这种方法也称为值函数逼近。因此，如果我们使用逼近器而不是 Q 表，我们需要做的是提高逼近器的精度，使其能够估计真实的 Q 值。梯度下降法可以帮助我们使用迭代方法来改进逼近器[30]。

梯度下降法的工作原理如下：我们有一个以参数 w 作为自变量的函数 $J(w)$ ，这里 $w=[w_1,\cdots,w_n]^{\mathrm{T}}$，即 w 表示一个向量。我们的目标是最小化这个函数，就需要在每次迭代中更新 w，使其朝着梯度反方向前进。$J(w)$ 的梯度 $\nabla_w J(w)$ 可以通过下式求出：

$$\nabla_w J(w)=\begin{pmatrix}\dfrac{\partial J(w)}{\partial w_1}\\ \vdots\\ \dfrac{\partial J(w)}{\partial w_n}\end{pmatrix} \tag{2-32}$$

在梯度下降中，若目标函数只有一个参数，则图 2－27 展示 $J(w)$ 与 w 之间的关系，梯度应当是函数上某一点的斜率。现在需要找到 $J(w)$ 的最小值，也就是该曲线底部的点。因此，需要更新 w 使其接近底部，而更新方向是梯度的反方向。

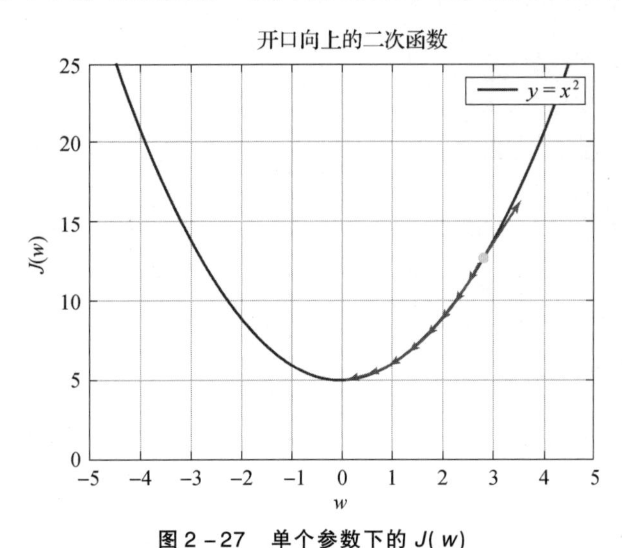

图 2－27　单个参数下的 $J(w)$

若目标函数有多个参数，则梯度应该是通过式（2－32）计算出一个向量。以两个参数 w_1 和 w_2 为例，如图 2－28 所示，$J(w)$ 的最小值应该是谷底点。我们应该更新 w_1 和 w_2，使它们接近谷底，这同样是梯度的反方向。

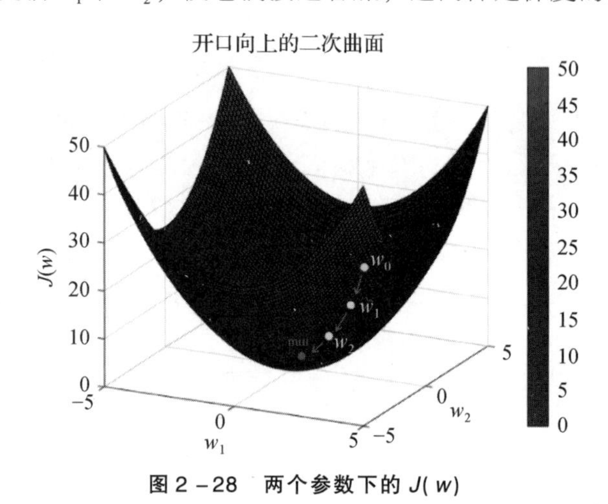

图 2－28　两个参数下的 $J(w)$

w 的更新准则如下：

$$\Delta w = -\frac{1}{2}\alpha \nabla_w J(w) \tag{2-33}$$

我们给梯度赋予一个权重 α，即学习率。它实际上是一个步长参数，被用于调整 w 接近底部的速度。若该值过大，如图 2－29（c）所示，则 w 更新速度太快，可能会导致错过底点，无法正确收敛；反之，如图 2－29（a）所示，若 a 值过小，则 w 更新速度太慢，可能会导致需要较长时间才能到达底部。这类似于 Q 学习中的学习率。

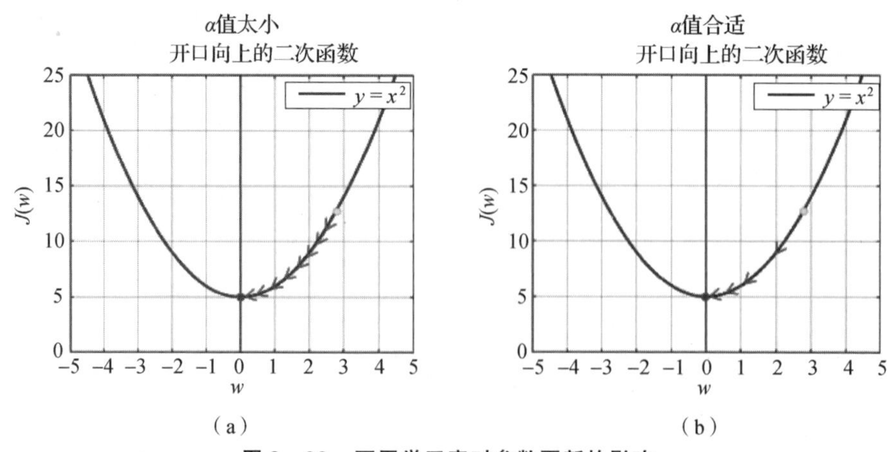

图 2－29　不同学习率对参数更新的影响

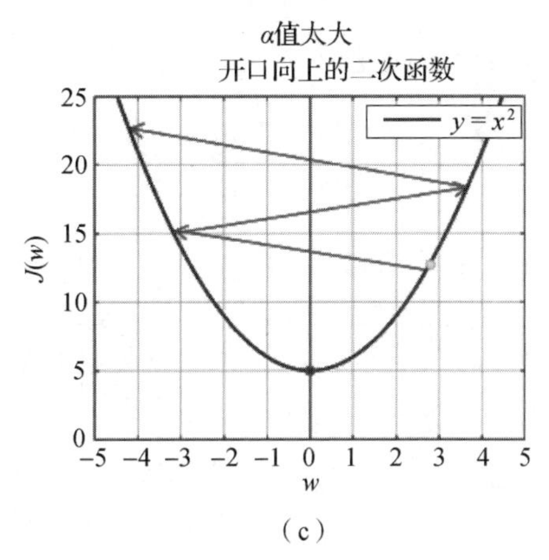

(c)

图 2-29　不同学习率对参数更新的影响（续）

在本案例中，我们希望使逼近器逼近真实的 Q 函数，也即最小化逼近器和真实 Q 函数之间的差异，可将 $J(w)$ 定义为这两个函数之间的均方误差。均方误差（Mean-Squared Error，MSE）是衡量两个函数差异的广泛使用的指标。

$$J(w)=\mathbb{E}_{\pi}[(q_{\pi}(s,a)-\hat{q}(s,a,w))^2] \tag{2-34}$$

这里 $q_{\pi}(s,a)$ 表示真实 Q 函数的值。现在使用梯度下降法来最小化 $J(w)$，

$$\Delta w=-\frac{1}{2}\alpha\nabla_{w}J(w)=\alpha\mathbb{E}_{\pi}[(q_{\pi}(s,a)-\hat{q}(s,a,w))\nabla_{w}\hat{q}(s,a,w)] \tag{2-35}$$

由于真实的 Q 函数未知，因此无法直接得到 Δw。现在使用一种类似于 Q 学习的方法，通过采样来更新 w。这就是所谓的随机梯度下降法（Stochastic Gradient Descent，SGD）。

$$\Delta w=\alpha[q_{\pi}(s,a)-\hat{q}(s,a,w)\nabla_{w}\hat{q}(s,a,w)] \tag{2-36}$$

综上，值函数逼近方法的工作原理如下：首先需要选择一个函数逼近器并定义一个逼近函数 $\hat{q}(s,a,w)$，然后根据式（2-34）定义均方误差，之后根据式（2-36）使用随机梯度下降法更新参数 w，直到得到一个较好的逼近器。

随机梯度下降法简单且渐进，但每个时间步都需要使用一个样本来更新 w，这样会导致稳定性变差，不易收敛。一种较好的方法为等待并获取更多样本，然后使用多个样本来更新 w，并不需要在每个时间步都更新。这有助于提高算法的效率和稳定性。这些数据样本被称为一批数据，从智能体的角度来看，这些数据样本可以被认为是智能体的经验。使用一批数据进行更新的方法被称为批量强化学习。一批数据或经验可以用数据集 D 表示为

$$D=\{(S_0,A_0,q_{\pi}^0),(S_1,A_1,q_{\pi}^1),\cdots,(S_T,A_T,q_{\pi}^T)\} \tag{2-37}$$

其中一个样本包含状态、动作和相应的 Q 值。从时间步 0 到 T，可以得到一组样本，并计算这组样本的平方误差总和，然后使用最小二乘法来最小化总平方误差的损失函数：

$$\begin{aligned} LS(w) &= \sum_{t=1}^{T} \left(q_{\pi}^{t}(S_t, A_t) - \hat{q}(S_t, A_t, w)\right)^2 \\ &= \mathbb{E}_D\left[\left(q_{\pi}(s,a) - \hat{q}(s,a,w)\right)^2\right] \end{aligned} \tag{2-38}$$

使用经验回放，结合随机梯度下降法和批量方法是一种好的思路。如果我们当前在时间步下已有一些经验，则可以重复从这些经验中采样$(s,a,q_{\pi}) \sim D$，并使用随机梯度下降法多次更新 w。通过这种方式，w 的更新效率高于原始的梯度下降法，同时也避免了原始的批量方法的缺点，即使用最小二乘法前需要等待很多时间步的样本。因此，该方法结合了梯度下降法和批量方法的优点。

实际上，函数逼近方法已得到广泛应用。在现实世界中，大多数情况包含连续的状态或动作，或两者兼有。这里介绍一个使用神经网络作为函数逼近器来解决避障问题的案例。如图 2－30（a）所示，该机器人车由强化学习算法控制，通过红外传感器收集环境信息来学习如何避免碰撞。环境情况由图 2－30（b）表示。

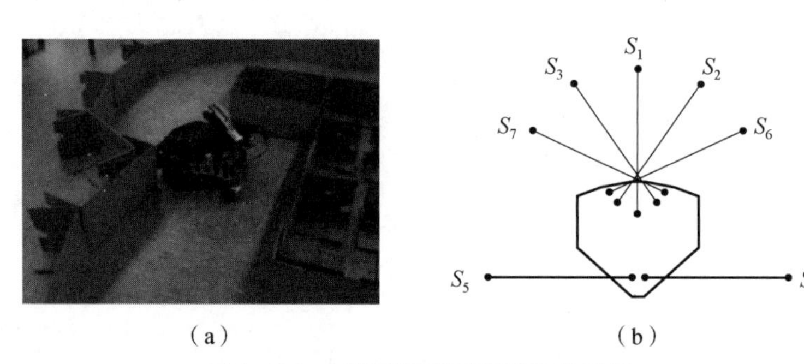

图 2－30　函数逼近应用于避障的案例

在该问题中，状态空间是红外传感器的连续测量范围。

$$S = [10, 65] \cup \{-1\} \tag{2-39}$$

动作空间是离散的，包含三个动作：向右转、向左转和向前移动。

$$a \in \begin{cases} -1 & \text{turn right} \\ 0 & \text{move forward} \\ 1 & \text{turn left} \end{cases} \tag{2-40}$$

奖励函数见式（2－41），以避免碰撞。此函数的详细信息未在此显示，如果你对此问题感兴趣，那么请查阅文后参考文献第［31］获取详细信息。

$$r_t(s_t^{\min},a_t,a_{t-1})=\begin{cases}-1\times(s^{\min}-s_t^{\min})\ |a_t^{\text{desired}}-a_t|+1 & (-)\\ (s^{\min}-s_t^{\min})\times\exp\left(-\dfrac{(a_t-a_{t-1})^2}{2\sigma^2}\right) & (+)\end{cases}\tag{2-41}$$

由于动作空间离散，状态空间连续，如前所述，因而该问题中应该有多个逼近函数，且每个逼近函数对应一个动作。神经网络被用来当作逼近每个动作的Q函数，这是一个径向基函数（Radial Basis Function，RBF）神经网络，它有一个用于状态的输入和多个用于不同动作的输出。网络中的θ是网络权重，相当于函数逼近器的w。网络权重可以更新，使神经网络的输出接近每个动作的真实Q值，具有最大Q值的动作即为最优动作。径向基函数神经网络示意图如图2-31所示。

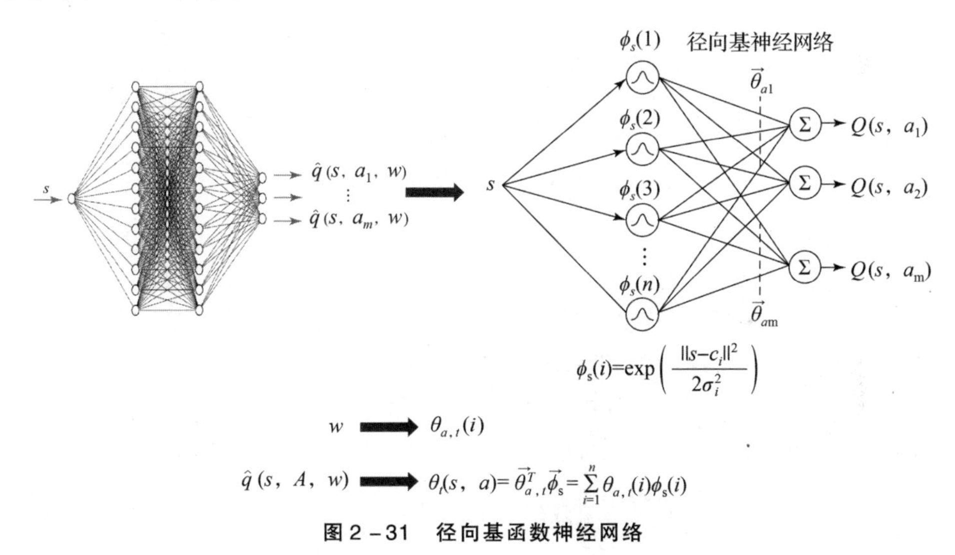

图2-31　径向基函数神经网络

使用函数逼近器不仅可以逼近值函数，还可以逼近策略，这就是策略逼近方法（strategy approximation method）。若同时使用两个函数分别逼近值函数和策略，那这就是行动器-评判器方法（actor-critic method）。

2.5　深度强化学习

2.5.1　深度强化学习原理

近年来，深度学习在许多领域得到了广泛应用，如信号处理、图像识别、自然语言处理等，如图 2－32 所示。在这些领域，深度学习在处理大规模数据问题上显示出了巨大的潜力。

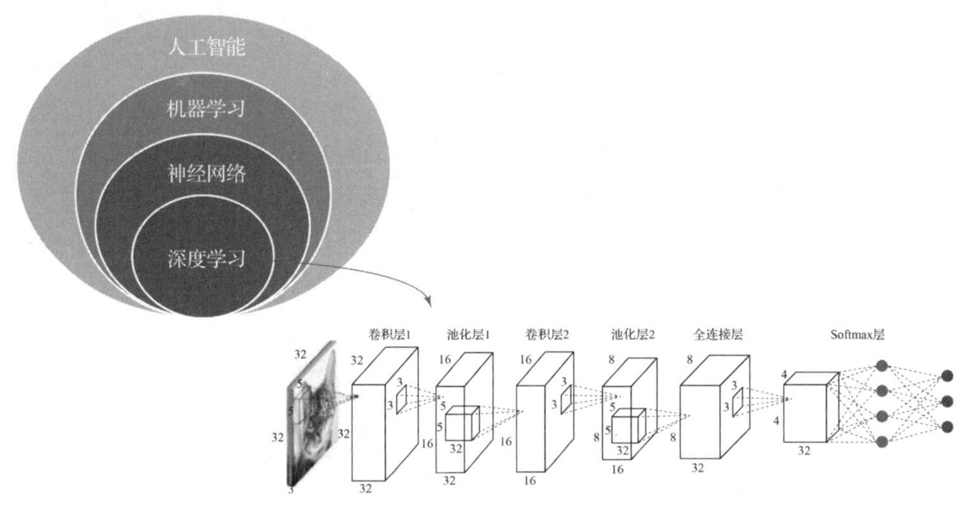

图 2－32　深度学习在多个领域的广泛应用

深度强化学习，顾名思义，这是一种结合了深度学习和强化学习的方法。传统的强化学习缺乏高效处理大规模问题的能力，尤其是当需要处理的数据量很大时；并且，传统的强化学习无法充分利用经验，在许多情况下，它高度依赖于交互，不能利用从先前任务中获得的经验。另外，传统的强化学习在表达能力方面有限，许多现实世界的环境无法有效的表达，例如，电子游戏和使用摄像头的环境感知等使用原始图像信息的问题。但深度学习可以改进上述描述的问题，这是因为深度学习擅长处理大数据，并已经在许多现实世界的应用中得到了证明。深度学习可以通过监督学习，充分利用经验，并且具有非常好的表达能力，无论输入的是原始图像还是处理过的信息，它都能有效处理。简而言之，如果我们使用深度神经网络来逼近智能体中的值函数或策略，并使用强化学习与环境进行交互，那么可以说我们正在使用一种深度强化的学习方法，如图 2－33 所示。

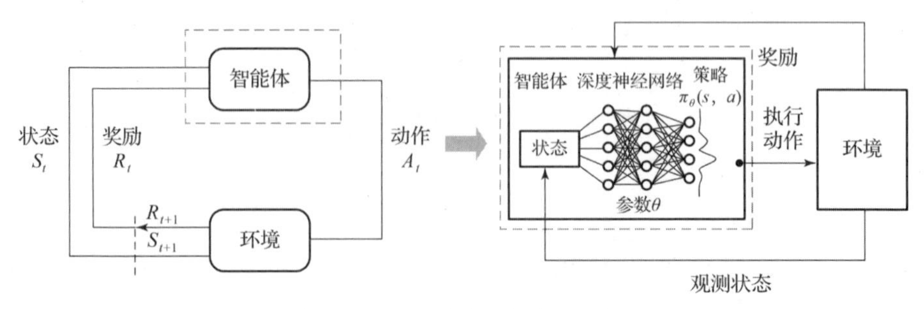

图 2－33　深度学习的应用案例

到目前为止，已经有一些方法将深度学习和强化学习结合在一起。例如，深度Q网络（Deep Q－Network，DQN），它用于处理具有连续状态和离散动作的问题。双重深度Q网络（Double Deep Q Network，DDQN）是深度Q网络的扩展，它改进了深度Q网络的估计精度[32]。最近开发的方法异步优势行动器－评判器（Asynchronous Advantage Actor－Critic，A3C）可以处理同时具有连续状态和连续动作的问题[33]。在本节中，我们将简要介绍DQN。该方法是AlphaGo及几乎所有新提出的深度强化学习方法的基础。

2.5.2 深度Q网络

顾名思义，深度Q网络是深度学习与Q学习的结合。在DQN中，深度学习被用作值函数逼近器。在前文提到过，Q表只能存储离散状态和动作的Q值。随着状态和动作维度的增加，Q表的大小将呈指数级增长，这会导致计算复杂度也呈指数级增长，这就是所谓的维度诅咒。在某些情况下，如围棋，状态的维度甚至大到任何计算机都无法存储的地步。在许多现实世界的应用中，状态或动作空间甚至是连续的。在这两种情况下，Q表无法使用。

我们可以选择使用函数逼近器来逼近值函数，来替代Q表。如图2－26（a）所示，若使用深度神经网络作为函数逼近器，这种方法称为DQN，则深度Q学习应该是这样的：深度神经网络的输入是状态，输出是不同动作的Q值，如图2－34所示。对于DQN，状态是连续的，动作是离散的。

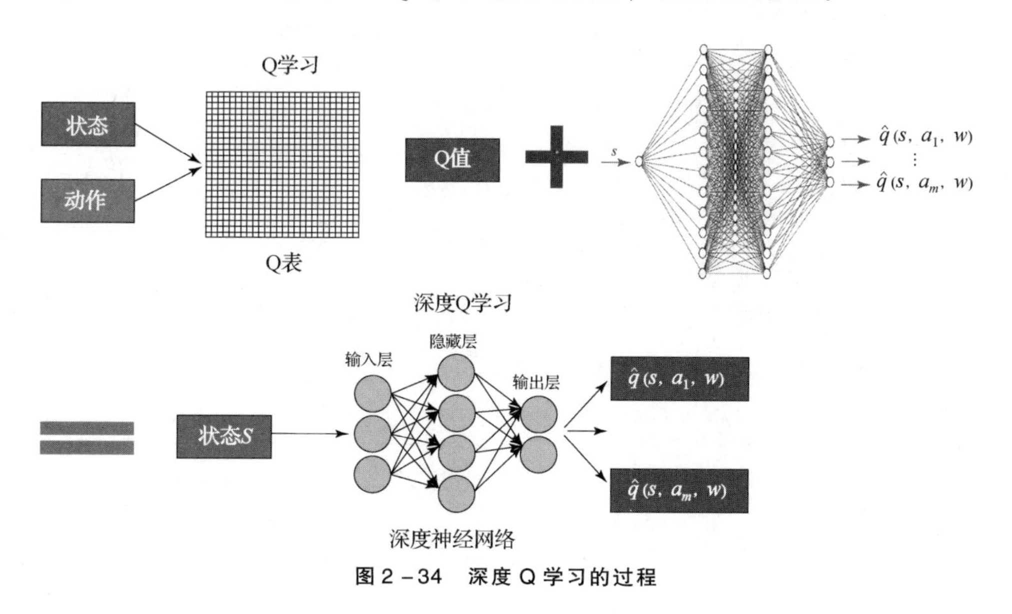

图2－34 深度Q学习的过程

深度 Q 网络的伪代码如表 2－3 所示，它有两个循环，一个是针对回合的循环。一个回合是从初始状态到终端状态的一次尝试，而整个学习过程可能需要许多回合或尝试。另一个循环则是针对一个回合内的时间步的循环。一个回合可能有很多步，一步意味着一次状态的转移。这两个循环类似于 Q 学习，主要的区别在于 DQN 有一个经验回放记忆集合 D，并且它从 D 中随机抽取小批量的转移样本。你可能注意到，这实际上是一个带有经验回放的批量强化学习过程，批量方法在 2.4.2 中介绍过。我们并不直接使用一个转移样本，而是使用一个小批量的样本来更新 Q 值，然后进行梯度下降。因此，DQN 是一种带有经验回放的批量强化学习方法。

表 2－3　DQN 伪代码

带有经验回放的 DQN 算法
初始化容量为 N 的经验回放记忆集合 D 用随机参数 θ 初始化动作值函数 Q 用随机参数 θ^- 初始化动作值函数 $\hat{Q}$ 对回合 episode 循环： 　初始化序列 $S_1=\{X_1\}$ 并预处理序列 $\Phi_1=\Phi(S_1)$ 　对时间步 t 循环： 　　以 ε 的概率选择随机动作 A_t 　　否则选取动作 $A_t=\arg\max_a Q(\Phi(S_t),a;\theta)$ 　　执行动作 A_t 并观测奖励 R_t 和图像 X_{t+1} 　　设置 $S_{t+1}=S_t,A_t,X_{t+1}$ 并预处理 $\Phi_{t+1}=\Phi(S_{t+1})$ 　　在 D 中存储转换 $(\Phi_t,A_t,R_t,\Phi_{t+1})$ 　　从 D 中随机采样小批量的转换 $(\Phi_j,A_j,R_j,\Phi_{j+1})$ 　　设置 $y_j=\begin{cases}R_j & \text{如果在时间步 } j+1 \text{ 终止}\\ R_j+\gamma\max_{a'}\hat{Q}(\Phi_{j+1},a';\theta^-) & \text{否则}\end{cases}$ 　　对关于参数 θ 的表达式 $(y_j-Q(\Phi_j,A_j;\theta))^2$ 执行梯度下降步骤 　　每 C 个时间步重新设置 $\hat{Q}=Q$ 直到达到停止条件

我们先来看看 DQN 中的经验回放记忆集合 D，如图 2－35 所示。这个集合的容量为 N，表示可以在集合中存储 N 个转移样本。当该集合已满，每次有新样本进入时，最旧的样本将被删除。在批量学习过程中，将从经验回放记忆集合中随机选择一个小批量的样本。请注意，这里我们有两个网络来估计 Q 值，

一个用于动作值函数 Q，另一个用于目标动作值函数 $\hat{Q}$。两个网络的权重都是随机初始化的。

初始化容量为N的经验回放记忆集合D

用随机参数θ初始化动作值函数Q

用随机参数θ^-初始化动作值函数$\hat{Q}$

经验回放
记忆集合D

容量N

$<S_1, A_1, R_2, S_2>$
$<S_2, A_2, R_3, S_3>$
$<S_3, A_3, R_4, S_4>$
$<S_4, A_4, R_5, S_5>$
$<S_5, A_5, R_6, S_6>$
⋮

图 2－35　DQN 经验回放记忆集合

在初始化网络权重和记忆集合之后，触发两个循环：一个是回合循环，一个是时间步循环。与 Q 学习类似，在每个回合中，我们从初始状态开始，然后使用 ε－贪婪策略选择动作，即以 ε 的概率选择非贪婪动作，以 1－ε 的概率选择贪婪动作。接着，我们基于经验回放进行小批量学习。这意味着我们反复从经验回放记忆集合 D 中抽取一个小批量的数据样本，如图 2－36 所示。

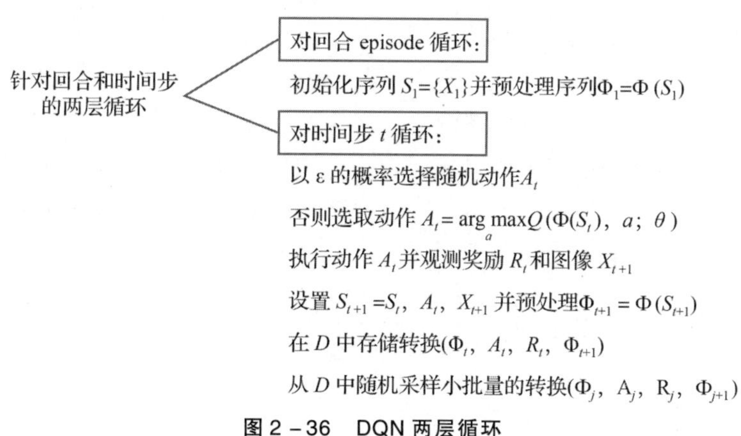

图 2－36　DQN 两层循环

在每个小批量学习时间步中，我们使用梯度下降法更新 Q 网络的权重，如图 2－37 所示。然后，在每次进行 C 步后，我们通过将动作值网络 Q 的权重值分配给目标动作值网络 $\hat{Q}$，以更新后者，这与使用批量强化学习的方法相同。如果我们每次获得小批量样本时就更新权重，那么更新将非常不稳定。因此，我们需要等待几步，直到权重稳定下来。

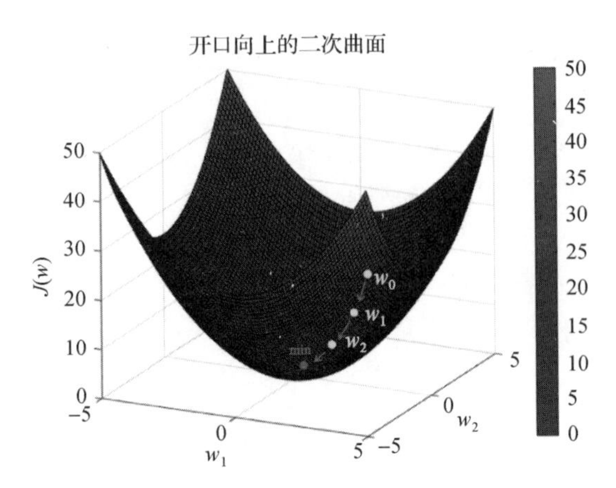

设置 $y_j=\begin{cases} R_j & \text{如果在时间步} j+1 \text{终止} \\ R_j+\gamma\max\limits_{a'}\hat{Q}(\Phi_{j+1},\ a';\ \theta^-) & \text{否则} \end{cases}$

对关于参数θ的表达式 $(y_j-Q(\Phi_j,\ A_j;\ \theta))^2$ 执行梯度下降步骤

每C个时间步重新设置$\hat{Q}=Q$

图 2－37　用梯度下降法更新 Q 网络权重

到目前为止，我们已经学习了一些经典的强化学习算法，如 SARSA、Q 学习和深度强化学习（如 DQN）。更进一步，从模型的角度来看，有两种强化学习：无模型强化学习和有模型强化学习，如图 2－38 所示。原始的 Q 学习是一个典型的无模型方法，它不需要关于世界的模型，特别是状态转移和奖励函数的模型。实际上，如果我们已经有了一个世界模型，即使它不是非常精确，那么我们仍然可以充分利用这个模型来提高强化学习的效率。例如图 2－38 所示，对于有模型的强化学习，在使用从现实世界收集的真实经验来更新值函数和策略之前，我们可以使用世界模型进行多次更新和交互，这将极大地提高算法的效率。而且，真实经验也可以用来提高模型的准确性。随着世界模型的发展，有模型的强化学习已经吸引了人们越来越多的关注。

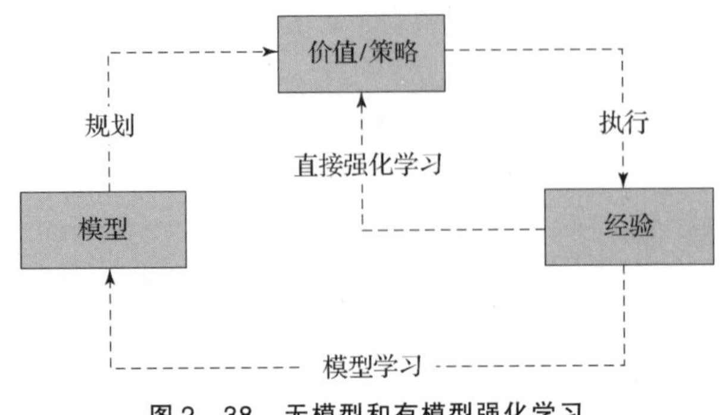

图 2－38　无模型和有模型强化学习

第3章

基于经典强化学习的决策控制技术

当前的决策控制方法主要分为两类，即传统的决策模块与控制模块组合的方法和基于学习的方法。与传统决策控制方法不同，基于学习的方法不严格遵循环境感知、决策和规划以及运动控制这三个任务的划分。它们直接从数据和与环境的交互中学习，不受车辆动力学模型和控制任务的限制。强化学习作为一种先进的机器学习方法，近年来已被用于解决智能车辆决策控制问题。本章将应用经典强化学习算法中Q学习（Q-learning）算法和神经Q学习（Neural Q Learning，NQL）算法，解决纵向控制、横向控制、路径跟踪，以及从人类驾驶员中学习和速度控制等问题。

3.1　CARLA 仿真平台介绍

本书案例基于 CARLA 仿真平台，首先介绍该平台的基本内容。CARLA 是一款专门面向智能车辆系统开发、训练及验证的无人驾驶仿真平台[34]，由巴塞罗那自治大学的计算机视觉中心（Computer Vision Center，CVC）创立，主要投资商包括英特尔和 TOYOTA 等知名企业。CARLA 仿真交通场景如图 3－1 所示。

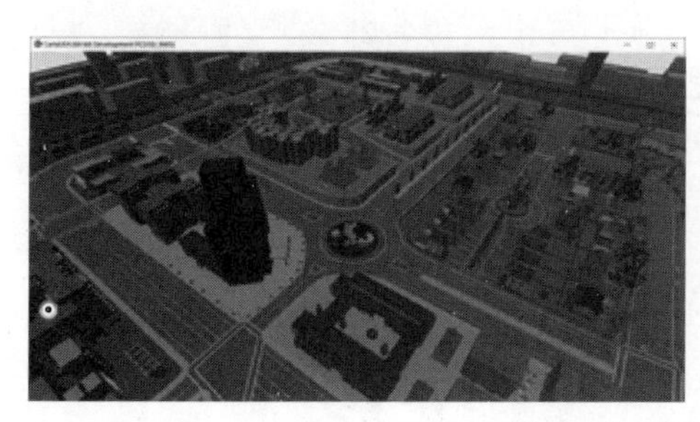

图 3－1　CARLA 交通场景

作为一款开源的智能车辆驾驶仿真软件，它具备以下优势：CARLA 的开发基于《虚幻引擎 4》(Unreal Engine 4)，能提供高清图像渲染质量和真实的物理引擎，而可靠的车辆运动、动力学模型正是智能车辆驾驶系统仿真的必要条件；CARLA 免费提供大量且丰富的数字资源，包括城市布局、建筑、车辆、行人等，这为仿真场景的快速搭建提供了便利；CARLA 提供各类智能车辆驾驶仿真传感器，包括激光雷达、摄像头、深度传感器和 GPS 等，可用于搭建仿真交通场景采集各类交通场景数据；CARLA 支持 OpenDrive 标准，用户可以通过场景搭建软件 RoadRunner 轻松地创建自己的地图；CARLA 可以通过应用程序编程接口（Application Programming Interface，API）实现服务器中仿真车辆与控制算法的实时交互，API 同时兼容 Python 和 C ++ 编程语言，允许用户控制与仿真相关的任何内容，包括交通场景建模、行人行为控制、改变天气、布置车载传感器等。

如图 3－2 所示，CARLA 仿真平台主要由服务器和用户脚本构成。服务器基于前面提到的能提供高质量画面渲染的《虚幻引擎 4》，主要负责提供传感器数据、进行每一时刻交通参与者状态的物理计算等。用户脚本基于 Python 语言，可以与服务器进行实时交互，如实时获取服务器中的传感器数据或将控制量提供给服务器中的各类交通参与者。本书中 CARLA 仿真实验案例均基于配备 Intel 酷睿 i7－7700HQ 处理器、NVIDIA GTX1060 显卡以及 8 GB 内存的笔记本电脑。

图 3－2　CARLA 软件架构

3.2　基于 Q 学习的决策控制

3.2.1　纵向决策控制

自动巡航控制[35]（Automatic Cruise Control，ACC）与跟车控制[36]（Car-Following Control）是两种典型的智能车辆纵向控制技术。自动巡航控制系统可以在高速公路等长途驾驶场景中用于维持汽车以恒定速度行驶，减轻驾驶员负担并降低油耗。而自动跟车控制系统在需要与前车保持安全距离的情境下发挥作用，例如在拥挤的十字路口或狭窄道路上。自动跟车控制系统在接收到决策模块给出的行驶策略后，通过敏感的传感器和算法，精确计算并调节车辆的速度和加速度，以确保安全距离。

对于自动巡航控制，传统方法需要设计反馈控制器，通过车辆动力学构建传递函数，由系统将实时测量的车速与期望速度比较，根据控制律自动调节油门。然而，传递函数对决策模块来说是未知的，且有时难以获取，例如当车辆质量未知或变化时。对于自动跟车控制，传统控制系统需将主车与前车之间的相对距离和预设安全距离的差异最小化，这就要求车辆动力学模型完全已知，但现实情况并非总是如此，且该模型与决策模型往往是相互独立的。因此，在缺乏车辆信息的情况下，传统控制方法并不完全适用，而强化学习技术则可以解决上述问题。通过主车与周边环境的交互，强化学习系统可以学习自主纵向控制的方法[37]。

自动巡航控制的目标是保持期望速度行驶。为简化问题，仅考虑单条直线车道的纵向控制。本书案例选择 Q - learning 作为强化学习算法，具体算法见2.3.3。针对本案例中的巡航控制场景，对强化学习基本要素定义如下：

（1）状态空间。为了使被控车辆的速度尽可能接近期望速度，状态空间可以简化为被控车辆的速度：

$$\boldsymbol{S}=\boldsymbol{V} \tag{3-1}$$

（2）动作空间。控制纵向速度实际上就是控制油门开度，其值介于0到1之间。根据本案例所使用数据的实际情况，设置了6个离散的油门值，从0到0.635，如式（3 - 2）所示。这些离散值仅为推荐值，可以根据不同问题需求自行设计。

$$\boldsymbol{A}=[0,0.401,0.464,0.531,0.588,0.635] \tag{3-2}$$

（3）奖励函数。为使车辆达到期望速度，当车辆当前速度与期望速度相同时，给予正奖励；当前速度与期望速度不同时，给予负奖励，以惩罚速度差异。具体奖励函数如式（3 - 3）所示：

$$R(s,a)=\begin{cases}10,\ \textbf{if}\ V=V_{\mathrm{des}}\\ -K^{*}\ |V-V_{\mathrm{des}}|,\ \textbf{else}\end{cases} \tag{3-3}$$

式中，K为常参数；V_{des}为期望速度。

对于巡航控制场景实验，被控车辆期望速度V_{des}设置为4 m/s。经过大约470个时间步的训练后，被控车辆能够保持在接近期望速度的范围内。实验结果如图3 - 3所示。

类似地，跟车控制技术的目标是保持与前车的安全距离，同样只考虑单条直线车道的纵向控制。在本案例场景下，Q - learning 的强化学习元素定义如下：

（1）状态空间。为了尽可能地保持期望距离，状态空间可以设计为被控车辆与前车的当前距离。

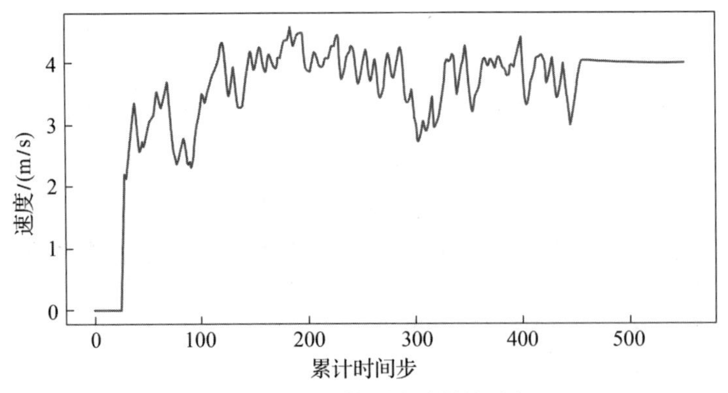

图 3-3 巡航控制实验训练过程

$$\boldsymbol{S}=\boldsymbol{D} \tag{3-4}$$

（2）动作空间。动作依旧是控制油门开度。本案例设置了 5 个离散的油门值，从 0 到 0.588，如式（3-5）所示。这些离散值同样可以根据具体需求自行设计。

$$\boldsymbol{A}=[0,0.401,0.464,0.531,0.588] \tag{3-5}$$

（3）奖励函数。根据控制目标，若当前距离与期望距离相同，给予正奖励；否则，给予负奖励，以惩罚当前距离与期望距离的差异。具体奖励函数如式（3-6）所示：

$$R(s,a)=\begin{cases}10,\ \textbf{if}\ D=D_{\mathrm{des}}\\ -K^{*}\ |D-D_{\mathrm{des}}|\ ,\textbf{else}\end{cases} \tag{3-6}$$

式中，K 为常参数；D_{des} 为期望距离。

对于跟车控制，设置被控车辆与前车之间的期望距离 D_{des} 为 10 米，经过 220 个时间步的训练后，被控车辆能够达到并保持与前车的期望距离。实验结果如图 3-4 所示。

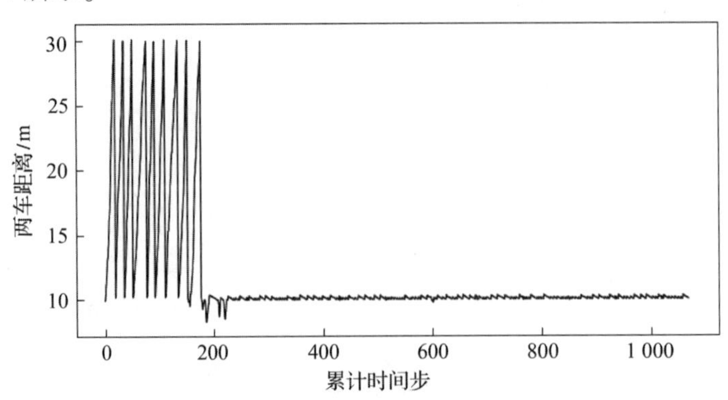

图 3-4 跟车控制实验训练过程

从上述两个实验可以看出，强化学习在纵向控制中发挥了显著的作用，成功达到了预期目标。

3.2.2　横向决策控制

自动转向控制[38]（Automatic Steering Control）与车道保持控制[39]（Lane Keeping Control）是两种典型的智能车辆横向控制技术。自动转向控制系统是指智能车辆在需要改变行驶方向时，通过自动控制方向盘完成转向。而车道保持是指智能车辆在接近车道边界时，通过调整方向盘来保持车辆在原车道上的能力。与转向控制相比，车道保持需要更强的适应性。

对于前者，在车辆自动转向工作过程中，应尽量保证转向平稳，避免异常摇晃或偏航角速度的突然变化。传统的控制方法需要根据车辆运动学模型建立被控车辆的状态空间函数，控制目标为速度和偏航角。对于后者，车道保持控制要求智能车辆尽量保持在车道中央附近行驶，避免较大的横向位移。与纵向控制类似，传统的决策模块与动力学模型在这之中关联不大。强化学习可以在车辆信息并不完全已知的情况下实现自动控制，具有更强的灵活性。

为了体现强化学习在横向控制中的作用，本案例假设速度保持不变。在这种情况下，自动转向控制的目标是在转向过程中保持一个稳定的偏航角速度。环境定义为在一个十字路口完成左转。强化学习算法选择 Q－learning。针对本案例中的巡航控制场景，对强化学习基本元素定义如下：

（1）状态空间。为了尽可能让偏航角速度保持不变，状态空间可以设计为偏航角：

$$\boldsymbol{S} = yaw \tag{3-7}$$

（2）动作空间。控制横向偏航角实际上就是控制转向值，其值介于 0 到 1 之间。本节设置了 4 个离散的转向值，从 －0.05 到 －0.2，负值代表左转，如式（3－8）所示。这些离散值仅为参考，具体值可以根据实际需求自行设计。

$$\boldsymbol{A} = [-0.05, -0.1, -0.15, -0.2] \tag{3-8}$$

（3）奖励函数。根据控制目标，当被控车辆的当前偏航角与期望偏航角相同时，给予正奖励；否则，给予负奖励，以惩罚当前偏航角与期望偏航角的差异。具体奖励函数如式（3－9）所示：

$$R(s,a) = \begin{cases} 10, \textbf{if } yaw = yaw_{\mathrm{des}} \\ -K^{*}\,|yaw - yaw_{\mathrm{des}}|, \textbf{else} \end{cases} \tag{3-9}$$

式中，K 为常参数；yaw_{des} 为期望偏航角。

对于转向控制实验，设置被控车辆的期望偏航角为 2.5°。经过训练后，被控车辆能够完成在十字路口的左转任务，并且能够保持偏航角变化幅度较小，即偏航角速度很小。测试过程的车辆轨迹见图3－5，每个时间步的偏航角见图3－6。由此可见，利用强化学习实现转弯控制的任务取得了成功。

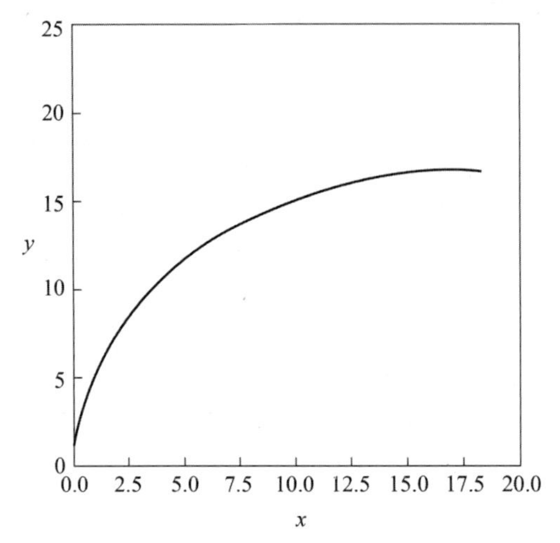

图3－5　转向控制实验测试过程车辆轨迹

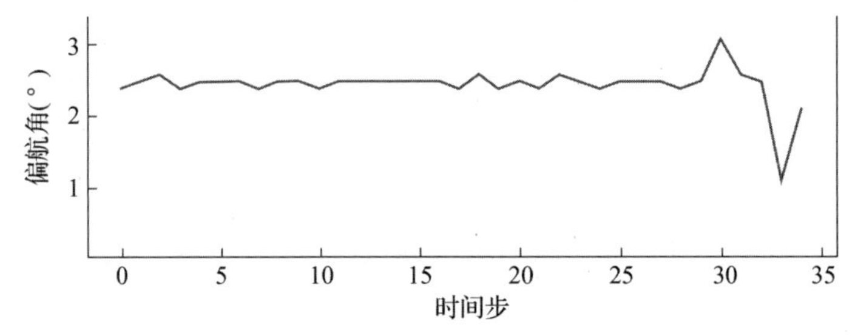

图3－6　转向控制实验测试过程车辆偏航角

同样地，控制速度保持恒定。在这种情况下，车道保持技术的目标是在行驶过程中保持车辆处于车道中心。考虑一个简单的车道保持例子，环境定义为一条直车道，车道中心用黄线标识，以便清楚地显示控制结果。被控车辆的初始偏航角需设置为非零值，以体现出横向控制的效果，否则车辆将沿着车道中心线做直线运动。强化学习算法选择Q－learning。针对本案例场景，对强化学习基本元素定义如下：

（1）状态空间。目标是让被控车辆尽可能保持在车道中间位置，即相对于中线的横向位移较小。因此，状态空间可以设计为与横向位移相关的值，这里设置为被控车辆沿 y 轴的横向坐标，如式（3－10）所示。注意车道中心线为 $y=0$。

$$\boldsymbol{S}=y \tag{3-10}$$

（2）动作空间。动作依然是转向值。这里设置了5个离散的转向值，从-0.2到0.2，负值代表左转，如式（3-11）所示。这些离散值可以根据具体需求自行设计，以下仅提供参考值。

$$\boldsymbol{A}=[-0.2,-0.1,0,0.1,0.2] \tag{3-11}$$

（3）奖励函数。根据控制目标，当前被控车辆的横向偏移越小，对应的奖励就越大。因此，当相对于中心线的横向位移为0时，给予正奖励；否则，给予负奖励，以惩罚当前的横向偏移。奖励函数如式（3-12）所示。

$$R(s,a)=\begin{cases}10,\textbf{if } y=0\\ -K^{*}\ |y|,\textbf{else}\end{cases} \tag{3-12}$$

式中，K为常参数；$|y|$为期望横向位移。

对于车道保持控制实验，被控车辆的初始偏航角设置为-7.23°。当被控车辆非常接近车道中心线时，可以认为该轮训练达到终止条件。即需要设置一个阈值距离limit，当被控车辆沿车道行驶的距离足够长且未发生偏离的前提下，其坐标y的绝对值小于limit时，认为达到终止条件。这里limit设置为0.5米。经过训练，被控车辆可以在直道上完成车道保持，并且行驶过程中偏离中心线的程度很小。实验结果如图3-7所示。由此可见，利用强化学习实现车道保持控制的任务取得了成功。

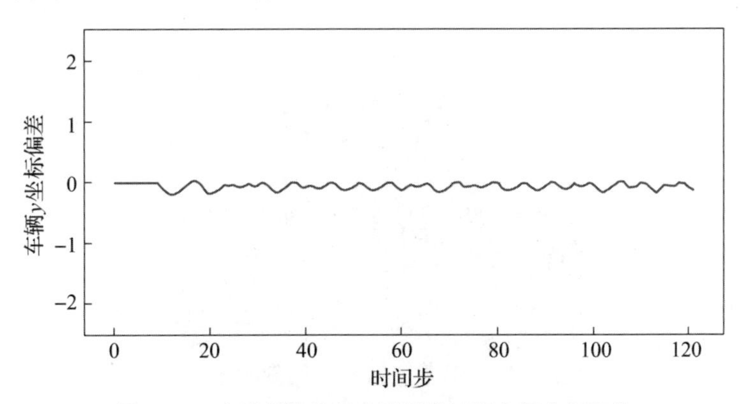

图3-7　车道保持控制实验测试过程车辆坐标变化

3.2.3　路径跟踪

在前文中，我们讨论了一些基本的纵向和横向控制问题，如巡航控制、跟车控制、转向控制和车道保持控制。然而，路径跟踪控制相较于单独的纵向或横向控制更为复杂。在一个典型的智能车辆驾驶任务中，规划了从起始位置到目标位置的路径后，接下来就需要利用路径跟踪控制技术，尽可能跟踪规划好的参考路径，以达到目标位置。

一般来说，规划好参考路径后，可以利用包括模型预测控制（Model Predictive Control，MPC）在内的许多传统控制方法实现路径跟踪控制[40]。以MPC为例，在已知车辆动力学模型的情况下，MPC将路径跟踪问题建模为一个优化问题。这个过程需要建立目标函数，并为问题设置约束条件，然后找到合适的优化求解器来求解优化问题。然而，这些传统的基于模型的控制方法，其性能在很大程度上依赖于模型的精度。当模型精度提高时，计算需求也会迅速增加。同时，由于不同车辆的动力学模型存在差异，基于模型的控制方法很难适应不同的车辆和不同的情况。

强化学习是一种很好的解决方案。与基于模型的方法类似，利用强化学习解决路径跟踪控制问题的目的也是最小化当前位置与参考路径之间的距离，控制车辆遵循给定的参考路径行驶[41]。但不同的是，强化学习可以是无模型（model - free）的，通过智能体与环境的交互来适应不同的情况，从而解决上述这些问题。

为了测试强化学习在路径跟踪控制中的性能，我们考虑一个简单的路径跟踪问题。被控车辆将在一个典型的十字路口左转，参考路径是一个半径为 r 的四分之一个圆。红点表示参考路径上的一个前视点，绿点表示被控车辆的位置。为了简化问题，这里不考虑速度控制，即保持转弯时速度恒定。场景示意图如图3-8所示。

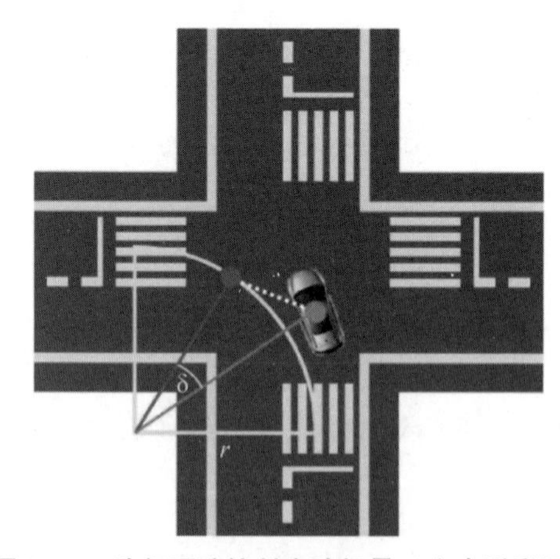

图3-8　路径跟踪控制实验场景（文末附彩图）

路径跟踪控制的目标是在十字路口左转并跟踪一个参考路径。为了实现这一目标，我们使用预瞄跟踪方法，即每次给出参考路径上的一个预瞄位置作为跟踪目标。为了追踪路径，需要最小化车辆位置与预瞄位置之间的距离。在图3-8中，预瞄位置即为红色的前视点。强化学习算法选择Q - learning。针对本案例的路径跟踪控制场景，定义强化学习的基本元素如下：

（1）状态空间。为了使被控车辆尽可能跟踪预瞄位置，状态空间必须包含能够表示车辆当前的位置和角度的变量。因此，状态空间定义为一个包含当前车辆位置坐标和与转弯圆弧圆心之间的夹角 θ 的三维状态集，如式（3-13）所示。

$$\boldsymbol{S} = [x, y, \theta] \tag{3-13}$$

（2）动作空间。因为被控车辆要控制左转弯，所以动作空间依然是转向值。这里设置了5个离散的转向值，从0到-0.4，负值代表左转，如式（3-14）所示。以下这些离散值仅为参考值，可以根据具体的需求自行设计。

$$\boldsymbol{A} = [0, -0.1, -0.2, -0.3, -0.4] \tag{3-14}$$

（3）奖励函数。为了鼓励被控车辆尽可能接近预瞄位置，奖励函数设计为惩罚车辆当前位置和预瞄位置之间的差异。具体形式如式（3-15）所示。

$$R_t(s, a) = -K^* \, |D| \tag{3-15}$$

式中，K 为常参数；$|D|$ 为车辆位置和预瞄位置之间的欧氏距离。注意，此处车辆位置指的是下一个时间步所在的位置。例如，在采取一个动作后，车辆的位置从 (x_t, y_t) 移动到 (x_{t+1}, y_{t+1})，因此，$|D|$ 指的是 (x_{t+1}, y_{t+1}) 与预瞄位置 (x_r, y_r) 之间的距离。这是因为奖励是用于评估行动的好坏的，采取行动的奖励应该在状态转移后给予被控车辆。

对于路径跟踪控制实验，基于控制目标，我们设置的终止条件为“当次episode”中车辆当前位置与预瞄位置 $|D_{\text{avg}}|$ 的平均距离小于一个阈值。此处阈值设定为0.52。达到该条件时，即可认为路径跟踪控制任务完成。该终止条件是根据经验设置的，具体值取决于所需的控制算法精确度。阈值设置得越小，路径跟踪就越精确，但可能需要更多的训练时间。经过训练，Q-learning成功完成路径跟踪任务，参考路径与跟踪路径之间的误差相对较小。实验结果如图3-9所示。实际跟踪路径与参考路径非常接近，这说明利用强化学习实现路径跟踪的任务取得了成功。

3.2.4 学习人类驾驶员

传统的智能车辆系统在动态交通环境中的效率较低，主要原因在于其规划和控制模块较为僵化。相比之下，经验丰富的人类驾驶员能够在没有复杂规划算法的情况下适应性地处理动态情况，特别是在复杂的驾驶环境中，往往能作出更优的选择。因此，开发智能车辆的一种有效方法是学习人类驾驶员[42]（Learning From Human Drivers）。这意味着模拟人类驾驶员在不同驾驶任务下的行为，例如跟踪、变道和超车等。

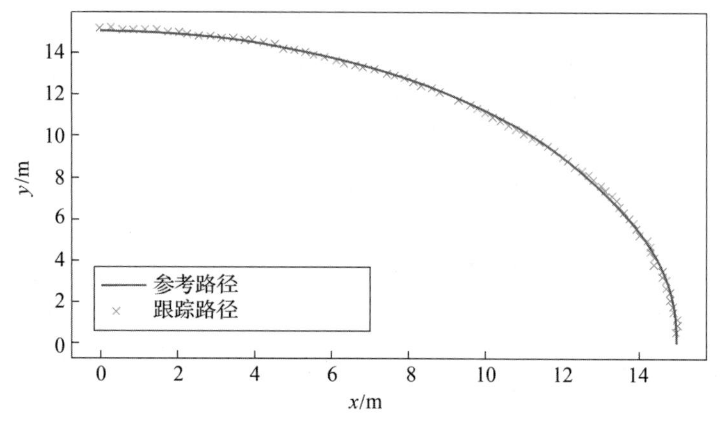

图 3－9　路径跟踪控制实验结果

向人类驾驶员学习，一种可能的方法是将传统的智能车辆系统与学习模块相结合。对于一个传统的具有感知、规划、控制模块的智能车辆系统，可以用一个学习模块来代替规划和控制模块。这个学习模块不仅可以输入观测到的环境信息，而且还可以输出人类驾驶员的控制动作。如果学习成功，系统就可以在相同的驾驶环境中模仿人类的驾驶行为。学习模块可以利用强化学习设计，首先，在一个驾驶环境中收集人类的驾驶数据，其次，在相同的环境中开启学习模块。强化学习的奖励设置为最小化人类驾驶数据和智能车辆之间的差异，通过在特定驾驶任务的相同驾驶环境中与人类驾驶员进行交互，系统可以获得类人的控制动作。考虑到通过真实车辆采集驾驶数据的成本较高，本实验选择使用驾驶模拟器来收集数据。

本案例利用强化学习模拟人类驾驶员的转弯行为，不同于传统的转向控制，本案例的控制目标并非直接给定，而是源于人类驾驶员的数据。强化学习的目标是使车辆的运动轨迹接近人类的驾驶数据，案例场景设定在一个典型的十字路口，任务是完成左转。这里将问题定义为一个纯粹的横向控制问题，仅控制方向盘，不控制速度。强化学习算法选择 Q－learning。针对本案例，强化学习的基本元素定义如下：

（1）状态空间。为了尽可能减小与人类驾驶数据的差异，从而实现类人控制，状态空间定义为被控车辆的偏航角与人类驾驶数据的偏航角之差，如式（3－16）所示，因为偏航角直接影响到被控车辆的轨迹。

$$\boldsymbol{S} = yaw - yaw_{\text{human}} \tag{3-16}$$

式中，yaw 为被控车辆的偏航角；yaw_{human} 为人类驾驶数据的偏航角。

（2）动作空间。转向动作依然是不同的转向值。这里设置了 6 个离散的转向值，从 0 到 －0.5，负值代表左转，如式（3－17）所示。这些离散值可以根据具体的需求自行设计，以下仅提供参考值。

$$\boldsymbol{A} = [0, -0.1, -0.2, -0.3, -0.4, -0.5] \tag{3-17}$$

（3）奖励函数。被控车辆偏航角与人类驾驶数据偏航角的差异越小，说明学习模块训练得就越好，对应的奖励应该越大。因此，奖励函数设计为惩罚被控车辆偏航角与人类驾驶数据偏航角之间的差异，具体形式如式（3－18）所示。

$$R(s,a) = -K \mid yaw - yaw_{\text{human}} \mid \tag{3-18}$$

式中，K 为常参数。

首先，需要利用驾驶模拟器采集人类的驾驶数据。通过手动控制来收集数据，驾驶模拟器选择 CARLA。其次，对收集到的人类数据进行处理。再次，使用 Q－learning 从处理后的数据中学习。对于数据采集，车辆首先从模拟器中一个指定的位置开始，并在车辆通过 $x = -90$ 的红线时结束，如图 3－10 所示。

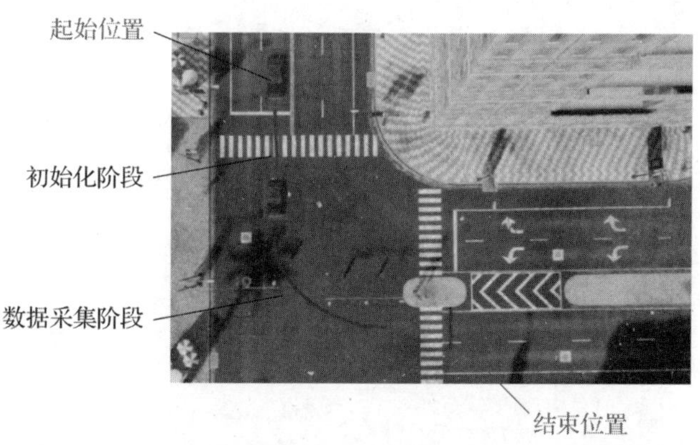

图 3－10 向人类驾驶员学习的实验场景（文末附彩图）

为了使数据采集到的人类驾驶数据更适用于后续学习，我们需要消除数据的高度波动性。为此，我们选择使用多项式函数对数据进行拟合，得到一条光滑的曲线。在图 3－11 中，蓝色曲线表示原始采集的数据，红色曲线表示经过多项式拟合后的数据。

在数据处理后，利用 Q－learning 进行学习。类似于之前的转向控制，设置一个终止条件，即当被控车辆的平均偏航角与人类数据的平均偏航角小于设定的阈值（limit）时，本轮训练终止。最后，我们将数据处理后的人类驾驶数据曲线（蓝线）与被控车辆学习到的曲线（红线）绘制出来，如图 3－12 所示，可以看到两条曲线的差异非常小。这说明，Q－learning 可以在这个简单的转弯例子中成功地模仿人类的驾驶行为。

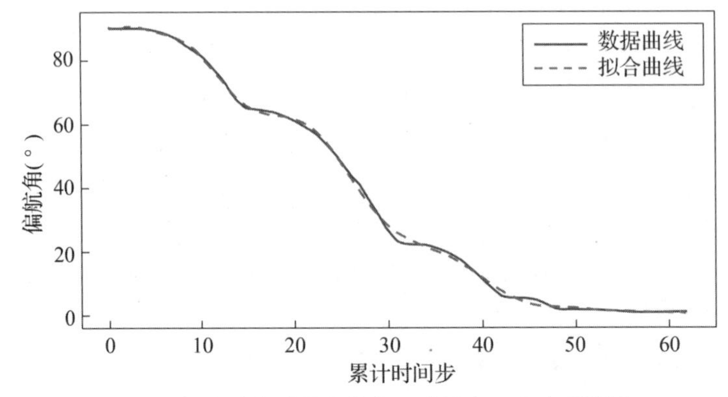

图 3-11　人类驾驶数据的多项式拟合（文末附彩图）

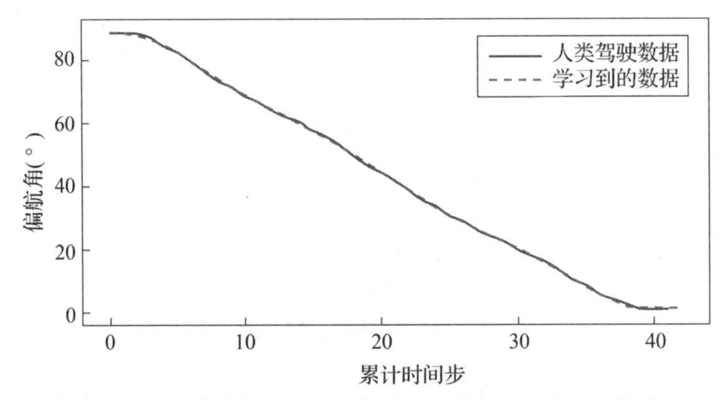

图 3-12　向人类驾驶员学习的转弯实验结果（文末附彩图）

3.3　基于 NQL 的速度控制

本节引入一个使用基于连续空间强化学习方法神经 Q 学习（Neural Q-Learning，NQL）的个性化学习系统（Personalized Behavior Learning System，PBLS）来作为实现人类驾驶策略的强化学习案例。NQL 结合了人工神经网络和 Q-learning 算法，能够对价值函数进行泛化和逼近，从而克服了传统离散强化学习的“维度灾难”问题，因此更适用于连续的状态和动作空间。

PBLS 的系统架构如图 3-13 所示，其中学习模块基于强化学习方法，与比例积分微分（Proportional Integral Differential，PID）控制器相结合，以便在学习过程中与交通环境交互。使用 PID 控制器，可以将所需速度转换为节气门和制动压力的低级别控制命令。通过这种方式，人类可以再现跟车行为。本案例关注的重点是一个典型的纵向速度控制（Longitudinal Speed Control，LSC）问题的汽车跟驰。考虑到在现实世界场景中测试在线学习系统的困难和风险，测试交通场景构建在 PreScan 中，PreScan 是一种用于模拟车辆动力学和交通环境的模拟工具[43]。LSC 的测试场景由一辆主车和一辆引导车组成。主车辆的目标是跟随引导车辆，并尽量与引导车辆保持稳定的距离。这里，主车辆可以由人类驾驶员控制，也可以由所提出的系统控制。从车载传感器收集的驾驶数据可以直接传输到学习模块，以激活学习过程。

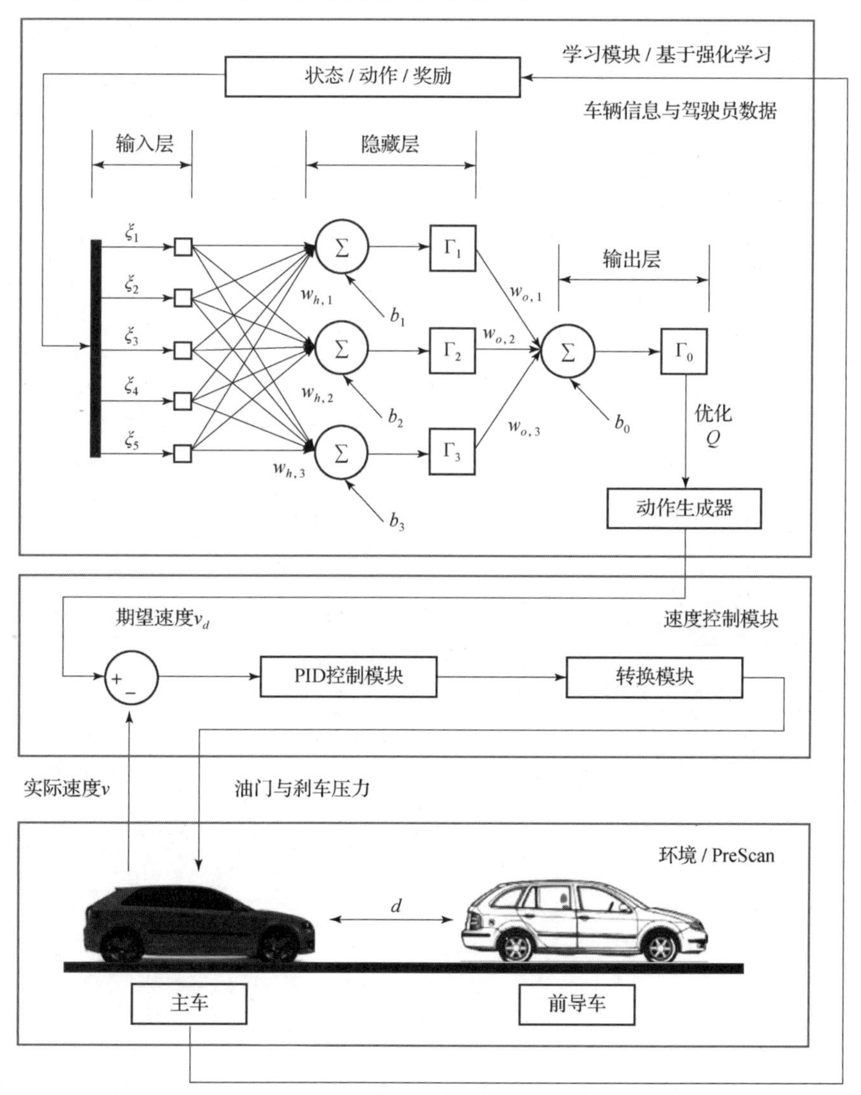

图 3－13　个性化学习系统（PBLS）的体系结构

3.3.1 NQL 原理

在2.4函数逼近中，我们介绍了 Q – learning 可以通过值函数逼近的方法解决状态或者动作空间离散的问题。针对 Q – learning 方法处理连续问题时因离散化不当而造成的算法收敛值波动问题，可以通过细化离散化区间来解决，但存在两个问题：首先，最优动作量的有效位数不能直接获得，需要通过不断尝试离散化基本单位来估计最优动作量的有效位数。其次，假设经过不断的尝试估计出了最有效的离散化基本单位，Q 值表的维度为所有状态量和动作量维度之积，越来越细化的离散化区间带来更加精确结果的同时也带来了维度灾难，将会使得算法运算成本升高，从而影响算法效率，甚至出现不能及时计算出动作量的情况，不能很好地满足车辆行驶的实时性和安全性需求。

常用的连续化学习方法除了细化 Q – learning 的区间之外，还包括 NQL 方法[44]和 Actor – Critic 方法。图3 – 14（a）为 Q – learning 算法工作原理示意图，结合 2.3.3 中 Q – learning 运行过程可知，该算法根据离散化的 Q 值表（所有状态量和动作量对应的 Q 值关系 $Q(S,A)$）选取动作量 A_k，其中 $Q(S,A)$ 与 A_k 均为离散的量。图3 – 14（b）表示 Actor – Critic 方法的工作原理，该方法包括两个神经网络：Critic 和 Actor 神经网络，分别用于逼近 Q 值 $Q(S,A)$ 和动作量 A_k，使之变为连续的函数，然后根据所逼近的 Q 值对所逼近的动作量进行选择。

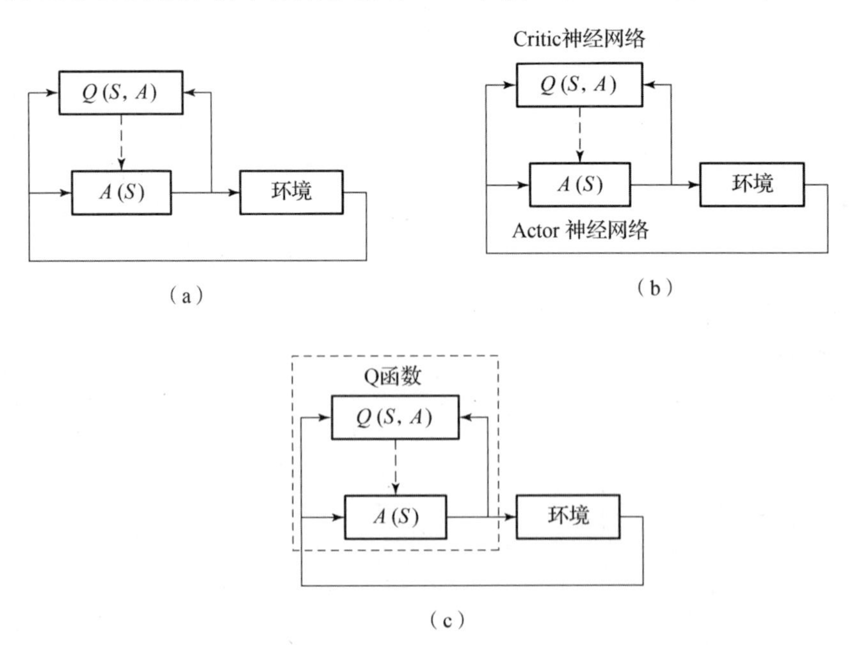

图3 – 14　Q – learning、Actor – Critic 与 NQL 工作原理示意图

NQL的工作原理如图3-14（c）所示，采用一个神经网络逼近Q值$Q(S,A)$，并通过公式推导计算出动作量。神经网络所涉及的参数较多，在调节参数时需要进行大量实验，NQL方法相较于Actor-Critic方法而言，一方面减少了神经网络数目，从而减少了实验中调节参数的工作量。另一方面，避免了Actor-Critic方法因参数选取不恰当导致算法不收敛时纠错的复杂性。下面将从NQL需要满足的条件和三要素角度对NQL的工作原理进行具体阐述。

根据NQL的定义可知，NQL问题需要满足一个条件和三个基本要素。“一个条件”为线性二次型调节器（Linear Quadratic Regulator，LQR）。即k时刻的状态量S_k，动作量A_k和收益R_k需满足如下形式：

$$S_{k+1}=\boldsymbol{M}S_k+\boldsymbol{N}A_k \tag{3-19}$$

$$R_k=S_k^T\boldsymbol{C}S_k+A_k^T\boldsymbol{D}A_k \tag{3-20}$$

式中，$\boldsymbol{M}$和$\boldsymbol{N}$是用于近似线性系统动力学的相关矩阵；$\boldsymbol{C}$和$\boldsymbol{D}$是正定矩阵，分别表示状态量和动作量对R_k的权重。假设纵向速度规划控制问题是一个近似LQR问题[45]，那么，相关的状态量S_k和收益R_k需要满足LQR的表达形式。与传统强化学习不同，此处的收益R_k表示的是该系统的损失，在学习过程中需要最小化R_k的累计和。

NQL的“三个要素”包括：状态量、动作量和Q函数。状态量S_k和动作量A_k的具体定义根据学习目的的不同而有所不同，我们将在下文中针对纵向定距离跟驰模型和人类驾驶策略学习模型分别进行讨论。在传统Q-learning中，动作量A_k需要根据当前状态量和Q值表从离散化的动作空间中进行选择。在NQL中，用一个人工神经网络近似Q-learning中的值函数（Q函数）以取代Q值表，动作量A_k可以根据Q函数和状态量直接计算获得。

Q函数的真值为随着时间推移不断累积的损失R_k之和，可由式（3-19）与式（3-20）推导获得，推导过程如下：

$$Q(S_k,A_k)=\begin{bmatrix}S_k^T & A_k^T\end{bmatrix}\begin{bmatrix}\boldsymbol{H}_{xx} & \boldsymbol{H}_{xu}\\ \boldsymbol{H}_{ux} & \boldsymbol{H}_{uu}\end{bmatrix}\begin{bmatrix}S_k\\ A_k\end{bmatrix} \tag{3-21}$$

式中，$\boldsymbol{H}_{xx}$、$\boldsymbol{H}_{xu}$、$\boldsymbol{H}_{ux}$和$\boldsymbol{H}_{uu}$均为与系统损失相关的二次型矩阵。而后，可根据式（3-21）推出k时刻的最优动作量，推导过程如下：

$$A_k=-(\boldsymbol{H}_{uu})^{-1}\boldsymbol{H}_{ux}S_k=LS_k \tag{3-22}$$

Q函数的真值不易获取，一般采用合适的函数来近似Q函数，Q函数的估计函数将在3.3.2中针对具体问题进行分析选取。通过上述NQL的工作原理可知，针对具体问题求解 NQL 时，首先需要定义状态量 S_k 和动作量 A_k，其次选取函数近似 Q - learning 中的 Q 函数，最后根据式（3 - 22）求解出最优动作量 A_k。接下来的案例将针对纵向速度规划控制问题，对 NQL 求解的必须量进行定义，采用合适的函数来近似 Q 函数，并对传统离线更新的 NQL 方法进行批量在线的改进与处理，以适应车辆控制的实时性需求。

3.3.2 NQL 模型构建

首先，介绍一下所选取的基本跟驰场景，该场景为双车道长直路单一前车跟驰场景。为了简化问题的研究，将车辆的横向控制与纵向控制解耦，仅研究直行时的跟驰问题，不考虑车辆横向控制，即前车一直保持直线行驶，不进行换道、转弯等行为，如图 3 - 15 所示。

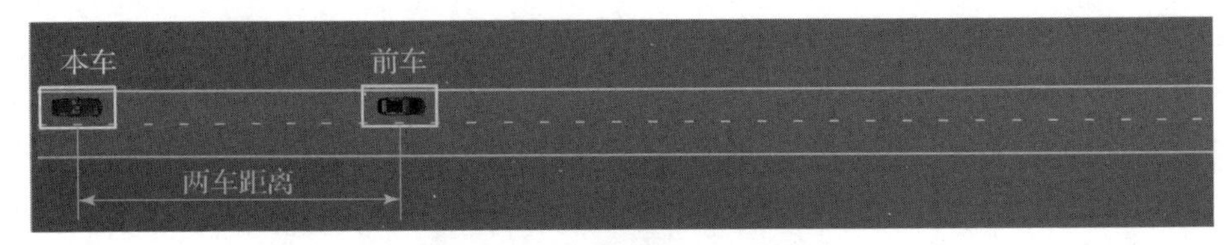

图 3 - 15　纵向基本跟驰场景

场景的具体参数将在 3.3.3 中进行描述，针对纵向速度规划控制问题提取该基本场景所包含的特征量，用于分析定义 NQL 的状态量与动作量，并改进原始 NQL 算法以满足车辆控制实时性的需求。

3.3.2.1 NQL 求解过程

在 NQL 的工作原理中，指出了针对具体问题需要定义 NQL 具体的状态量 S_k 和动作量 A_k，并需要选取合适的神经网络来近似 Q - learning 中的 Q 函数。对基本跟驰场景下的纵向速度规划控制问题进行分析可知，影响车辆跟驰的因素主要包括前车速度、本车速度、本车与前车的相对距离，即两车的相对速度和相对距离。因此，k 时刻的状态量 S_k 的通用形式可以表示为一个包含两个要素 s_1 和 s_2 的向量，其具体定义根据学习目的的不同而有所不同，我们将在下文中针对纵向定距离跟驰模型和人类驾驶策略学习模型分别进行讨论，但针对纵向速度规划控制问题的动作量 A_k 都是一致的，可以用本车的期望加速度 a_{E_k} 表示：

$$S_k^T = [s_1 \quad s_2] \tag{3-23}$$

$$A_k = a_k = a_{E_k} \tag{3-24}$$

为了使得神经网络能够正常工作，需要在实验前将状态量和动作量归一化[46]

到[-1,1]区间，归一化公式如下：

$$S_k^T = \left[\frac{2\times(s_1-\Delta v_{min})}{\Delta v_{max}-\Delta v_{min}}-1 \quad \frac{2\times(s_2-\Delta d_{min})}{\Delta d_{max}-\Delta d_{min}}-1\right] \tag{3-25}$$

$$A_k = \frac{2\times(a_{E_k}-a_{min})}{a_{max}-a_{min}}-1 \tag{3-26}$$

式中，Δv_{max}、Δd_{max}和 a_{max} 分别表示 s_1、s_2 和 a_{E_k} 的最大值；相应地，Δv_{min}、Δd_{min}和 a_{min}分别表示 s_1、s_2 和 a_{E_k} 的最小值，这些统称为归一化参数，是 NQL 所需参数的一部分。为了便于计算，此处假设 $\Delta v_{min} = -\Delta v_{max}$，$\Delta d_{min} = -\Delta d_{max}$，$a_{min} = -a_{max}$。为了保证传感器在有效工作范围内工作，选取 $\Delta d_{max} = 80$ m。其余参数针对不同场景有所变化，将在 3. 3. 3 中进行详述。

定义了状态量 S_k 和动作量 A_k 之后，需要定义损失函数 R_k 用以更新 Q 函数，由式（3 -20）可知，在选取状态量与动作量之后，只需要设定相应的参数矩阵 $\boldsymbol{C}$ 与 1 的值，就可以获得损失函数值。根据状态量和动作量的维度，可知 $\boldsymbol{C} = [C_1\ 0;0\ \ C_2]$，$\boldsymbol{D} = D$。为了方便调试参数，假设速度和加速度对损失函数的影响是相同的，即权重系数相等，$C_1 = D$，且距离、速度和加速度对损失函数的影响系数之和为 1，即 $C_1 + C_2 + D = 1$。损失参数的选取也将在 3. 3. 3 中进行讨论。

接下来，根据 3. 3. 1 中提到 Q 函数的真值不易获取的问题，一般的解决方式是采用合适的函数来近似 Q 函数。下面将选取 Q 函数的估计函数。根据文后参考文献第［43］，定义式（3 -21）中的 $\boldsymbol{H}_{xx}$，$\boldsymbol{H}_{xu}$，$\boldsymbol{H}_{ux}$和 $\boldsymbol{H}_{uu}$为相应维度的矩阵 $\boldsymbol{H}_{xx} = [w_1\quad 0;0\quad w_2]$，$\boldsymbol{H}_{ux} = [w_3\quad w_4]$，$\boldsymbol{H}_{xu}^T = [w_5\quad w_6]$，$\boldsymbol{H}_{uu} = [w_7]$，则式（3 -21）可以表示为一个参数向量 $w(w^T = [w_1\quad w_2\quad w_3\quad w_4\quad w_7])$与神经网络输入向量 $X_k(x_k = [s_1^2\quad s_2^2\quad 2s_1a\quad 2s_2a\quad a^2]^T)$的线性乘积：

$$Q(x_k) = w^T x_k \tag{3-27}$$

式中，w 可以通过求解 Q 函数对 x_k 的偏导获得，但是 Q 函数的真值不易直接获得，因此问题的关键在于如何近似 Q 函数。人工神经网络常用于模拟人类或动物神经元之间信息传播的过程，前馈神经网络是人工神经网络的一种，特点是每层神经元只接收其上一层的输入并输出到下一层，该层神经网络之间的神经元没有信息传播，也没有跨两层或以上的神经元信息传播，更没有信息逆向传播。

本案例采用一个如图 3 -16 所示的前馈人工神经网络来近似 Q 函数。该案例包含三层网络结构：5 节点($x = [x_1, x_2, \cdots, x_5]^T$)的输入层、3 节点的隐含层和仅有一个节点 $Q(x)$的输出层。

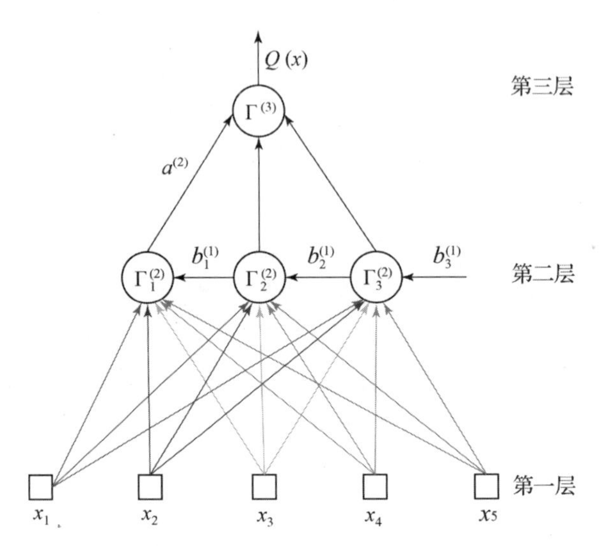

图 3－16　前馈人工神经网络

首先，介绍神经网络工作所需参数的表达形式。用 n_l 表示神经网络的层数，用 s_l 表示第 l 层的节点数，上述神经网络中 $n_l=3$。同时，将第 l 层记作 L_l，则输入层和输出层可分别记作 L_1 和 L_{n_l}。图 3－16 中的神经网络参数有权重参数 $W=(W^{(1)},W^{(2)})$ 和偏置参数 $b=(b^{(1)},b^{(2)})$，其中 $W_{ij}^{(l)}$ 表示第 l 层的第 j 个节点与第 $l+1$ 层的第 i 个节点间的权重参数，$b_i^{(l)}$ 表示第 $l+1$ 层的第 i 个节点的偏置项。$a_i^{(l)}$ 表示第 l 层的第 i 个节点的输出值，也称为激活值。针对输入层而言，$a^{(1)}=x$。用 $z_i^{(l)}$ 表示第 l 层的第 i 个节点输入的加权和，例如，$z_i^{(2)}=\sum_{j=1}^{n}W_{ij}^{(1)}x_j+b_i^{(1)}$，则 $a_i^{(2)}=\Gamma^{(2)}(z_i^{(l)})$，其中 $\Gamma(\cdot)$ 表示激活函数。神经网络的计算步骤可用矩阵表示如下：

$$\mathbf{z}^{(l+1)}=W^{(l)}a^{(l)}+b^{(l)} \tag{3-28}$$

$$\boldsymbol{a}^{(l+1)}=\Gamma(z^{(l+1)}) \tag{3-29}$$

那么，Q 函数作为该神经网络的输出量，可以表示为：

$$\begin{aligned}Q(x)&=\Gamma^{(3)}((W^{(2)})^T\Gamma^{(2)}(W^{(1)}x_k{}^T+b^{(1)}))+b^{(2)}\\&=(W^{(2)})^T\tanh(W^{(1)}x_k{}^T+b^{(1)})\end{aligned} \tag{3-30}$$

式中，令输出层的激活函数为线性函数，即 $\Gamma^{(3)}(\cdot)=\cdot$；令输出层的偏置为 0，即 $b^{(2)}=0$。选取隐含层的激活函数为 tanh 函数，即 $\Gamma^{(2)}(\cdot)=\tanh(\cdot)$，结合式（3－27）和式（3－30），可以推导出 w 的值。

$$w_j(x)=\frac{\partial Q(x)}{\partial x_j}=\sum_{i=1}^{s_2}W_{1i}^{(2)}W_{ij}^{(1)}\left(1-\tanh^2\left(\sum_{j=1}^{s_1}W_{ij}^{(1)}x_j+b_i^{(1)}\right)\right)$$

$$= \sum_{i=1}^{s_2} W_{1i}^{(2)} W_{ij}^{(1)} - \sum_{i=1}^{s_2} W_{1i}^{(2)} W_{ij}^{(1)} \tanh^2 \left(\sum_{j=1}^{s_1} W_{ij}^{(1)} x_j + b_i^{(1)} \right)$$

$$= \hat{w}_j - \tilde{w}_j \tag{3-31}$$

然而，根据式（3－31）可以看出，w 中包含了 x_k，因此，w 与 x_k 之间存在着复杂的非线性关系，不能直接进行求导运算。为简化计算，将 $w_i(x)$ 分为两个部分：线性部分 $\hat{w}_j = \sum_{i=1}^{s_2} W_{1i}^{(2)} W_{ij}^{(1)}$，以及非线性部分 $\tilde{w}_j = \sum_{i=1}^{s_2} W_{1i}^{(2)} W_{ij}^{(1)} \tanh^2 \cdot \left(\sum_{j=1}^{s_1} W_{ij}^{(1)} x_j + b_i^{(1)} \right)$。若求出 w 的值，则可以通过矩阵重组计算出 $\boldsymbol{H}_{ux}$ 和 $\boldsymbol{H}_{uu}$，从而求出 $L(x)$，然后通过式（3－22）计算出动作量 A_k。为了完成上述过程，首先需要计算上述参数的线性部分 $\hat{w}_j = \sum_{i=1}^{s_2} W_{1i}^{(2)} W_{ij}^{(1)}$，而后可以通过以下步骤获得动作量 A_k。

首先计算出线性部分参数 $\hat{W}$，再利用矩阵重组计算出 $\hat{L} = -(\hat{\boldsymbol{H}}_{uu})^{-1} \hat{\boldsymbol{H}}_{ux}$。然后根据 $\hat{A}_k = \hat{L} S_k$ 可以计算出 $\hat{A}_k$，再根据 $\hat{A}_k$ 和 S_k 推导出相应的神经网络输入层的值 $\hat{x}_k$。该值参照式（3－31）可获得 w 的近似值 $w(\hat{x}_k)$。重复上述矩阵重组过程，获得 $L(\hat{x}_k)$。最后根据式（3－22）计算出动作量 A_k。

那么，问题的重点转移到如何求出 w 的线性部分。根据式（3－31）可知，该部分由神经网络权重参数的乘积组成，因此，求解的关键在于如何更新神经网络的参数。

神经网络参数的更新方式直接决定了 NQL 的在线性能，原始的 NQL 算法是先采用一个离线更新的人工神经网络来近似 Q－learning 的 Q 函数，即采用一组数据放入 NQL 的神经网络中训练至神经网络收敛，然后再采用收敛后的神经网络参数计算 Q 函数，最终计算出动作量。原始的 NQL 不能满足车辆纵向速度规划控制的实时性要求，因此考虑对 NQL 进行调整，将其设计为可在线批量学习的 NQL，以适应车辆控制的实时性需求。

3.3.2.2　NQL 算法流程

为了将原始的 NQL 变为可在线批量学习的 NQL 算法，采用批量梯度下降法来求解神经网络，此时需要考虑将 NQL 问题与批量梯度下降法结合起来，两者的结合点在于批量梯度下降法中的损失函数可以用 NQL 中的时序差分偏差表示。参考 Q－learning 算法，时序差分偏差 e_k 指的是当前时刻的 Q 函数和上一时刻 Q 函数的偏差值，其表达形式如下：

$$e_k = R_k + Q(S_{k+1}, A_{k+1}) - Q(S_k, A_k) \tag{3-32}$$

将 m 个样本集中的代价函数累加起来，并加入一个权重衰减项，可以定义整体代价函数：

$$E_k = \frac{1}{m}\sum_{k=0}^{m}\frac{1}{2}e_k^2 + \frac{\lambda}{2}\sum_{l=1}^{n_l-1}\sum_{i=1}^{s_{l+1}}\sum_{j=1}^{s_l}(W_{ij}^{(l)})^2 \tag{3-33}$$

式中，λ 为权重衰减系数，用于防止神经网络训练过程中过拟合的发生。传统的整体代价函数先是累加了全部 N 个样本，然后对神经网络进行离线更新。本案例对代价函数进行修改，使得每 m 个仿真步长累加计算一次整体代价函数，并更新一次神经网络参数，这让纯离线的神经网络训练变成了可在线实时更新的批量学习算法。该算法克服了传统批量学习在线自适应性差的弱点，可用于在线实时更新车辆状态。

此处采用批量梯度下降法来更新每个步长下的神经网络的权重参数 W 和偏置参数 b，其中 α 为学习率，代入式（3－33）可得：

$$W_{ij}^{(l)} = W_{ij}^{(l)} - \alpha\frac{\partial}{\partial W_{ij}^{(l)}}E(W,b) = W_{ij}^{(l)} - \alpha\left(\frac{1}{m}\sum_{k=1}^{N}\frac{\partial}{\partial W_{ij}^{(l)}}E_k(W,b) + \lambda W_{ij}^{(l)}\right) \tag{3-34}$$

$$b_{ij}^{(l)} = b_{ij}^{(l)} - \alpha\frac{\partial}{\partial b_{ij}^{(l)}}E(W,b) = b_{ij}^{(l)} - \alpha\frac{1}{m}\sum_{k=1}^{m}\frac{\partial}{\partial b_{ij}^{(l)}}E_k(W,b) \tag{3-35}$$

由式（3－34）与式（3－35）可知，上述神经网络权重参数和偏置参数更新的关键在于求代价函数对权重系数与偏置的偏导数。反向传播算法[47]（Backpropagation Algorithm，BP）是计算偏导数的一种有效方法，具体工作过程如表 3－1 所述。

表 3－1　Neural Q－learning 算法流程

初始化
1. 初始化神经网络权重 W,b 和其他相关参数；
2. 初始化 $Q=0$，状态量 S_0 和动作量 A_0；
3. 对每个步数 k，执行：
动作选取
1）观察当前时刻状态 S_{k+1}，获取上一时刻状态 S_k 和动作 A_k；
2）根据式（3－20）计算损失 R_k；
3）根据 3.3.1 提及的过程计算当前时刻动作量 A_{k+1}；
4）计算神经网络相关参数：（反向传播算法）
前向传播，计算每一层的激活函数：
$a_j^{(2)} \leftarrow \Gamma^{(2)}(z_j^{(2)})$；$Q \leftarrow a^{(3)} \leftarrow \Gamma^{(3)}(z^{(3)})$；
计算残差：

续表

对输出层(第 $n_l=3$ 层)的每个输出单元 i 的残差:

$\delta^{(n_l)} \leftarrow \frac{\partial}{\partial z_i^{(n_l)}} E_k(W,b) \leftarrow e_k \cdot \Gamma^{(n_l)\prime}(z_i^{(n_l)}) \leftarrow e_k$

对第 $l=n_l-1,\cdots,2$ 层,第 i 个节点的残差:

$\delta_i^{(l)} \leftarrow \left(\sum_{j=1}^{s_{l+1}} W_{ji}^{(l)} \delta_j^{(l+1)}\right) \Gamma'(z_i^{(l)})$;

计算偏导数:

$\frac{\partial}{\partial W_{ij}^{(l)}} E_k(W,b) = a_j^{(l)} \delta_i^{(l+1)}$; $\frac{\partial}{\partial b_i^{(l)}} E_k(W,b) = \delta_i^{(l+1)}$;

令 $\Delta W^{(l)} \leftarrow \Delta W^{(l)} + \nabla_{W^{(l)}} E_k(W,b)$; $\Delta b^{(l)} \leftarrow \Delta b^{(l)} + \nabla_{b^{(l)}} E_k(W,b)$;

权重更新

5)更新神经网络参数:(批量梯度下降法)

当步数 k 可以被 m 整除时

(表示神经网络参数每 m 次更新一次),执行:

$W^{(l)} \leftarrow W^{(l)} - \alpha\left[\frac{1}{m}\Delta W^{(l)} + cW^{(l)}\right]$;

$b^{(l)} \leftarrow b^{(l)} - \alpha \frac{1}{m} \Delta b^{(l)}$;

更新步数 $k \leftarrow k+1$

直到步数大于或等于全部样本个数 $k \geqslant N$

其中,$\Delta W^{(l)} = \sum_{k=1}^{m} \frac{\partial}{\partial W_{ij}^{(l)}} E_k(W,b)$ 和 $\Delta b^{(l)} = \sum_{k=1}^{m} \frac{\partial}{\partial b_{ij}^{(l)}} E_k(W,b)$

该算法包含三个部分:初始化、动作选取、权重更新。从权重更新部分可以看出,本节对原始 NQL 算法的调整,将批量在线更新的神经网络与 NQL 有机结合,使得该算法每 m 个时间步长更新一次神经网络参数,既满足了车辆控制的实时性要求,又避免了神经网络的跳变,从而增加了系统的稳定性。

3.3.2.3 速度控制模块

给定动作后,可以很容易得到期望的速度,通过以下方法计算:

$$a_k = \frac{\Delta a_{\max}(A_k+1) - \Delta a_{\min}(A_k-1)}{2} + a_{h,k}, v_{d,k+1} = v_{d,k} + a_k \Delta t \quad (3-36)$$

式中,$v_{d,k}$ 和 $v_{d,k+1}$ 分别是第 k 和第 $k+1$ 个时间步长的期望速度。然后,速度控制模块可以使用 PID 控制器,将所需的速度转换为油门和刹车控制命令:

$$y(t) = K_p\left[v_e(t) + \frac{1}{T_I}\int_0^t v_e(\tau)\mathrm{d}\tau + T_D\frac{\mathrm{d}v_e(t)}{\mathrm{d}t}\right] \quad (3-37)$$

式中，$v_e(t)$是所需速度和实际速度之间的跟踪误差；K_P是比例增益；T_I是积分时间；T_D是导数时间；$y(t)$是控制器的输出，可以通过转换块转换为油门和中断控制命令。PID 控制器和转换块都嵌入在 PreScan 中，并实现为一个名为“路径跟随者”的模块。在本研究中，所有实验均采用 PID 控制器的默认参数值（由 PreScan 提供）。PreScan 提供的这些默认参数设置为：$K_P=20$、$K_P/T_I=0.3$ 和 $K_P/T_D=3.0625$。

3.3.3 NQL 方法测试

3.3.3.1 仿真场景设计

选取纵向定距离跟驰场景为双车道长直路单一前车跟驰场景。如图 3－17 所示，设定前车以 10 m/s 的速度匀速行驶，本车初速度为 10 m/s，与前车初始距离为 20 m，保持跟随前车行驶。该模型需要满足在一段时间后使得两车的距离达到设定的跟驰距离（为了避免实验的随机性，分别选取设定距离为 10 m、20 m 和 50 m 进行测试）。为了提高信息获取的精确度，在本车上和前车上均搭载 GPS 和 V2V 传感系统。

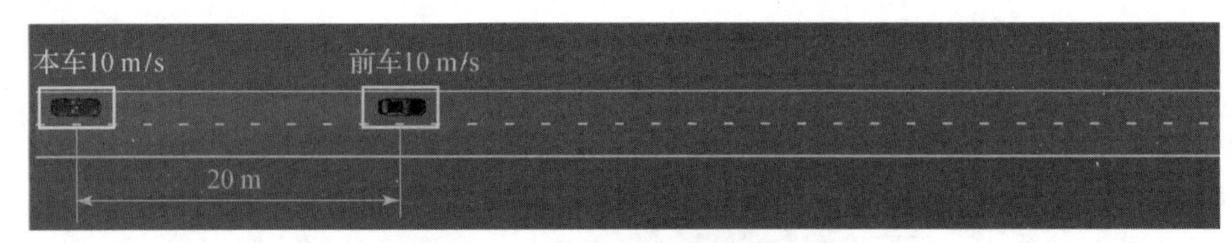

图 3－17　纵向定距离跟驰场景

分别基于 Q－learning 和 NQL 进行对比实验。建立的纵向定距离跟驰模型是一个通用的模型，并不局限于城区或者高速公路环境，因此速度可以在全速度范围内取值，为了保证行车安全性限定速度的取值区间设为[0,25 m/s]，为了使传感器在有效的工作范围内，两车间距离的取值区间设为[0,80 m]。考虑到驾驶舒适性的需求，对动作区间（即加速度区间）进行限制，$a_k \in [-3,3]$。在使用 Q－learning 之前需要对状态空间和动作空间进行离散化处理，分别以 1 m/s、1 m、1 m/s^2 为基本单位离散速度、距离和加速度区间。

通过 MATLAB/Simulink 和 PreScan 联合仿真，获得三种不同设定距离下（10 m、20 m 和 50 m）的 Q－learning 纵向定距离跟随的实验结果，如图 3－18 所示。

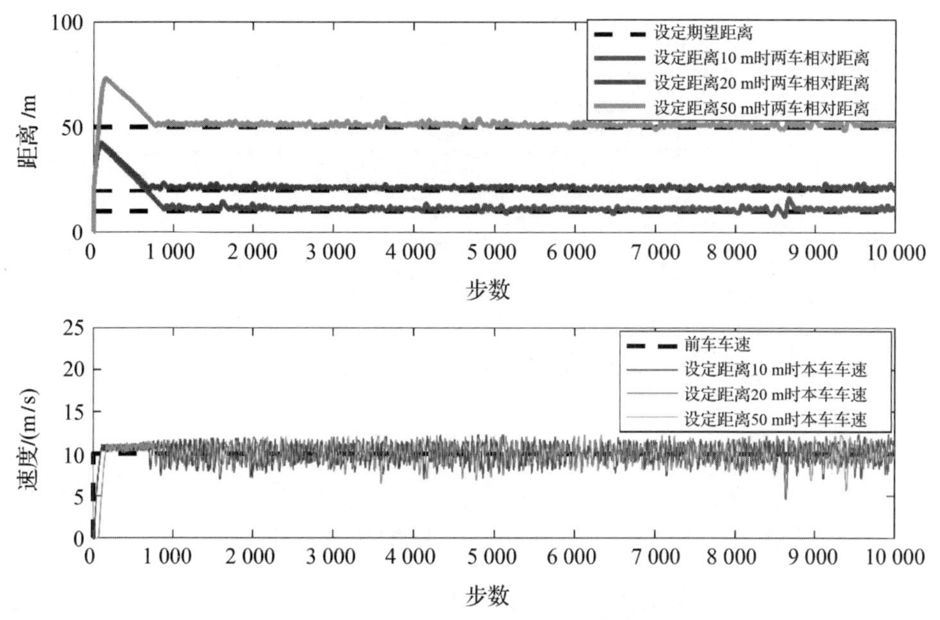

图 3－18　Q－learning 纵向定距离模型测试图

Q－learning 在不同设定距离（10 m、20 m、50 m）下均会收敛。当 d_E = 10 m 或 d_E = 20 m 时，由于该设定距离与初始距离 20 m 接近或相等，故两者的速度曲线前期变化较为相似；而 d_E = 50 m 时，由于该设定距离与初始距离 20 m 相差较大，因此速度曲线首先在一段时间内减速并拉开距离。然而，当距离趋于收敛时（约 1 000 个仿真步长），可以观察到速度曲线一直在 10 m/s 附近来回震荡。

通过 MATLAB/Simulink 和 PreScan 联合仿真，获得三种不同设定距离下（10 m、20 m 和 50 m）的 NQL 纵向跟驰实验结果，如图 3－19 所示。考虑到学习率对 NQL 和 Q－learning 收敛速度的影响，此处主要观察两个模型收敛后的状态，不对收敛速度进行进一步的讨论。

Q－learning 与 NQL 虽然都能够收敛，但基于 Q－learning 的纵向定距离跟驰模型收敛后仍然没有达到上文所设定的期望跟驰距离，仅在期望跟驰距离附近来回波动。通过观察图 3－19 可知，基于 NQL 的纵向定距离跟驰模型收敛后很好地保持了设定的期望跟驰距离，没有来回波动震荡的情况发生。因此，可以证明 NQL 更加适用于连续状态空间和动作空间问题，且 NQL 具有完成定距离跟驰的能力。

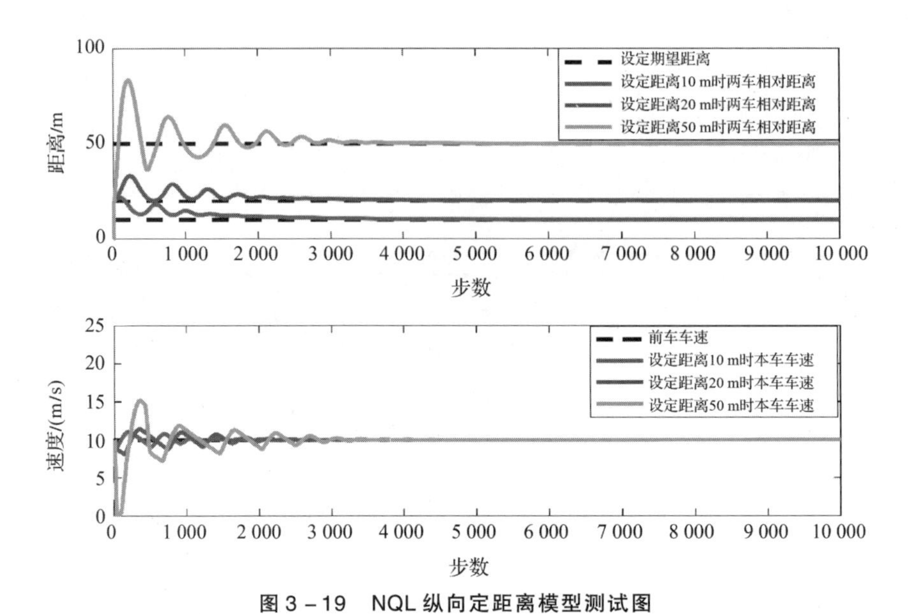

图 3－19　NQL 纵向定距离模型测试图

3.3.3.2　驾驶员在环的仿真实验

为了验证个性化学习系统（PBLS）的学习性能，拟将其与搭载在商用车上用于纵向速度规划控制的 ACC 系统进行对比，基于 PreScan 与 MATLAB 联合仿真平台设计了多种仿真场景下与 ACC 系统的对比实验。

场景一：前车匀速运动场景。如图 3－20 所示，为了验证个性化学习系统的通用性，同时避免测试结果的偶然性，在前车匀速运动场景时，分别选取不同的前车行驶速度（低速 10 m/s、中速 15 m/s 和高速 22 m/s）以及两个不同驾驶员 A 和 B 数据进行对比分析。

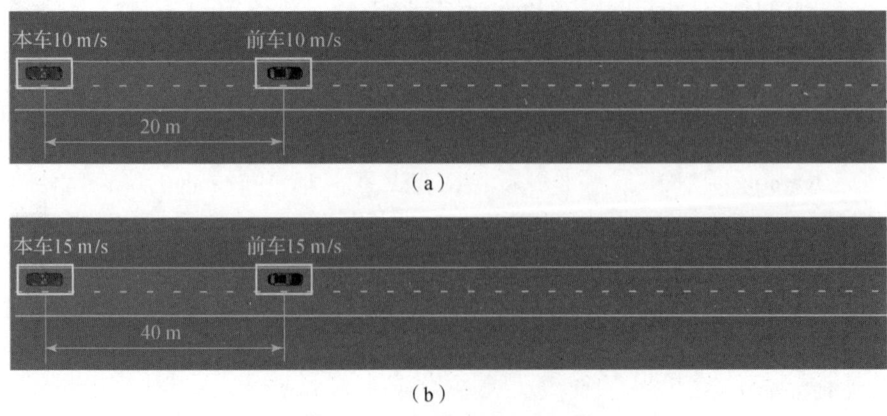

图 3－20　前车匀速运动场景

（a）前车以低速（10 m/s）匀速运动场景；（b）前车以中速（15 m/s）匀速运动场景

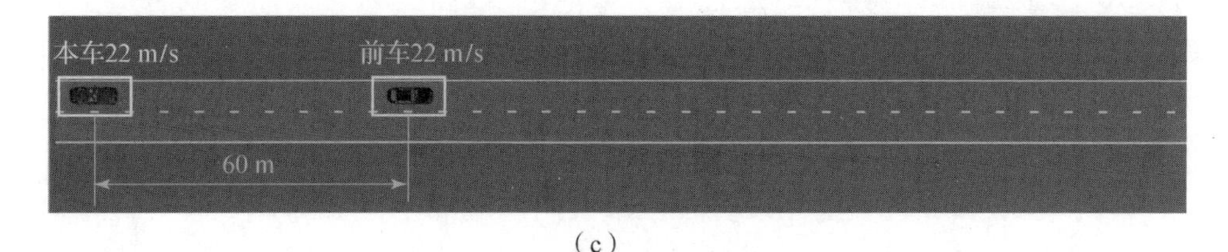

(c)

图3-20　前车匀速运动场景（续）

(c) 前车以高速（22 m/s）匀速运动场景

场景二：前车变速运动场景。选取 NQL 相关参数和驾驶员后，为进一步比较该个性化学习系统与 ACC 的性能差异，将仿真场景设置复杂化。前车变速运动场景与前车匀速运动场景的基本设置一致，区别在于前车的速度是按照一定规律变化的，即让前车按照在 PreScan 中预设的前车速度曲线行驶。前车与本车的相对距离以及前车速度曲线如图 3-21 所示。

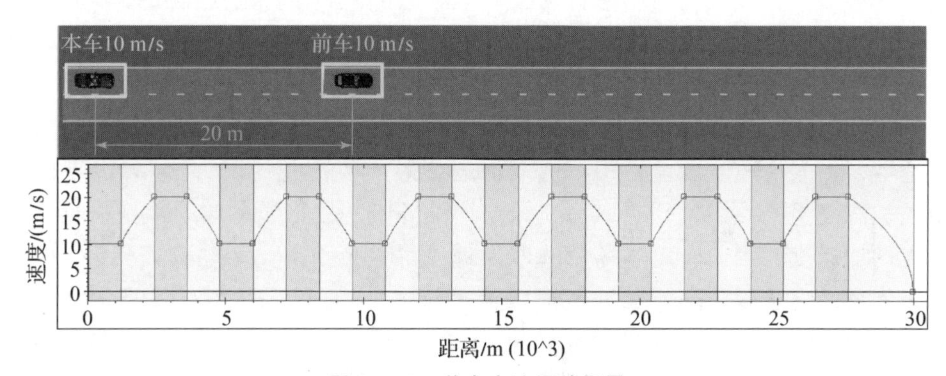

图3-21　前车变速运动场景

场景三：前车由人类驾驶员操控场景。为了进一步比较复杂工况下该个性化学习系统与传统车载 ACC 系统性能上的差异性，需要设置更为复杂的工况。设置前车由人类操控的路口红绿灯场景，增加了实验数据的随机性并增加了启停工况，但前车仅仅进行直行通过路口，不考虑前车转弯情况，如图 3-22 所示。本车与前车的初始距离和初始速度如下，其中前车由人类驾驶员操控。

图3-22　前车由人类驾驶员操控场景

NQL 参数选取如表 3-2 所示。与前馈神经网络更新相关的参数包括学习率、衰减率和更新频次。首先，所有场景下的更新频次均设为 10，即该仿真系统每 10 个仿真步长（单个步长为 0.05 s）更新一次神经网络参数，这样就保证了系统的稳定性，避免神经网络参数跳变对系统产生不良的影响。

学习率 α 的取值不同会影响神经网络的学习速度，学习率越大神经网络就收敛得越快，但稳定性越低。在稳定性可以保证的情况下，尽量选取较大的收敛速度以加速网络的收敛。前车匀速运动时由于场景简单，人类驾驶员数据波动较小易学，故可以选择较大的学习率 0.1。而前车做较为复杂的变速运动和由人类驾驶的随机运动时，主要需要保证神经网络的稳定性，从而选取较小的学习率 0.01，但这样就牺牲了一部分学习速度。

衰减率 λ 主要为了防止神经网络过拟合，一般选取较小值，如 0.000 5，但在复杂场景下需要根据不断实验调试参数选取。表 3-2 中另一部分参数为归一化参数，一般情况下，为了保证行车舒适性，假设加速度绝对值不能超过 2 m/s^2，选取加速度最大值为 $a_{max}=2$ m/s^2，如前车低速、中速的匀速运动以及前车变速运动场景。但在前车高速匀速运动时，由于行车速度较高，为了保证行车安全性，将增强学习系统对行车速度的瞬时调节能力，即牺牲了一部分舒适性，扩大加速度取值范围，选取加速度最大值为 $a_{max}=3$ m/s^2。由于前车由人类驾驶员操控场景并选取为红绿灯启停场景，故可能在启动和刹车时存在较大的加速度，因此针对本场景选取加速度最大值为 $a_{max}=4$ m/s^2。为了保证行车安全性，选取车辆行驶速度最大值不超过 25 m/s，即 $\Delta v_{max} \leqslant 25$ m/s。其中，前车变速和前车由人类驾驶场景均选取 $\Delta v_{max}=25$ m/s，而对于前车匀速行驶场景，为了加速 NQL 算法的收敛，根据相应的前车速度选取车辆行驶速度最大值分别为 15 m/s、20 m/s 和 25 m/s。

表 3-2　NQL 的相关参数

测试场景		学习率 α	衰减率 λ	更新频次 m	Δv_{max}	a_{max}
前车匀速运动	10 m/s	0.1	0.000 5	10	15	2
	15 m/s	0.1	0.000 5	10	20	2
	22 m/s	0.1	0.000 5	10	25	3
前车变速运动		0.01	0.05	10	25	2
前车人类操控		0.01	0.5	10	25	4

（1）前车匀速场景实验

前车匀速场景（低速 10 m/s、中速 15 m/s 和高速 22 m/s）下不同驾驶员（驾驶员 A 与驾驶员 B）行车数据对应的学习系统学习性能的测试结果如图 3－23、图 3－24、图 3－25 所示。

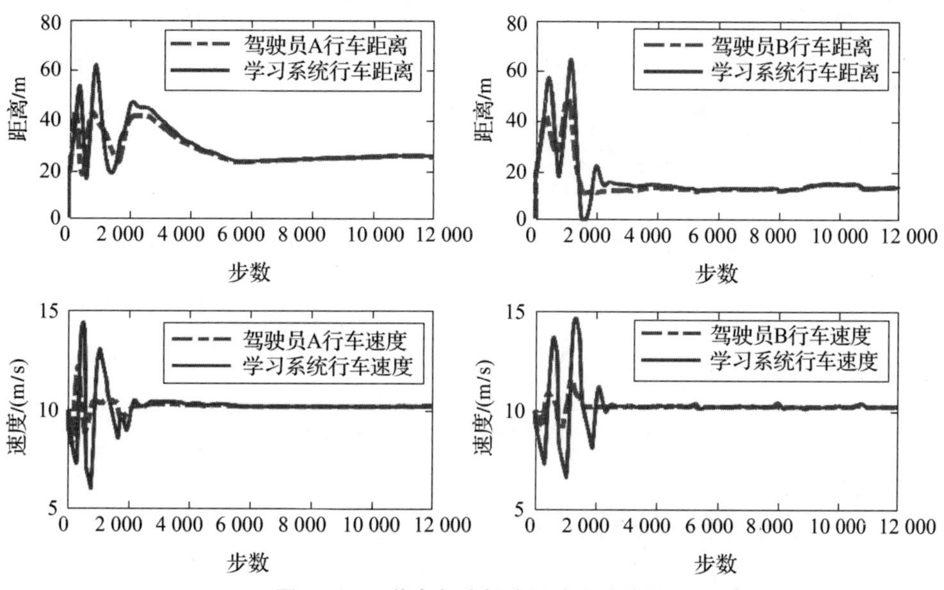

图 3－23　前车匀速低速运动实验结果

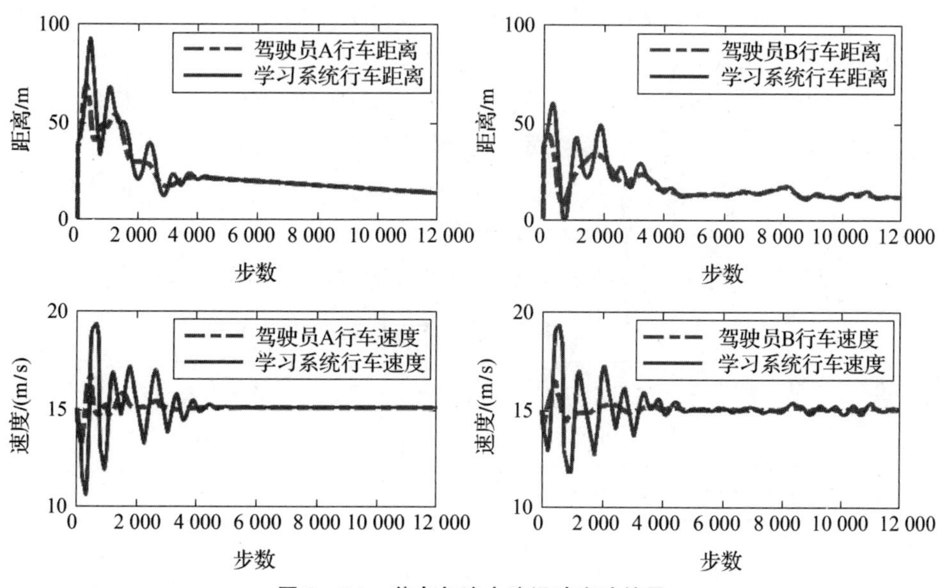

图 3－24　前车匀速中速运动实验结果

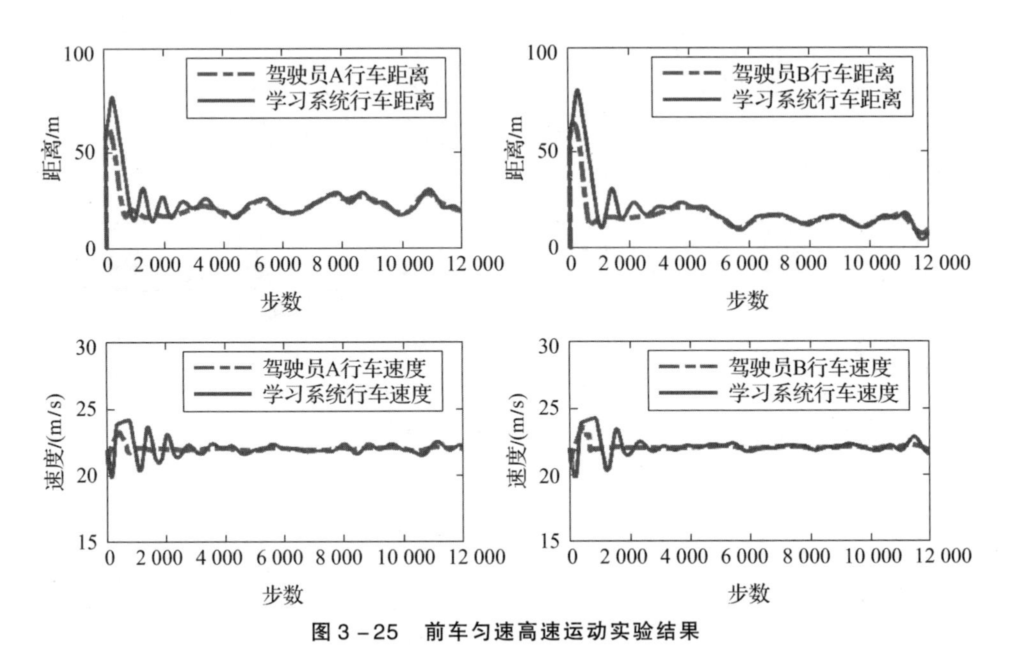

图 3-25　前车匀速高速运动实验结果

从图 3-23、图 3-24、图 3-25 可以看出，该个性化学习系统在前车低速行驶场景下能够有效地学习不同驾驶员的驾驶行为，这表明，NQL 是一种可以学习不同驾驶员数据的通用方法。在图 3-23 中，驾驶员 A 的行车距离和速度曲线相较于驾驶员 B 都更为平稳，这表明，驾驶员 A 的操作比驾驶员 B 更加稳定。但根据图 3-23 左上图可知，驾驶员 A 需要相当于 5 000 个仿真步长的时间（大约 250 s）才能平稳地进行跟驰，然而右上图中驾驶员 B 仅需要相当于 1 800 个仿真步长的时间（大约 90 s）即可稳定两车的相对距离和本车速度，这表明，驾驶员 A 对车辆的调节能力弱于驾驶员 B。通过计算算法收敛后的距离和速度与人类驾驶数据中对应量的均方根误差（Root Mean Squared Error，RMSE）可以获得表 3-3，可知该个性化学习系统可以在前车低速行驶的情况下，以较小的均方根误差学习到驾驶员 A 和驾驶员 B 的行车距离和行车速度。

表 3-3　个性化学习系统的均方根误差（RMSE）

前车速度	10 m/s A	10 m/s B	15 m/s A	15 m/s B	22 m/s A	22 m/s B
RMSE（D）	0.048 7	0.192 2	0.045 5	0.531 9	0.979 4	1.059 3
RMSE（V）	0.006 9	0.046 5	0.012 6	0.120 3	0.177 6	0.161 0

在前车中速行驶场景下的实验结果如图 3-24 所示，这和前车低速行驶场景下的实验结果图 3-23 大体趋势相同，驾驶员 A 比驾驶员 B 操作更为平稳，

但两位驾驶员在此场景下对车辆的调节能力相当，均需经过4 000个仿真步长（200 s）来获得稳定距离。根据表3－3，该个性化学习系统在前车中速行驶场景下学习驾驶员A的距离的均方根误差RMSE（D）小于低速场景下的值。但是其速度学习的均方根误差RMSE（V）高于低速场景对应值，同时，前车中速行驶场景下该个性化学习系统学习驾驶员B所得的距离和速度均方根误差均高于低速场景。

如图3－25所示，在前车高速行驶场景下，驾驶员A和驾驶员B在行车距离和速度上的表现十分相似，对距离波动的控制均较为明显，这从一定程度上影响了学习系统NQL算法的收敛。表3－3显示两个驾驶员的距离和速度均方根误差均高于低速与中速场景的对应值，这表明，该学习方法在前车高速行驶场景下性能弱于低速与中速场景。

总之，对驾驶员B而言，该个性化学习系统在前车低速行驶场景下性能较好，随着前车速度的增加，该系统性能随之下降。对驾驶员A而言，该学习系统在所有场景中都取得了良好的成效，特别是前车低速和中速行驶场景，这主要归因于驾驶员A的稳定操作。

为了分析比较该个性化学习系统与传统车载ACC系统的性能差异，并选择合适的驾驶员进行后续实验，在上述三种工况下我们分别进行ACC系统测试。测试结果主要包括宏观上的行车距离、速度以及微观上的加速度、舒适性与平顺性指标。

首先将比较两者的宏观指标。分别观察图3－26、图3－27、图3－28可知，ACC系统在不同工况下的行车距离存在差异，随着前车速度的增加，该系统维持的行车距离也有所增加，充分保证了行车的安全性，这是学习系统在学习特定驾驶员数据时所欠缺的能力。

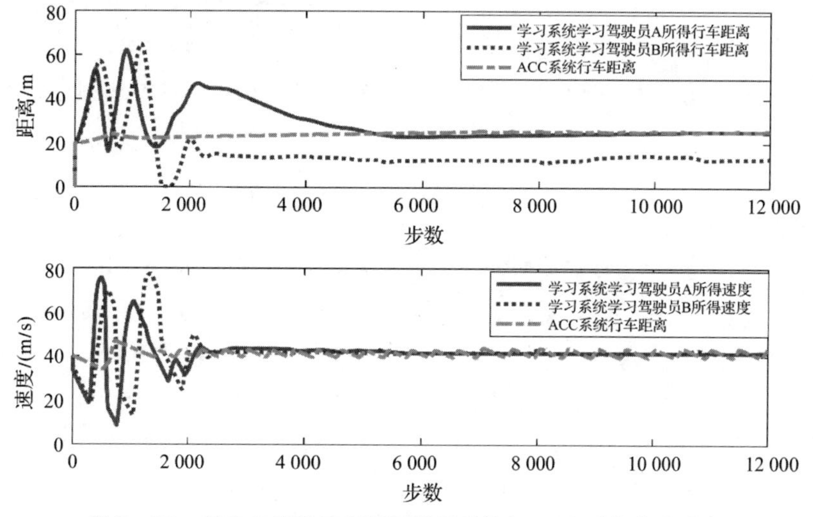

图3－26　前车匀速低速场景下学习系统与ACC系统宏观对比

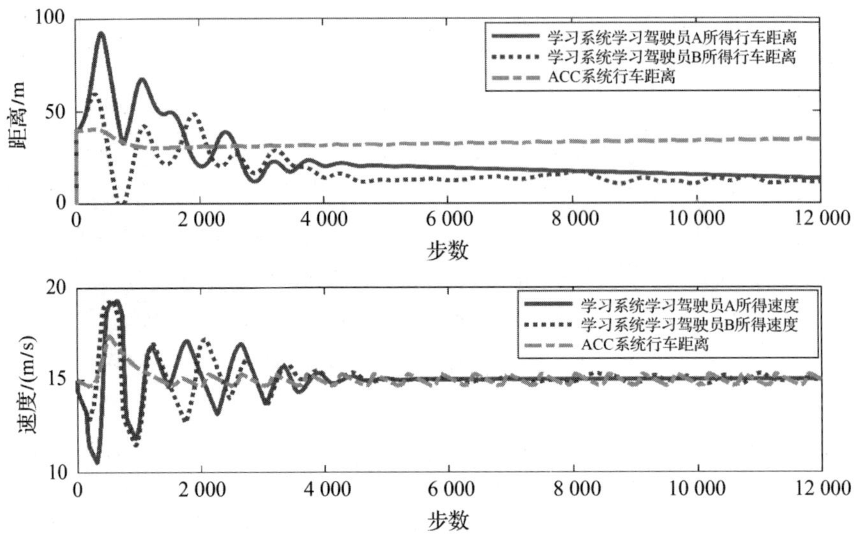

图 3-27 前车匀速中速场景下学习系统与 ACC 系统宏观对比

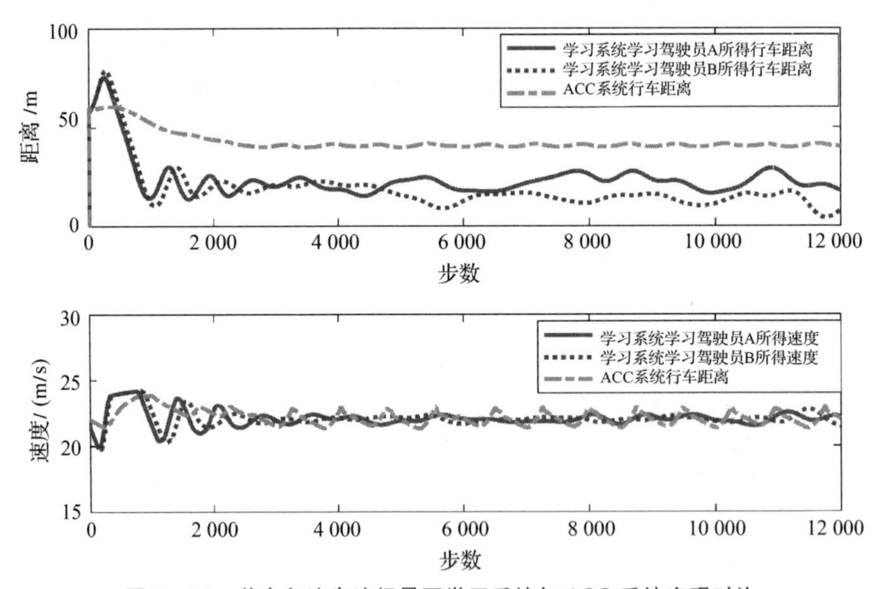

图 3-28 前车匀速高速场景下学习系统与 ACC 系统宏观对比

图 3-28 所示高速场景下 ACC 系统最多 2 000 个仿真步长达到稳定，即 20 s，而学习系统需要 4 000 个仿真步长，根据其更新频率 20 Hz，即 200 s。由此看出，传统车载 ACC 系统的调节能力比学习系统强，它能够在较短时间内使得系统输出结果趋于稳定。且在维持距离稳定能力上要强于学习系统，其行车距离波动较小，但从速度曲线观察可知，ACC 系统在维持距离的同时，牺牲了一部分速度稳定性，即使距离达到稳定值之后，速度仍在不断波动。

总之，ACC系统的稳定性调节能力强于学习系统，距离保持能力优于学习系统。它能够长期维持安全距离行驶，但在系统达到稳定后，速度会不断波动。

上文从宏观角度对学习系统与ACC系统在前车匀速场景下的性能进行了分析，为了进一步分析两者在前车匀速行驶工况下的性能差别，我们将从微观角度计算并详细分析两个系统的加速度、舒适性与平顺性指标。

首先，根据行程加速度，计算在前车低速、中速、高速行驶时，ACC系统与学习系统（学习驾驶员A数据、驾驶员B数据）平顺性指标 J_2，绘制各个场景下学习系统与ACC系统微观对比图，如图3－29、图3－30、图3－31所示。并计算舒适性指标 J_1 统计，得表3－4。

表3－4　个性化学习系统与ACC系统的舒适性指标

前车速度	10 m/s			15 m/s			22 m/s		
行车系统	ACC	学习驾驶员A	学习驾驶员B	ACC	学习驾驶员A	学习驾驶员B	ACC	学习驾驶员A	学习驾驶员B
J_1	0.020 3	0.005 7	0.006 2	0.016 6	0.005 2	0.005 6	0.016 5	0.002 4	0.001 9

观察表3－4中舒适性指标可知，前车低速、中速和高速行驶情况下，传统车载ACC系统的舒适性指标值均大于学习系统（无论学习驾驶员A还是驾驶员B数据）的值，这表明ACC系统的舒适性弱于学习系统，同时也表明有经验的人类驾驶员比传统车载ACC系统对行车舒适度的调节更好，且在低速和中速情况下驾驶员A的行车舒适性指标值均低于驾驶员B，驾驶员A的行车舒适性更好，但在高速情况下驾驶员B的行车舒适性要优于驾驶员A。根据上文可知，在大多数情况下，驾驶员A相比驾驶员B的行车更为稳定，行车舒适性较高，但其调节能力弱于驾驶员B。

根据图3－29、图3－30所示，在前车低速和中速行驶情况下，系统调节的初始阶段加速度和冲击度较大，调节阶段结束后两者的值趋于稳定。调节阶段学习系统的加速度与冲击度均大于传统ACC系统的对应值，但稳定后学习系统的加速度与冲击度趋于0，传统ACC系统的加速度与冲击度均大于学习系统的对应值。

同时，比较学习系统在学习不同驾驶员数据的情况，驾驶员B与驾驶员A数据相比，其调节阶段的加速度与冲击度的较大值较为分散，而驾驶员A的较大值则较为集中，系统稳定后两者差别不大。前车高速行驶情况如图3－31所示，学习系统和ACC系统在调节阶段经历的时间更短，且学习系统的加速度和冲击度均大于稳定阶段的相应值，但传统ACC系统在调节阶段的加速度

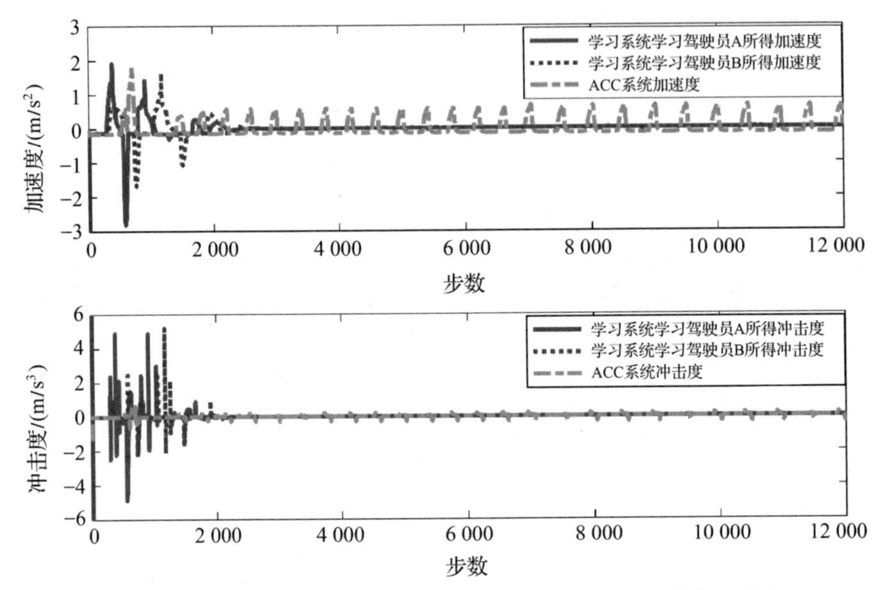

图 3-29 前车匀速低速运动场景下学习系统与 ACC 系统微观对比

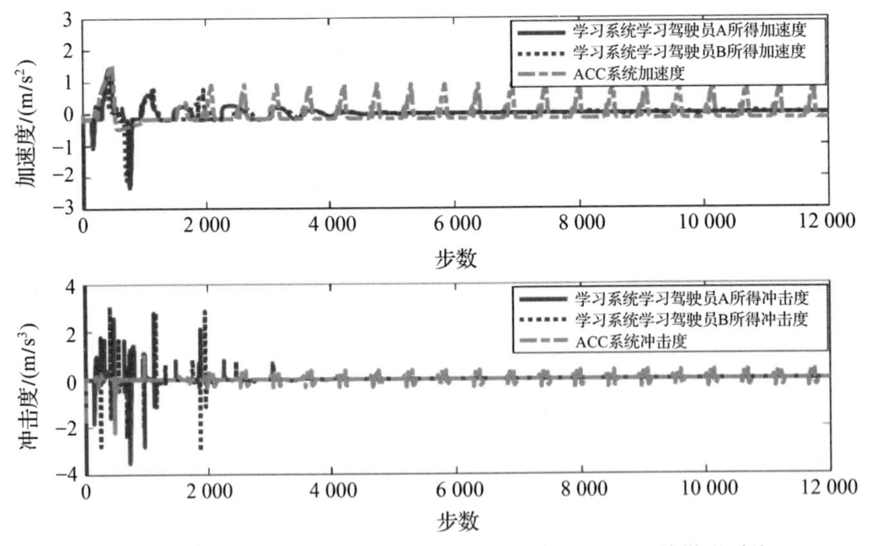

图 3-30 前车匀速中速运动场景下学习系统与 ACC 系统微观对比

和冲击度均小于稳定阶段的相应值，这表明学习系统在稳定阶段稳定性较好，但 ACC 系统在稳定阶段需要不断的波动来调节行车距离，这不利于驾驶的平顺性。

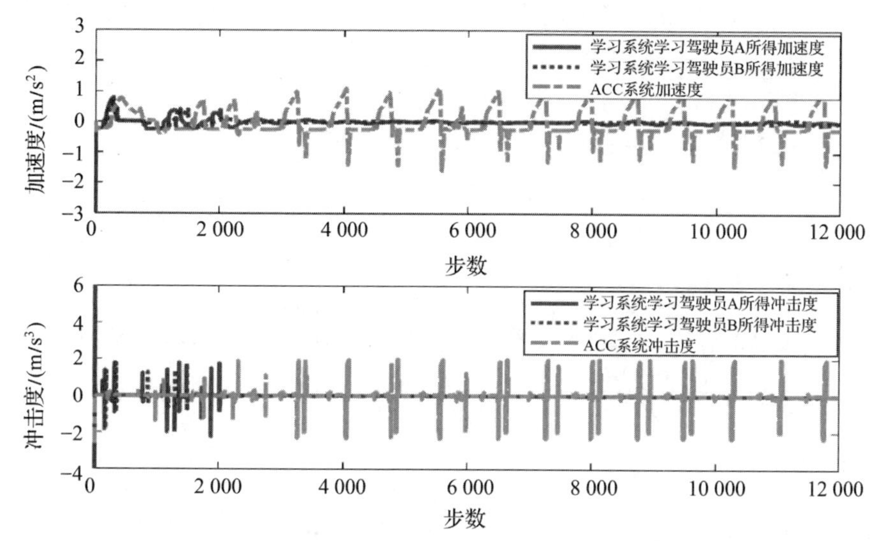

图3-31　前车匀速高速运动场景下学习系统与ACC系统微观对比

综上所述，ACC系统与个性化学习系统相比，系统调节时间较短，对行驶安全距离的维持能力强，但其速度稳定性较差，舒适性与行驶平顺性较差。驾驶员A与驾驶员B相比，驾驶员A的调节能力较差，但其操作稳定舒适、平顺性良好，因此在后续前车变速场景中选取驾驶员A进行人类驾驶数据采集。

同时，前车高速行驶场景的曲线也给前车变速场景实验提供了相关信息，当驾驶员操作不稳定的时候，这组NQL相关参数不能很好地满足学习要求，其均方根误差大于其他场景中的值，因此在前车变速场景实验中，考虑对匀速场景下采用的NQL相关参数进行调整。

（2）前车变速场景实验

前车变速场景相对于前车匀速场景来说更为复杂，但是前车速度控制方式同匀速场景一致，通过在PreScan中设计速度曲线文件控制前车速度。下面将分别从学习系统学习性能测试和与ACC对比实验结果两部分进行分析阐述。

为了验证该算法学习结果的可移植性，将在学习系统学习性能测试部分加入验证实验，学习性能实验被分为测试和验证两个部分。实验测试部分将一位驾驶员的行车数据在线输入学习系统，训练至NQL算法收敛，获得收敛后的神经网络参数。

如图3-32所示，NQL算法需要80 000个仿真步长（1.1 h）来达到前车变速情况下的平衡，这显然对在线学习的速度而言不具有时效性，但这并不妨碍NQL可以用来离线学习驾驶员数据以训练神经网络，最终将所学习到的神经网络参数代入相似的在线行驶模型中，进行微调以适应环境的细微差别。通过计算所学到的驾驶员数据与 RMSE 可知，学习系统可以在较低的 RMSE 下再现人类驾驶员的行车策略（距离和速度），其中距离和速度的 RMSE 分别为 0. 654 5、0. 231 1。

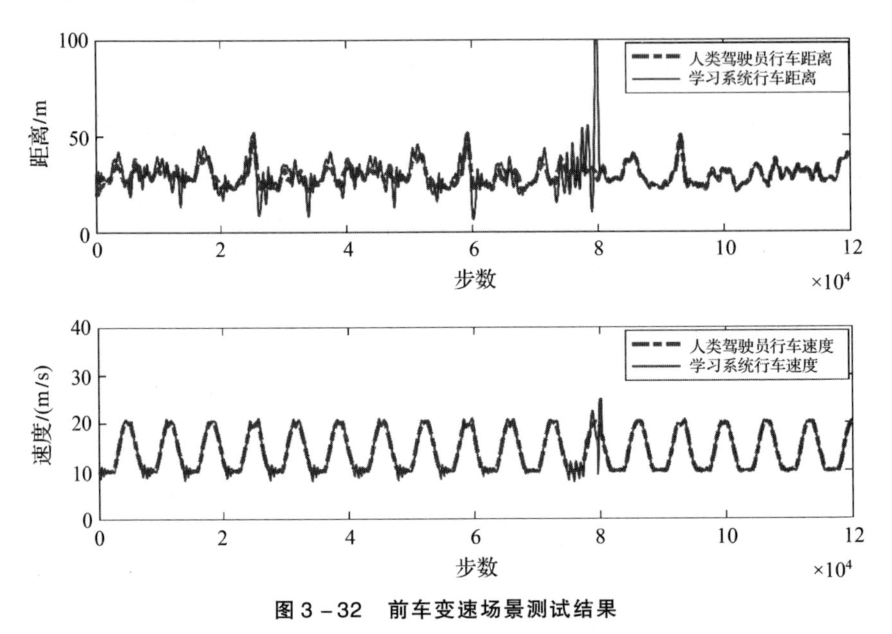

图 3 – 32　前车变速场景测试结果

为了验证学习模型的可移植性，在相同场景下，输入不同驾驶员行车数据。然后在验证环节中，用测试阶段算法收敛时的神经网络参数，来初始化学习系统中的 NQL。并将算法学习率设置为 0，观察该学习系统能否在同一场景下采用测试环节的神经网络参数来复现不同驾驶员的行车数据。实验测试结果如图 3 – 33 所示。

图 3 – 33 显示该驾驶员数据与学习系统行车数据吻合程度较高，通过计算 R 得到距离和速度的 RMSE 分别为 0. 705 5、0. 319 6。这表明在相同驾驶场景下，根据一组驾驶员数据所学习到的模型具有可移植性，即从特定场景学习收敛的神经网络参数可以用来初始化同样场景下的神经网络参数，并用以学习其他驾驶员的行车数据。

采用测试实验中学习到的神经网络参数初始化相同场景中的神经网络参数，并将学习率设置为 0，以获得学习系统所学到的数据。同时，采用传统车载 ACC 系统跟随具有同样速度分布的前车，将学习系统与传统车载 ACC 进行宏观对比，得到图 3 – 34。

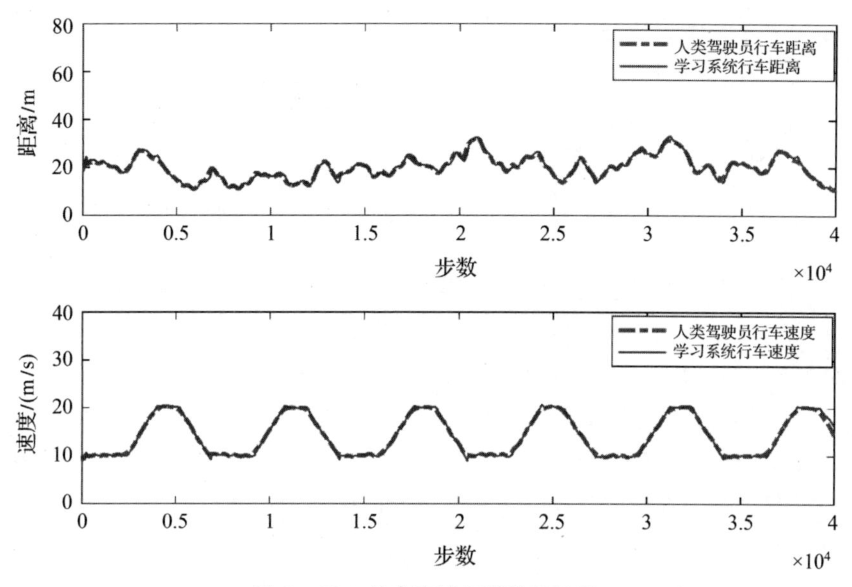

图 3－33　前车变速场景验证结果

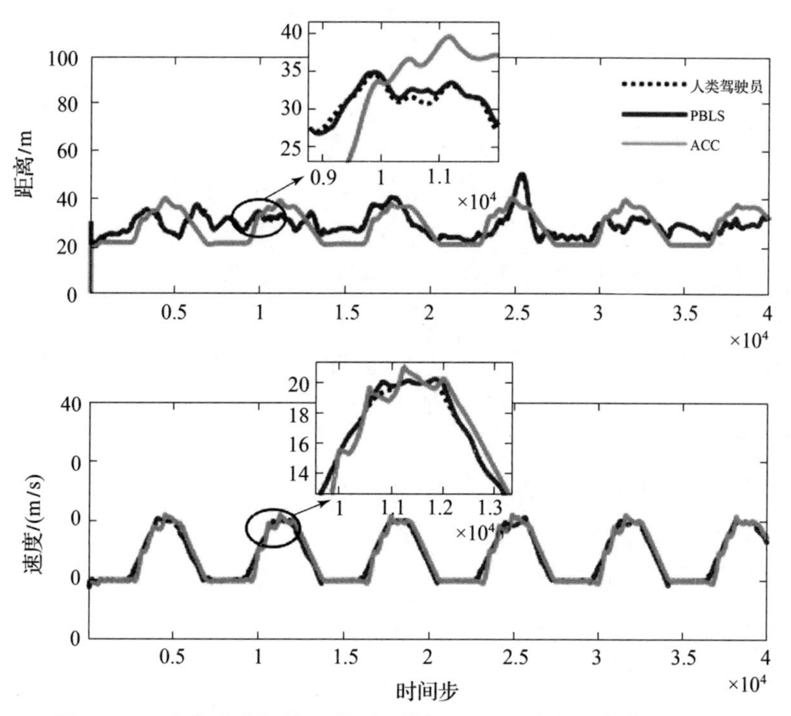

图 3－34　前车变速场景下学习系统与 ACC 系统宏观测试结果对比

图3－34表明，这两个系统的速度曲线值与变化趋势均较为接近。距离曲线方面，学习系统的曲线与该驾驶员的行驶数据基本一致，而传统车载ACC系统的行驶距离则与该驾驶员的行驶距离存在显著差异。速度曲线方面，ACC系统的速度波动比学习系统更大。在前车速度存在较大变化的情况下，传统车载ACC系统的响应慢于学习系统；在距离和速度曲线接近驾驶员的情况下，学习系统的学习误差处于非常低的水平，这意味着在向驾驶员学习方面表现良好。

为了进一步分析两者的差异性，我们将从微观角度对加速度、舒适性指标 J_1 与平顺性指标 J_2（冲击度）进行计算分析。

如图3－35所示，学习系统的加速度和冲击度波动明显小于ACC系统，且学习系统的舒适性指标 $J_1=0.0077$，远小于ACC系统的舒适性指标 $J_1=0.0317$，这表明学习系统的舒适性优于ACC系统。为了进一步分析两者的平顺性，我们将冲击度的分布规律进行整理计算并得到表3－5。

表3－5　冲击度分布

数据范围	$\lvert J_2 \rvert > 1\ \text{m/s}^3$	$\lvert J_2 \rvert > 2\ \text{m/s}^3$	$\lvert J_2 \rvert > 3\ \text{m/s}^3$
ACC系统	1.05%	0.276%	0.0175%
学习系统	0.067 5%	0.032 5%	0.002 5%

从表3－5可以看出，ACC系统的冲击度大于1 m/s³ 的百分比为1.05%，大于2 m/s³ 的百分比为0.276%，大于3 m/s³ 的百分比为0.017 5%，冲击度越大平顺性越差。相比ACC系统，学习系统的冲击度大部分分布小于1 m/s³ 的范围，且大于1 m/s³ 的分布值均小于ACC系统。这进一步证明了学习系统在复杂场景下的行驶平顺性优于ACC系统。由此可知，本案例中变速场景所提供的驾驶员行车数据优于ACC系统自主控制，而学习系统通过学习优秀驾驶员数据，取得了优于ACC控制的结果。

（3）前车由人类操控场景实验

前两个实验验证了该个性化学习系统针对设定不同场景学习的有效性，以及学习结果的可移植性。为了进一步验证该学习系统的适应性，前车将不再采用设定速度曲线的方式进行实验，而是通过人类驾驶前车增加实验数据的随机性和复杂程度，同时对实验场景进行复杂处理。前两个实验的实验场景均为长直路跟驰，本场景中添加了红绿灯十字路口，以采集驾驶员在通过红绿灯时的数据，并学习该数据。实验过程与前车变速场景实验一致，分为学习系统性能测试与验证实验以及与ACC系统对比实验。

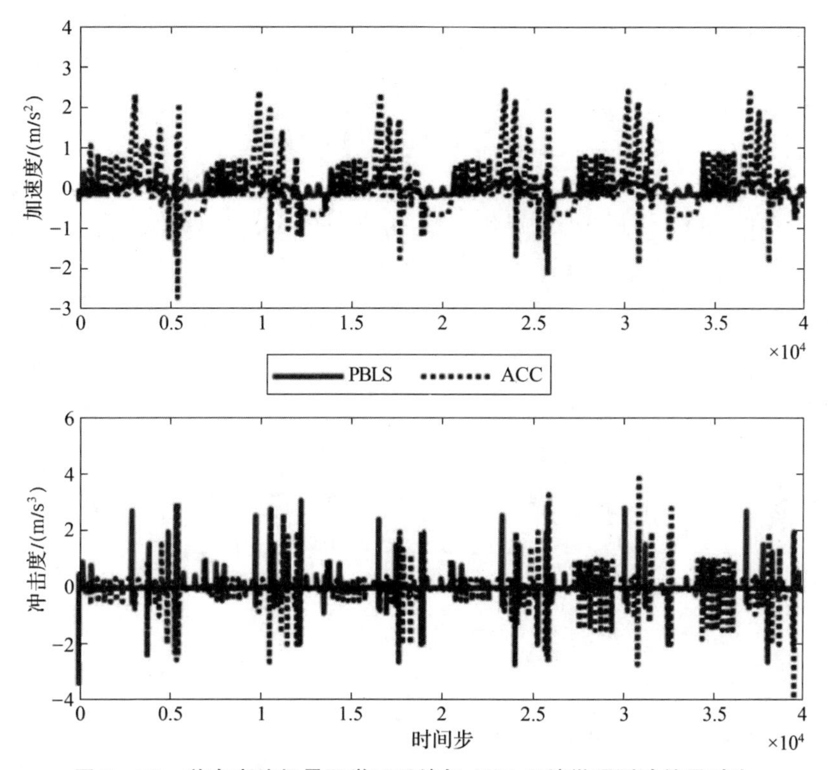

图 3－35　前车变速场景下学习系统与 ACC 系统微观测试结果对比

实验分为测试部分和验证部分。测试部分实验过程如下：首先针对前车变速场景 NQL 学习速度较慢的问题，对 NQL 学习率等参数进行调整。其次，将本场景所采集的驾驶员数据在线传递给学习系统，学习系统通过学习模仿该驾驶员的行为，如图 3－36 所示。

实验结果如图 3－36 所示，NQL 需要 12 000 个仿真步长（600 s）到达收敛。可以发现，调整 NQL 参数后，该算法相对于前车变速场景收敛的速度（1. 1h）有所提升。为了验证该学习系统的学习结果可移植性不具有偶然性，针对本场景也需要进行验证实验，我们将取第 20 000 步数的神经网络权重值带入原始场景初始化，采用另外一组驾驶员行车数据，并将 NQL 学习率设置为 0，可以得到图 3－37。

图 3－37 显示该驾驶员数据与学习系统行车数据存在一些偏差，通过计算得到距离和速度的 RMSE 分别为 1. 294 8、0. 974 1，均大于前车变速场景验证实验的 RMSE 值。这表明，在相同的驾驶场景下，从特定场景学习收敛的神经网络参数可以用来初始化同样场景下的神经网络参数，并用以学习相似驾驶员的行车数据，但当两位驾驶员操作风格相差比较大时，学习系统的学习结果可移植性降低。

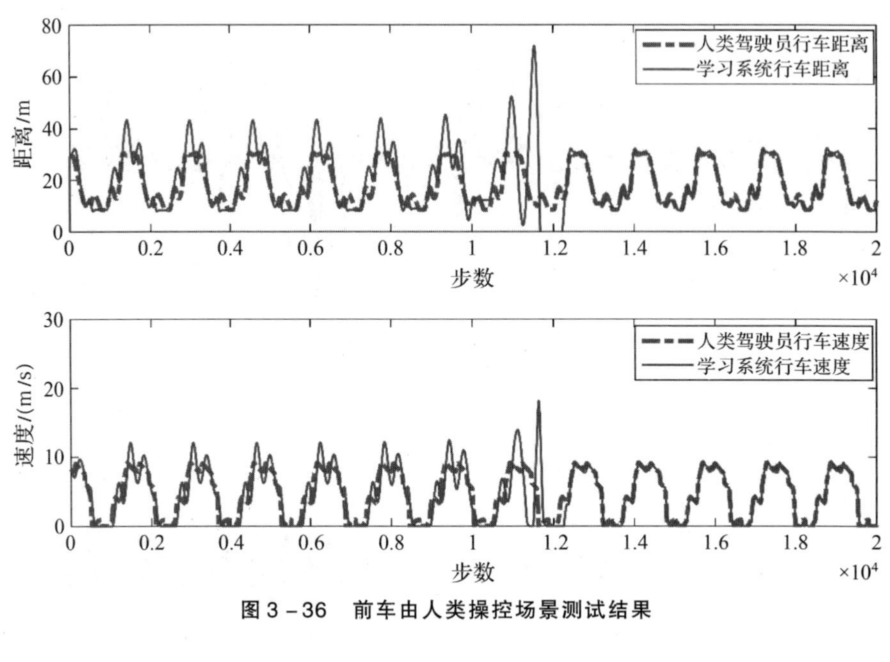

图 3-36　前车由人类操控场景测试结果

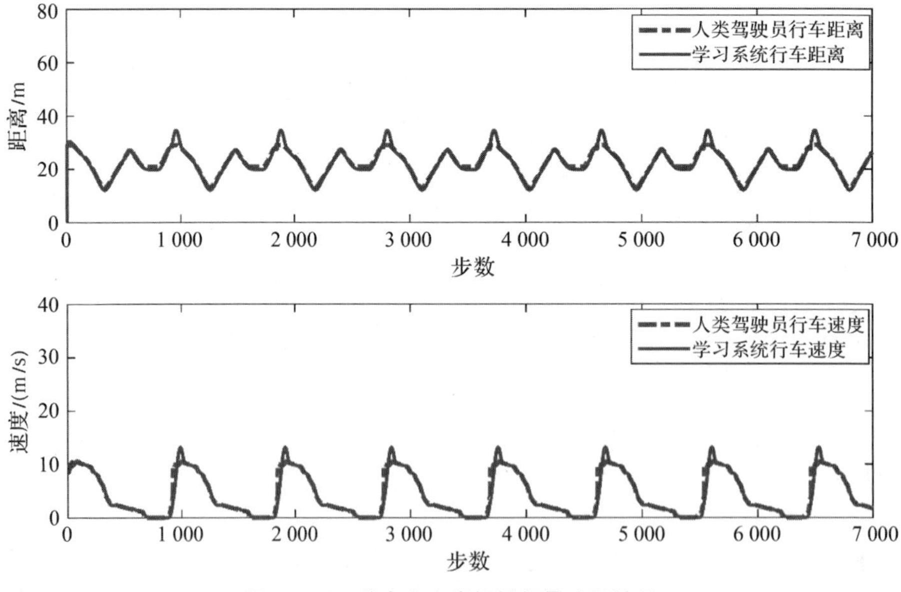

图 3-37　前车由人类操控场景验证结果

分析完学习系统的学习性能和可移植性能后，下面将比较学习系统与 ACC 系统的性能差异。我们取第 20 000 仿真步长（1 000 s）的神经网络权重值带入原始场景初始化，采用同一组驾驶员数据，并将 NQL 学习率设置为 0，可以得到学习到的驾驶员数据。同时，在相应场景中建立 ACC 模型，并将人类驾驶的前车数据传递给 ACC 所在场景中的前车，对 ACC 系统与该学习系统的行车数据进行宏观（速度、距离）与微观（加速度、舒适性、平顺性）对比。首先，我们绘制宏观对比图，如图 3－38 所示。

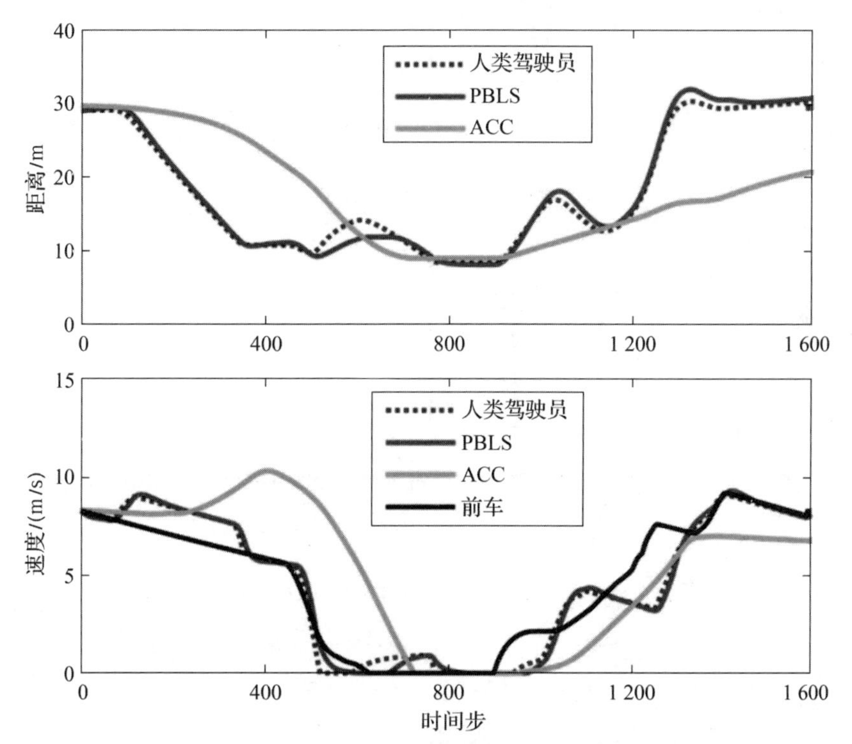

图 3－38 前车由人类操控场景下，学习系统与 ACC 系统的宏观对比

计算 RMSE 可得，学习系统与人类驾驶的距离和速度的 RMSE 分别为 0.968 8、0.321 5，则在该场景中 NQL 可以在小误差范围内较好地学习人类驾驶行为。观察图 3－38 可知，ACC 系统与学习系统在速度曲线和距离曲线上都有明显的差距，该学习系统的距离曲线与人类驾驶数据更为接近，即更符合该驾驶员的行车习惯。

而后，为了深入分析两者的性能，将从微观角度（加速度、舒适性 J_1、平顺性 J_2）对学习系统和 ACC 系统进行分析。首先求出舒适性和平顺性指标（冲击度），并结合加速度与所计算的冲击度，绘制学习系统与 ACC 系统的微观对比图，如图 3－39 所示。观察该图可知，在前车由人类操控场景下，ACC 系统的加速度与冲击度最大值均大于学习系统的相应值。

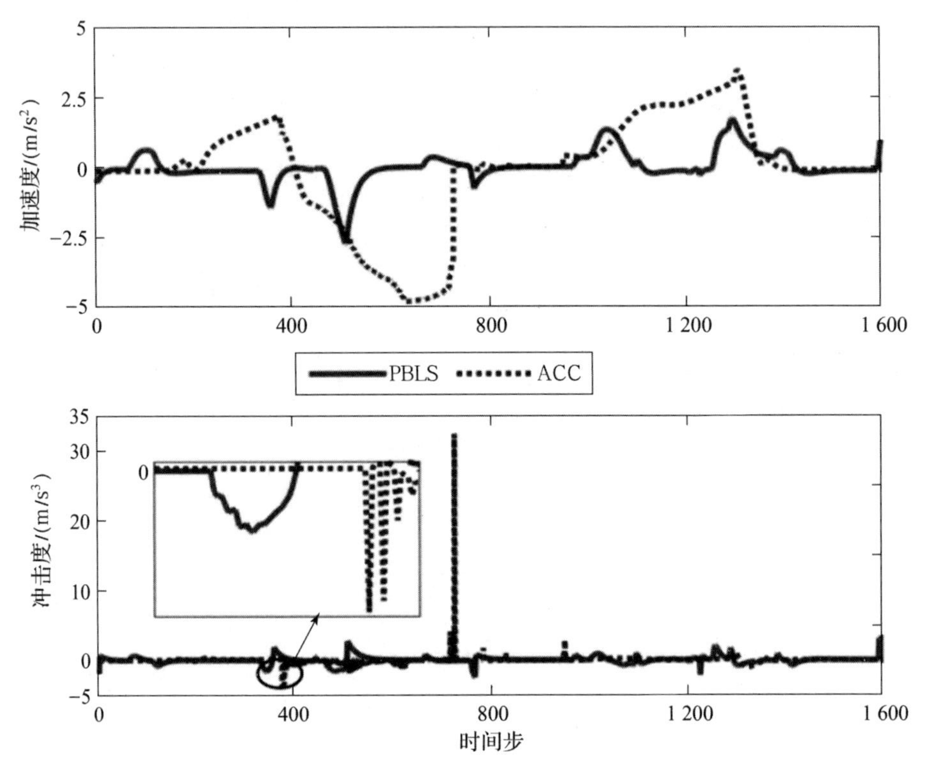

图 3-39　前车由人类操控时学习系统与 ACC 系统的微观对比

为了量化分析比较两者的性能，首先计算两者的舒适性指标并进行比较，再统计平顺性指标的分布规律，得表 3-6。根据计算可知，学习系统的舒适性指标 $J_1=0.0713$，远小于 ACC 系统的舒适性指标 $J_1=0.2434$，这表明学习系统的行车舒适性远高于 ACC 系统。

表 3-6　冲击度分布情况

数据来源	$\lvert J_2 \rvert >2\ \mathrm{m/s^3}$	$\lvert J_2 \rvert >3\ \mathrm{m/s^3}$	$\lvert J_2 \rvert >4\ \mathrm{m/s^3}$
ACC 系统	0.41%	0.33%	0.26%
学习系统	1.62%	0.48%	0

从表 3-6 中可以看出，尽管学习系统的冲击度分布在 $\lvert J_2 \rvert >2\ \mathrm{m/s^3}$ 与 $\lvert J_2 \rvert >3\ \mathrm{m/s^3}$ 的百分数大于 ACC 系统，但其冲击度绝对值没有超过4 $\mathrm{m/s^2}$，反观 ACC 系统在 $\lvert J_2 \rvert >4\ \mathrm{m/s^3}$ 的百分比为 0.26%，故总体而言，该学习系统的驾驶平顺性优于 ACC 系统。

通过驾驶员在环的仿真实验，证明了本案例中的结构化道路环境下，智能车辆类人驾驶学习系统可以在不同工况下安全行驶，具备一定的可行性与可靠性，且该个性化学习系统具有一定的可移植性，可以将所学习到的神经网络权重带入相似场景进行驾驶数据复现。另外，该个性化学习系统在具备与ACC相同的定距离跟驰能力的同时，还具有可以学习人类驾驶员操作的特征，在复杂工况下学习有经验的驾驶员比使用ACC自动控制的效果优秀，具体表现在舒适性和平顺性上。

但是，仿真环境中场景信息均通过虚拟传感器系统发送到智能车辆上，各传输数据基本为真值，且数据传输可靠稳定，这与真实环境下智能车辆系统存在较大的差异。智能车辆通过各个车载传感器获取数据，获取的数据因为传感器本身的噪声干扰会产生误差，甚至在数据传输过程中不能完全可靠。因此，类人驾驶学习系统需要在真实环境下，进行实车实验才能更加有效地验证系统的可靠性。

3.3.3.3　纵向速度决策实车实验

我们选取一段可以保证安全的长直路进行测试，本节案例所用实验数据来源于北京市丰台区园博园大道附近的长顺二号路。图3－40显示了实车实验过程的具体交通场景：光照良好的白天，车道线清晰可见无遮挡物，交通车流量较少，行人较少。

图3－40　实车实验道路环境

为充分保证行车安全，避免行车过程中由于算法初期学习不稳定性而造成的安全隐患，本节采用实车采集数据仿真验证算法的方式，对该算法进行验证。

通过实际电台传感器获取的前车位置数据和本车位置数据均是相对大地坐标系下的数据，在仿真测试之前需要将其转换为相对于本车车体坐标系的数据。大地坐标系也称为全局坐标系，是传感器测量获得的原始数据所在的坐标系，根据坐标变换法则需要经过一次平移和旋转方能转换为车体坐标系。

车体坐标系以车辆后轴中心为原点(x_o, y_o)，以车体后轴为 x 轴，右侧为 x 轴正方向，y 轴与 x 轴垂直，车头方向为正方向。将大地坐标系下坐标点(x_G, y_G)经过先平移再旋转变换后获得车体坐标系下对应的坐标点(x_L, y_L)。(x_o, y_o)为变换后坐标系的原点在原始坐标系中的坐标，转换公式如下：

$$\begin{cases} \begin{bmatrix} x_L \\ y_L \end{bmatrix} = \begin{bmatrix} \cos\theta & \sin\theta \\ -\sin\theta & \cos\theta \end{bmatrix} \begin{bmatrix} x_G - x_o \\ y_G - y_o \end{bmatrix} \\ \theta_L = \dfrac{\pi}{2} + \theta_G - \theta \end{cases} \tag{3-38}$$

如图 3-41 所示，θ 为坐标系旋转变换时逆时针旋转的角度。θ_L 为该点与车体坐标系 x 轴正方向的夹角，θ_G 为该点与全局坐标系 x 轴正方向的夹角。

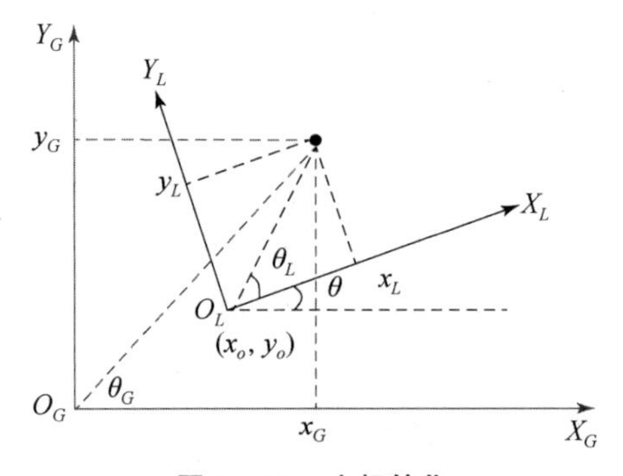

图 3-41 坐标转化

自车数据由 GPS 直接获取，并认为不存在跳帧情况，但可能存在测量不准确情况，需要进行均值滤波处理。前车信息可通过云台获得，但可能存在跳帧情况，针对该情况可使用卡尔曼滤波进行前车数据处理。原始数据与处理数据对比如图 3-42 所示，观察发现，卡尔曼滤波很好地处理了数据的跳帧问题，也保留了大部分的数据特征，均值滤波针对数据波动大的问题，平滑了本车速度，为学习系统提供了良好的学习数据。

在实车实验过程中，为了避免由于车辆掉头等特殊原因导致的数据截断现象，我们拟将一段行车数据拼接起来学习人类驾驶员在一段时间内的驾驶行为。数据采集结束后，对车辆数据进行处理，如截断数据、数据选取与拼接等。完成数据处理后，对数据进行仿真测试，选取一部分数据进行学习，对另一部分数据进行验证，最终观察算法学习效果。选取帧数为 1 到 2 000 的数据进行 2^4 次拼接。

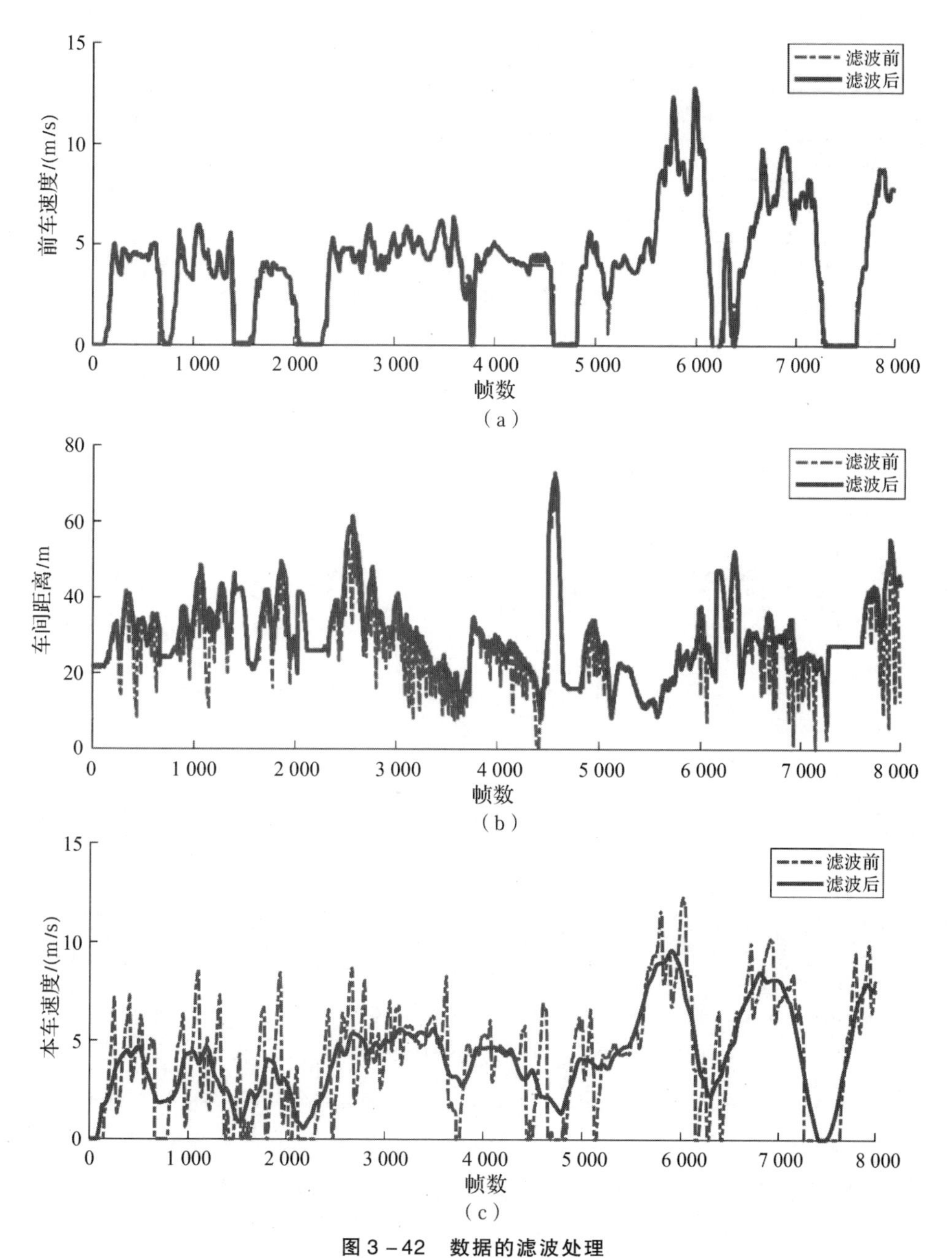

图 3－42　数据的滤波处理

(a) 滤波前后前车速度；(b) 滤波前后两车间距离；(c) 滤波前后本车速度

为了减少真实场景中存在的噪声波动，有必要对数据进行滤波处理，但需要保留大部分数据特征。实验结果分为测试部分和验证部分，参数选取情况与仿真工况下人类驾驶员操作相同，如表 3－7 所示。

表 3-7　前车变速行驶的各个场景均方根对比

场　景	前车变速	前车由人类操控	实车数据再现
RMSE（D）	0.654 5	0.705 5	1.159 4
RMSE（V）	0.231 1	0.319 6	0.438 9

根据仿真实验参数选取的结论，在多变环境下，该组参数工作性能良好；而实车数据相较于仿真数据更为复杂，故选取仿真实验中工作性能最良好的参数进行测试。该实验也分为测试部分和验证部分，测试部分和验证部分均截取人类驾驶的一段数据，测试部分实验结果如图 3-43 所示。

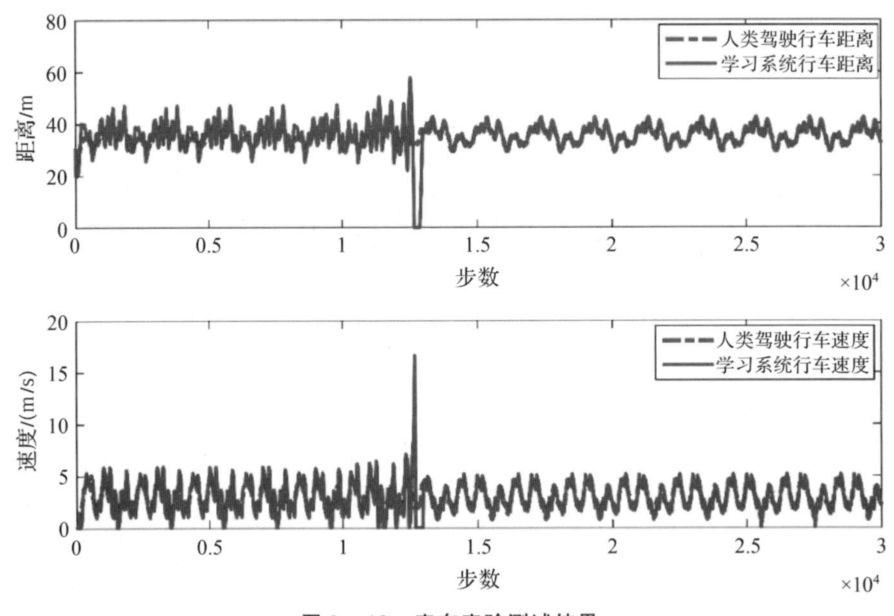

图 3-43　实车实验测试结果

由图 3-43 可知，NQL 大约在 13 000 个仿真步长处收敛（实车采集数据的更新频率为 0.1 s 更新一次，在仿真复现中选取同样的更新频率，故约为 1 300 s 收敛）。选择将第 30 000 个仿真步长处的神经网络参数用于验证部分的场景初始化，该场景为该驾驶员驾驶的另一段场景，结果如图 3-44 所示。

观察图 3-44 可知，除了在数据突变时变化较大外，人类驾驶数据与该学习系统所学得的数据几乎完全重合。由此可以说明，NQL 算法学习到了人类的驾驶数据，且该算法具有可移植性，即针对同一驾驶员在某一场景中学习获得的参数可以带入另一个相似场景中直接使用。

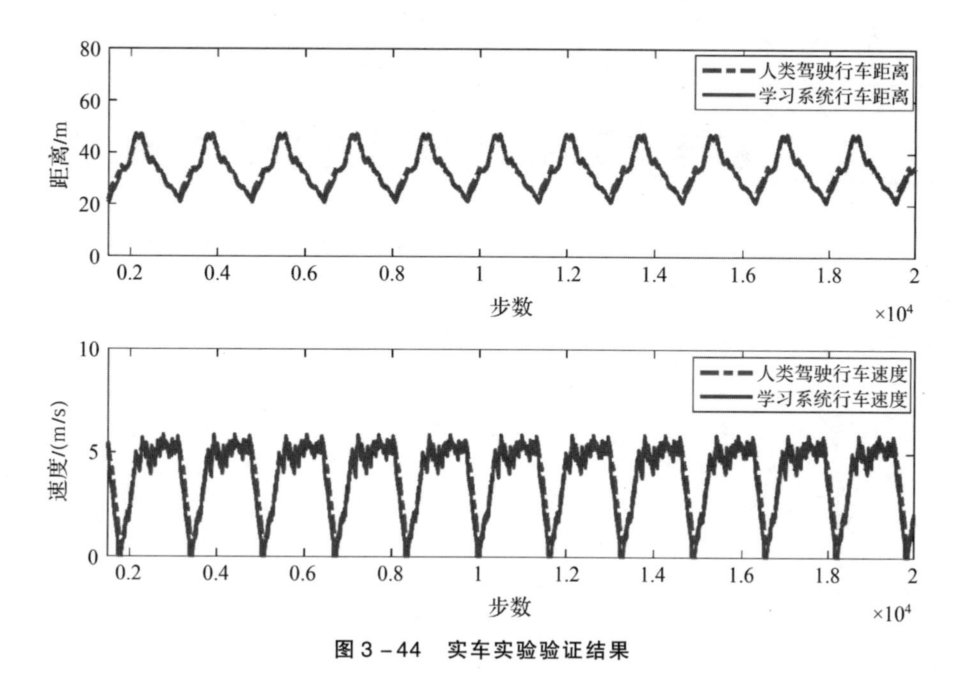

图3-44　实车实验验证结果

计算可得距离的RMSE为1.159 4，速度的RMSE为0.438 9。由表3-7可以看出，实车实验所得RMSE值均大于仿真实验中的RMSE值，这也是实车数据波动较大，变化频率较高导致算法学习精度下降所致，在实际应用中，该算法仍有很大的改进空间。

第4章

基于分层强化学习的决策控制技术

经典强化学习在面对复杂状态空间、动作空间以及稀疏奖励时，常常会遇到维度灾难的问题。为了解决这个问题，可以通过将复杂问题拆解来实现降维。基于这一思路，分层强化学习应运而生。分层强化学习（Hierarchical Reinforcement Learning，HRL）将待处理的问题分解为多个子问题，并通过逐步解决这些子问题来应对整体的复杂性，从而有效避免了维度灾难的发生。本章将应用HRL算法，解决超车场景下的决策控制问题。

4.1　分层强化学习方法及原理

分层强化学习是在强化学习的基础上发展而来的。传统的强化学习方法会面临维度灾难的问题，即当环境较为复杂或者任务较为困难时，智能体的状态空间过大，会导致需要学习的参数以及所需的储存空间急速增长，强化学习难以取得理想的效果。

为了解决维度灾难，学术界提出了分层强化学习（Hierarchical Reinforcement Learning，HRL）。分层强化学习的主要目标是将复杂问题分解成若干子问题，通过分而治之的方法，逐个解决子问题从而最终解决一个复杂问题。分层强化学习的经典学习算法主要包含基于选项（Option）的学习、基于分层局部策略的学习（Hierarchies of Machines，HAMs）、基于子任务的学习（MAXQ）。虽然这三种方法是分别单独开发的，但是它们具有相同的解决思路，即都是基于半马尔可夫决策过程。

4.1.1　半马尔可夫决策过程

在马尔可夫决策过程中，智能体通过在每一个时间步选择并执行动作空间中的单元动作（每个动作的持续时间相同），进而实现状态转移。但在某些任务中，多个单元动作的特定组合可以有效地解决该任务下的一个或几个子任务。这些多个单元动作的特定组合被称为一个选项（Options）。选项的使用不仅能有效降低任务中状态或动作空间的复杂性，更能层次化地解决并简化问题，提高求解速度。

半马尔可夫决策过程（Semi - MDP，SMDP）可以表示为一个具有六个参数的元组（S，O，$\boldsymbol{R}$，$\boldsymbol{P}$，γ，D），其中 S、$\boldsymbol{R}$、$\boldsymbol{P}$、γ 和 D 分别表示状态空间、奖励矩阵、状态转移概率矩阵、折扣率和初始状态分布。O 表示选项空间而不是动作空间，选项空间中包括各种单元动作以及多个选项。

以基于选项（Option）的分层强化学习算法为例。选项可以看作是一种对动作的抽象，一般由三个元素组成，通常可以表示为一个元组(I,π,β)。$I \in S$ 表示初始集，它涵盖了选项的各种初始状态。$\beta \in S$ 表示选项的终止集。$\beta(S)$ 表示在状态 S 下有 $\beta(S)$ 的概率终止并退出此选项。π 表示策略，它表征从状态到动作的映射。如果智能体选择执行某个选项，则智能体会根据策略 π 持续选择单元动作，直到该选项抵达终止集中的任一终止状态。由于一个总任务可以被分解为若干个的子任务，因此，选项可以理解为一个能解决单个子任务的单元动作序列。

对比马尔可夫决策过程和半马尔可夫决策过程，半马尔可夫决策过程是马尔可夫决策过程的一种抽象形式。在半马尔可夫决策过程中，选项空间中一般包括两种元素，即单元动作和由多个单元动作组合而成的选项，选项可以持续一段可变的时间。而在马尔可夫决策过程中，动作空间中只有能持续相等时间的单元动作。如图 4 - 1 所示，马尔可夫决策过程中的状态轨迹由较小的等间隔时间段组成，而半马尔可夫决策过程则由较大的不等间隔时间段构成。

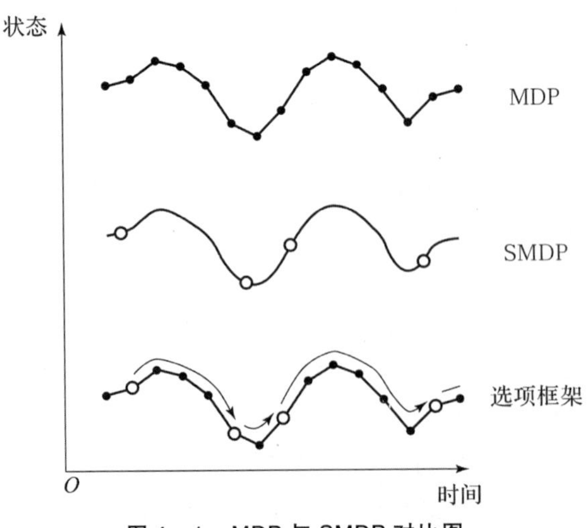

图 4 - 1　MDP 与 SMDP 对比图

在本章中，运动基元是一个满足运动学要求的、连接一对起始和终止目标的控制序列或轨迹。由于运动基元与选项的性质较为相近，因此采用马尔可夫选项对超车场景中的运动基元进行建模提取。

4.1.2　分层强化学习原理概述

分层强化学习的基本思想是将一个复杂程度较高的大问题分解为多个较为简单的子问题，然后分别对各个子问题提出解决方案，进而得到能够解决大问题的最优策略。在分层强化学习中，抽象化是其方法的核心。子任务的定义可以被认作是抽象化的一种，将多个单元动作组合成一个策略选项也是将问题抽象化的考虑。

分层强化学习利用多层策略去训练和决策更高维度的行为和抽象决策，从而解决困难任务难以学习的问题。在多数研究中，任务被分成了二层，高层策略是去计划长时间的收益，而低层策略是为了直接与环境交互，达到高层策略所指定的目标。

在高层决策中，决策的内容为选项（子任务抽象）。高层决策选项后，需要经过一段执行时间高层状态才会转换至下一状态，因此，通常采用半马尔可夫决策过程（或基于马尔可夫过程的半马尔可夫决策过程）来进行建模。在低层决策中，决策的内容为基元动作。底层决策用于解决由大问题分解而来的子问题，即构建选项，因此，通常采用具有马尔可夫性质的马尔可夫决策过程。

基于选项的分层强化学习过程如下：智能体首先是初始化在某一状态，其次是选择某一选项，再次是按照这一选项的策略 π 选择一个动作或者其他选项，最后执行动作或者进入新的选项，继续循环选择或者终止。

4.2　基于分层强化学习的自主超车决策方法

为了使读者更容易理解分层强化学习在智能车辆决策中的实现过程，本节将详细阐述上文提到的基于分层强化学习的自主超车系统。该系统的流程图如图4－2所示。此框架包括两个主要模块：基于半马尔可夫决策过程和运动基元的超车决策模块，以及基于马尔可夫决策过程和社会偏好[48]的超车决策模块。

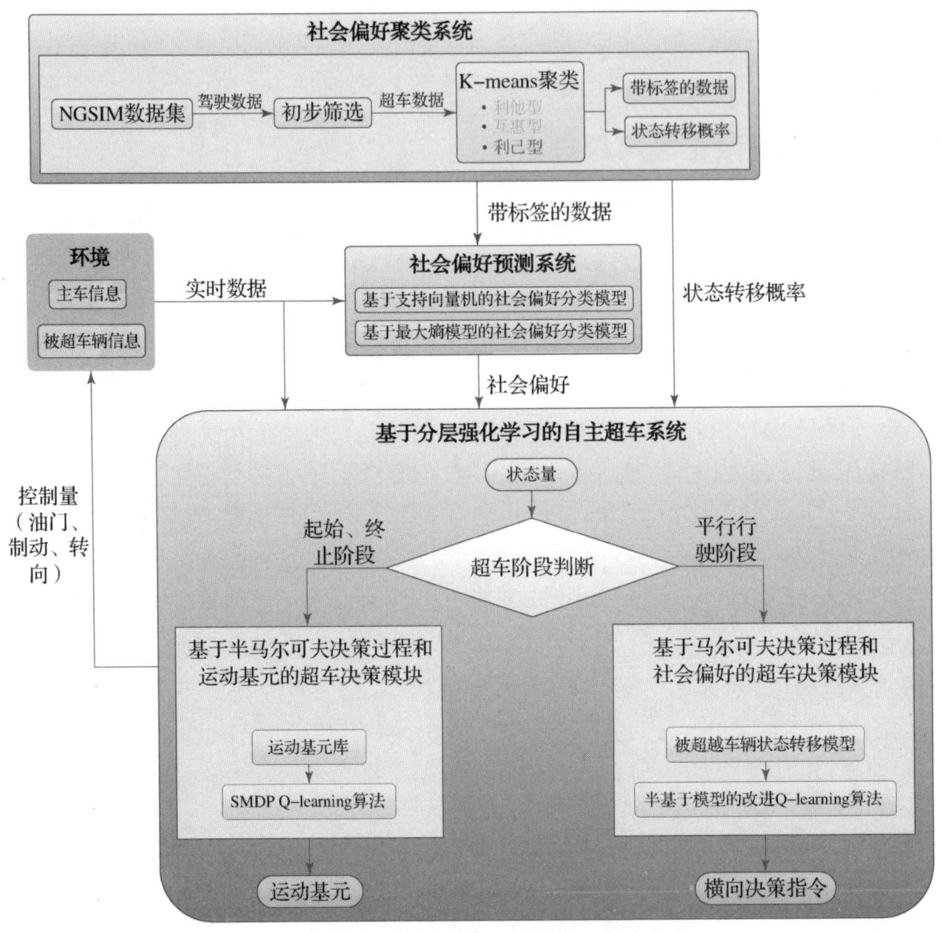

图 4－2　基于分层强化学习的自主超车框架

前者用于实现超车起始和终止阶段的最优运动基元选择，后者基于实车数据，在超车平行行驶阶段能准确决策是否返回原始车道或选择换道点位置。该系统结合了传统基于规则的决策系统与端到端机器学习决策系统的优势，有机整合了决策、规划与控制，克服了单层强化学习算法收敛慢、随机性强的缺点。

此外，我们提出了一种基于半马尔可夫决策过程的运动基元优化组合方法。该方法克服了传统运动基元方法难以平滑拼接的缺点，能够在较短时间内完成最优解的搜索。

该自主超车系统主要包括两个部分：基于半马尔可夫决策过程和运动基元的超车决策模块，以及基于马尔可夫决策过程和社会偏好的超车决策模块。

基于半马尔可夫决策过程和运动基元的超车决策模块包括运动基元库和SMDP Q-learning算法[49]，其功能是通过算法对超车过程的每一个阶段进行运动基元决策，完成自主超车。该模块的优化目标包括超车效率和通行舒适性。运动基元是通过基于规则的方法，针对超车过程的每一个阶段进行定义和提取的。

基于马尔可夫决策过程和社会偏好的超车决策模块包括被超越车辆状态转移模型和半基于模型的改进Q-learning算法[50]。该模块主要应用改进Q-learning算法，在超车平行行驶阶段对主车是否继续超车以及换道点位置进行决策。训练时，算法使用了从超车数据中提取的被超越车辆状态转移模型，以解决超车过程中主车与被超越车辆的交互问题，提高自主超车系统的实用性。

自主超车系统工作流程如下：当系统根据主车的实时数据信息确定当前处于超车起始或终止阶段时，基于半马尔可夫决策过程和运动基元的超车决策模块会根据通行效率和舒适性指标选择最优运动基元，实现运动控制。若处于超车平行行驶阶段，系统则会基于马尔可夫决策过程和社会偏好的超车决策模块，在每一时刻输出超车横向行为决策，以确保在超车不安全时及时放弃超车，或者准确决策最优换道点。最终，系统根据输出的决策行为生成控制指令，包括油门、转向和制动等，传递给主车，实现自主驾驶。

4.2.1 基于半马尔可夫决策过程和运动基元的超车决策模块

基于半马尔可夫决策过程和运动基元的超车决策模块，以安全和效率为目标，可以对超车场景中不同阶段的运动基元进行选择，从而实现安全高效的自主超车。该模块使用SMDP Q-learning算法，基于运动基元构建半马尔可夫决策过程。运动基元是一系列能够实现车辆固定轨迹跟踪的控制序列，超车场景中不同阶段的运动基元有相应的建模与提取方法。

4.2.1.1 基于规则的运动基元建模方法

运动基元可以看作是马尔可夫选项。确定运动基元的起始点和终止点是首先需要考虑的问题，也称为运动基元建模。基于状态晶格空间和三秒规则，针对不同超车阶段的特点，下面将详细介绍一种基于规则的运动基元起始点和终止点决策方法。

(1) 状态晶格空间

考虑到运动基元是一种基于图形的轨迹规划方法，通常定义在状态晶格空间内[51]。本研究亦采用了此方法。针对直行道路的自主超车问题，为方便运动基元的建模，在直行路段上建立了如图 4－3 所示的状态晶格空间。因此，超车过程中车辆的位置可以用晶格顶点的坐标来表示。

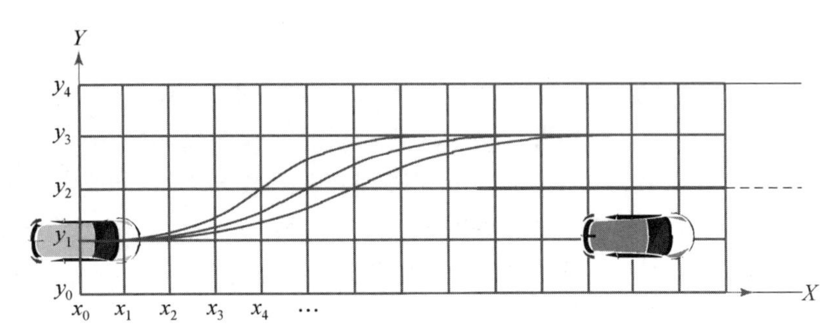

图 4－3　自主超车状态晶格空间

整个状态晶格空间可以表示为：

$$\boldsymbol{S}_{sl}=[\boldsymbol{x}_m\times\boldsymbol{y}_n\mid\boldsymbol{x}_m=[x_0,x_1\cdots x_{m-1}],\boldsymbol{y}_n=[y_0,y_1\cdots y_{n-1}],m\in\mathbf{R},n\in\mathbf{R}]\tag{4-1}$$

式中，$\boldsymbol{S}_{sl}$为状态晶格空间位置矩阵；$\boldsymbol{x}_m$ 和 $\boldsymbol{y}_n$ 分别表示横、纵坐标值的向量；下标 m，n 表示位置索引。

（2）三秒规则

三秒规则是一条经验法则，即在任何速度下，后车与前车保持一定的安全距离[52]，即可保证驾驶安全。该安全距离可通过公式（4－2）计算：

$$d_{\mathrm{A}}=v^{\mathrm{RV}}\cdot T_{\mathrm{r}}\tag{4-2}$$

式中，d_{A} 表示后车与前车之间的最小安全车距；v^{RV}表示后车的速度，上标 RV 表示后车；T_{r} 为常数，表示三秒规则中 3 秒的行驶时间。

在跟车事故风险评估中，一般采用三秒规则，但三秒规则也可供超车行为参考。例如，在超车起始阶段初始时刻，即主车开始超车的起始点，可以通过计算得到的最小安全距离确定。这意味着主车在实际车距等于符合三秒规则的最小安全车距后开始执行超车过程。此外，超车平行行驶阶段主车的最优换道位置，也可以由三秒规则进行规定。

（3）超车起始和终止阶段的运动基元建模

如图 4－4 所示，在超车起始阶段，主车的初始点位置可以通过公式（4－2）由三秒规则确定。在确定了主车和被超车车辆之间的初始距离后，还需要确定运动基元终止点的位置。

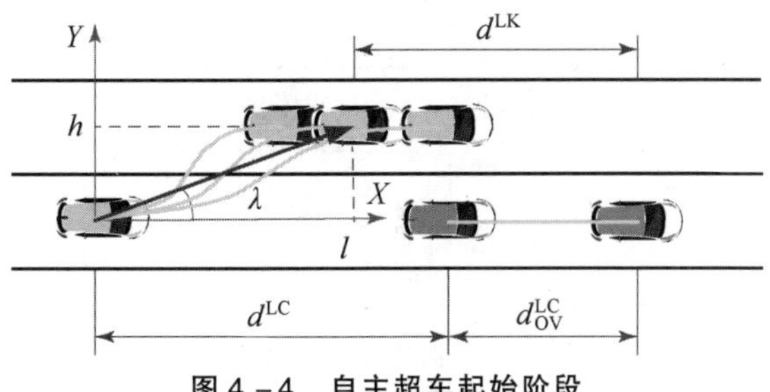

图 4－4　自主超车起始阶段

超车起始阶段中定义了几个与起始和终止点决策相关的变量。首先建立起以主车起始点为原点的坐标系，从起始点到终止点的矢量与水平坐标系之间的夹角定义为偏转角 $\boldsymbol{\lambda}$。偏转角通过公式（4－3）计算：

$$\lambda = \arctan \frac{h}{l} \tag{4-3}$$

式中，h 表示车道的宽度；l 表示基元的纵向长度。

对于固定车道，h 值是固定的。l 值的确定受到交通安全因素和车辆运动学的约束。$\boldsymbol{\lambda}_{\min}$ 表示偏转角的最小值，由主车和被超车车辆之间的初始距离确定。$\boldsymbol{\lambda}_{\max}$ 表示偏转角的最大值，可由最大允许横向加速度确定。在 λ 的取值范围内的一系列状态晶格点均可作为超车起始阶段运动基元的终止点。

在超车起始阶段，主车和被超越车辆之间的相关距离可通过以下公式计算：

$$d^{LK} = d_{OV}^{LC} + d^{LC} - l \tag{4-4}$$

$$d_{OV}^{LC} = v^{OV} \cdot T_f \tag{4-5}$$

$$d^{LC} = v^{HV} \cdot T_r \tag{4-6}$$

式中，d^{LC} 和 d^{LK} 分别表示主车与被超越车辆在起始和平行行驶阶段中的初始距离；d_{OV}^{LC} 表示被超越车辆在超车起始阶段的行驶距离；v^{HV} 和 v^{OV} 分别是主车和被超越车辆的行驶速度。假设主车和被超越车辆在每个超车阶段以恒速行驶，因此，d_{OV}^{LC} 可由公式（4－5）计算。式中，T_f 表示超车起始阶段中的行驶时间。

超车终止阶段的运动基元可以参考超车起始阶段的运动基元，不再做过多赘述。

（4）超车平行行驶阶段的运动基元建模

在超车平行行驶阶段（如图 4－5 所示），运动基元的横向距离已经确定，其横向距离为车道宽度，因此只需要确定运动基元的纵向长度。本书提出了一种简单的估算方法。

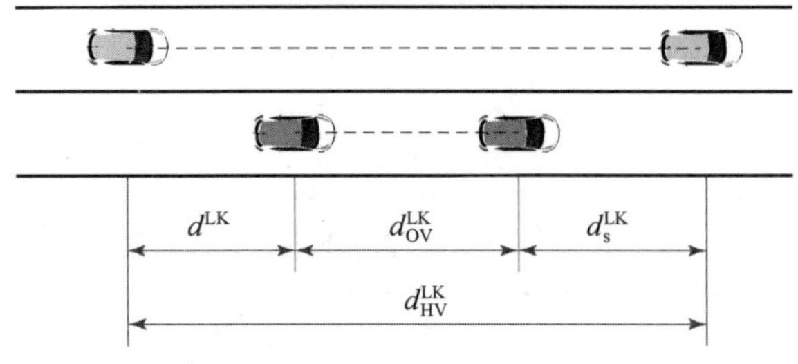

图 4－5　超车平行行驶阶段

假设主车和被超越车辆以恒速行驶，两车之间纵向距离可通过以下公式计算：

$$d_{HV}^{LK} = d^{LK} + d_{OV}^{LK} + d_s^{LK} \tag{4-7}$$

$$d_{HV}^{LK} = v^{HV} \cdot T_s \tag{4-8}$$

$$d_{OV}^{LK} = v^{OV} \cdot T_s \tag{4-9}$$

$$d_s^{LK} = v^{OV} \cdot T_r \tag{4-10}$$

$$T_s = \frac{v^{OV} \cdot T_f + (v^{HV} + v^{OV}) \cdot T_r - l}{v^{HV} - v^{OV}} \tag{4-11}$$

式中，d_{HV}^{LK}和 d_{OV}^{LK}分别为主车和被超越车辆在平行行驶阶段的行驶距离；T_s 表示平行行驶阶段的行驶时间；d_s^{LK} 则是根据三秒规则计算得出的安全距离。

通过联立式（4－4）到式（4－10），结合起始阶段运动基元的性质和速度离散化，可以确定平行行驶阶段最大纵向行驶时间［由式（4－11）确定］。因此，可以利用式（4－8）对平行行驶阶段的运动基元最大纵向长度进行粗略估计。在纵向长度介于 0 和最大纵向长度之间，且在终止点满足状态晶格空间限制的情况下，这些运动基元将被视为平行行驶阶段的可行基元。

4.2.1.2　运动基元的提取方法

完成运动基元起始点和终止点的决策后，接下来是生成运动基元的轨迹和提取控制序列。本研究采用基于模型的状态晶格空间规划方法进行运动基元轨迹的规划[53]；在轨迹跟踪和控制序列生成方面，结合了 Stanley 横向控制器[54]和 PID 纵向速度控制器[55]的方法。本节第 1 部分主要介绍了轨迹规划方法中使用的车辆运动学模型，第 2 和第 3 部分分别介绍了运动基元轨迹规划和跟踪控制方法。

（1）车辆运动学模型

本小节选取的车辆动力学模型为在智能驾驶领域最常用的运动学模型之一：单车模型，也称为单轨模型或自行车模型，如图 4－6 所示。单车模型由刚性连杆和连接两个车轮的轮子组成，只能在坐标平面内移动。

对单车模型进行建模，其运动学方程为：

$$\begin{bmatrix} \dot{X}_{\mathrm{r}} \\ \dot{Y}_{\mathrm{r}} \\ \dot{\varphi} \end{bmatrix} = \begin{bmatrix} \cos \varphi \\ \sin \varphi \\ \tan \dfrac{\delta_{\mathrm{f}}}{l_{\mathrm{c}}} \end{bmatrix} v_{\mathrm{r}} \tag{4-12}$$

式中，$(X_{\mathrm{r}}, Y_{\mathrm{r}})$ 表示后轴行驶轴心；φ 为车辆航向角；δ_{f} 表示前轮偏角；l_{c} 表示轴距；v_{r} 为后轮速度。

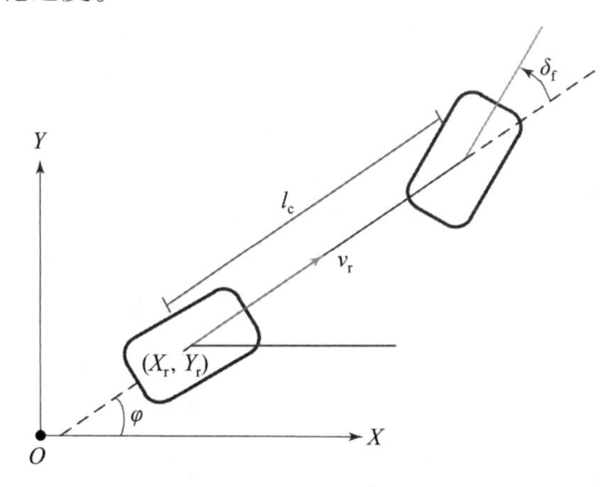

图 4-6　车辆运动学单车模型

（2）轨迹规划方法

在超车过程中，由于定义在状态晶格空间内，状态空间采样法是解决运动基元轨迹规划问题的有效方法。为了同时考虑车辆动力学约束，我们又采用了一种基于模型预测的状态空间采样轨迹生成方法来实现运动的基元轨迹规划[56]，该种方法可以实现在多约束条件下的高速导航。其主要计算过程如下：

首先，根据已知的起点和终点位置，在查找表中查找控制参数。查找表中存储了一些编了码的类似轨迹形状的控制参数和轨迹参数，包括起点和终点位置、航向角、速度和曲率。查找表是通过解决种子邻近轨迹生成问题生成的。其次，通过对控制参数进行时域插值，得到预测控制序列。这些控制序列将被输入到运动预测模型中，以获得预测轨迹。然而，初步生成的预测轨迹通常不能满足轨迹误差的要求。因此，需要对控制参数进行优化。为此，我们构建了一个代价函数：

$$J(u) = \int_0^{t_{\mathrm{f}}} Y_{\mathrm{lat}}(x, u, t)\,\mathrm{d}t \tag{4-13}$$

式中，u 表示控制参数；x 为车辆状态；t_{f} 表示终点时间；$Y_{\mathrm{lat}}(\cdot)$ 为时变效用

函数。

定义预测轨迹终点位置和期望终点位置的范数为代价误差。该系统采用拉格朗日乘子法和迭代优化法求解，直到轨迹误差达到允许的误差范围。

(3) 轨迹跟踪控制方法

在获得基元轨迹后，通过在仿真平台中分别采用 Stanley 横向控制器和 PID 纵向控制器来实现车辆的横向和纵向控制，这样，可以提取出运动基元的控制序列。

(a) 车辆纵向控制方法

车辆纵向控制主要通过 PID 控制器实现。该控制器能将期望车速信号转化为油门或制动踏板控制量，从而实现车辆运动。PID 控制器的原理公式为：

$$Y(t) = K_p\left[e(t) + \frac{1}{T_I}\int e(t)\,\mathrm{d}t + T_D\frac{\mathrm{d}e(t)}{\mathrm{d}t}\right] \tag{4-14}$$

式中，$Y(t)$ 代表具体的油门或制动踏板的控制量，即输出量；K_p 是比例系数；$e(t)$ 为产生的控制偏差信号；t 是时间；$\mathrm{d}t$ 是单位时间；T_I 为积分时间常数；T_D 代表微分时间常数。用期望速度减去实际速度的值为控制偏差信号。

(b) 车辆横向控制方法

车辆的横向控制主要采用 Stanley 控制器。Stanley 方法将航向角偏差与横向跟踪误差结合起来设计控制器，并以前轴中心为基准点进行计算。

Stanley 方法采用的是一种非线性反馈函数，可以根据车辆位置状态与预设路径之间的几何关系，计算得出所需的方向盘转角：

$$\delta(t) = \delta_e(t) + \delta_{\theta_e}(t) \tag{4-15}$$

式中，$\delta_e(t)$ 为横向偏差；$\delta_{\theta_e}(t)$ 为航向偏差。

如图 4-7 所示，一方面，在不考虑横向误差的情况下，车辆转向角变化由车辆航向（车轴的方向）与预设路径的最近点的切线方向之间的夹角来确定：

$$\delta_{\theta_e}(t) = \theta_e(t) \tag{4-16}$$

另一方面，在不考虑航向偏差的情况下，横向误差越大，方向盘转向角的变化应当越大。如图 4-7 所示，车辆轨迹的延长线与预设路径最近点的切线相交，交点与最近点的距离为 d，根据图中的几何关系，可以计算得出如下非线性比例函数：

$$\delta_e(t) = \arctan\frac{e(t)}{\mathrm{d}(t)} = \arctan\frac{Ke(t)}{v(t)} \tag{4-17}$$

式中，K 为增益系数；$v(t)$ 为 t 时刻的车速。

综合以上两点控制因素，得到方向盘转向角的变化率应为：

$$\delta(t) = \theta_e(t) + \arctan\frac{Ke(t)}{v(t)} \tag{4-18}$$

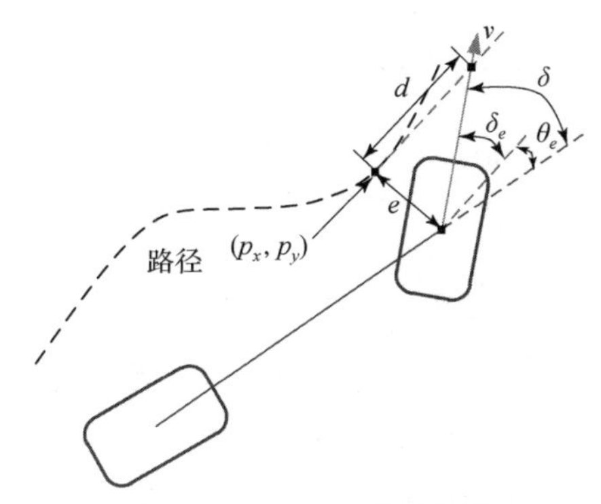

图 4－7　Stanley 控制模型

通过横向和纵向控制器对规划出的轨迹进行追踪控制后，就可以生成用于车辆控制的运动基元。对不同离散速度下的运动基元进行总结整理后，最终形成运动基元库，供运动基元决策算法学习训练。

4. 2. 1. 3　SMDP Q－learning 算法

（1） 算法原理

针对基于选项寻找最优策略的问题，可以使用学习方法来解决。在这些方法中，当选项执行后，智能体的状态可以直接从选项的起始状态跳转到选项的终止状态。因此，可以使用马尔可夫决策过程下的强化学习算法来解决分层强化学习问题。例如，可以将单步 Q－learning 算法应用于半马尔可夫决策过程，一般称之为 SMDP Q－learning 算法。SMDP Q－learning 算法的迭代公式如下：

$$Q(S_t,O_t) \leftarrow Q(S_t,O_t) + \alpha\left[R_t + \gamma \max_{o \in O} Q(S_{t+1},O) - Q(S_t,O_t)\right] \quad (4-19)$$

式中，$S_t \in S$ 和 $O_t \in O$ 分别表示时间步 t 时的状态和选项；$Q(S_t,O_t)$ 是时间步 t 时状态选项对 (S_t,O_t) 对应的 Q 值；α 表示学习率；R_t 为智能体在状态 S_t 时执行选项 O_t 所获得的奖励值；γ 为折扣率。

SMDP Q－learning 算法流程如表 4－1 所示。

表 4－1　SMDP Q－learning 算法流程

初始化 $Q(S,O)=0$，
重复以下操作（每个回合）：
初始化状态 S；
重复以下操作（每个时间步 t）：
根据 Q 函数在状态 S_t 下选择选项 O_t（如 ε－greedy 算法）；
观测奖励值 R_t 和下一时刻的状态 S_{t+1}；

续表

更新 Q 值和状态量： $Q(S_t,O_t)\leftarrow Q(S_t,O_t)+\alpha[R_t+\gamma\max\limits_{o\in O}Q(S_{t+1},O)-Q(S_t,O_t)]$； $S_t\leftarrow S_{t+1}$； 直到状态 S 达到最终状态

其中，ε - greedy 算法由贪心算法发展而来。贪心算法是一种基本的强化学习动作量选择的思想：每一时间步中动作量的选择都使用贪婪策略，即选择获得收益最大的动作量。但如果每一步都根据贪婪策略选择动作量，由于马尔可夫决策过程的无后效性，往往会导致强化学习模型陷入局部最优策略。因此，为了解决这个问题，衍生出了 ε - greedy 算法，即在每一时间步以 $1-\varepsilon$ 的概率采用贪心动作，以 ε 的概率随机选择动作。其中，ε 被称为探索率，取值范围为 0 ~ 1。当 ε 趋近于 1 时，模型更趋向于随机选择动作，导致收敛速度较慢；当 ε 趋近于 0 时，模型会趋向陷入局部最优解，从而无法找到全局最优动作。

为了加快强化学习算法的收敛速度，在选择选项时，可以采用基于规则的方法来确保所选选项在与超车阶段相对应的选项集内。具体而言，在超车的起始阶段，只能选择本章中提取的换道基元选项。

（2）强化学习模型的要素定义

基于半马尔可夫决策过程的强化学习模型要素应该基于所描述的问题来定义。这些要素包括状态空间、动作空间和奖励函数。

（a）状态空间定义。状态空间用于描述任一时刻智能体和环境的状况，既要客观准确地抓住具体问题或目标的关键特征，又要满足一定的泛化性需求，在超车决策中，主车的位置和速度是关键特征。考虑到轨迹规划是在离散状态晶格空间内进行的，主车的位置可以用状态晶格空间坐标表示。本小节根据主车和被超车车辆的速度不同，将超车问题分为不同类别。因此，状态空间应包括主车和被超车车辆的速度。此外，由于不同超车阶段可选的基元集不同，阶段性也应考虑在内。因此，可以将状态空间定义为

$$\boldsymbol{S}=(\boldsymbol{X}_{\mathrm{HV}}\quad \boldsymbol{Y}_{\mathrm{HV}}\quad \boldsymbol{V}_{\mathrm{HV}}\quad \boldsymbol{V}_{\mathrm{OV}}\quad \boldsymbol{P})\tag{4-20}$$

式中，$\boldsymbol{X}_{\mathrm{HV}}$ 和 $\boldsymbol{Y}_{\mathrm{HV}}$ 表示主车的位置矩阵；$\boldsymbol{V}_{\mathrm{HV}}$ 和 $\boldsymbol{V}_{\mathrm{OV}}$ 分别表示主车和被超越车辆的速度矩阵；$\boldsymbol{P}$ 指超车阶段矩阵。

（b）动作空间定义。动作空间是针对不同阶段不同基元轨迹形状的差异，对于在不同阶段选择选项时人为地限制了可选择的选项集。换言之，例如，如果某时刻主车处于超车起始阶段，则仅在包含加速换道选项的集合中选择选项。因此，动作空间可以表示为

$$\boldsymbol{O}=(\boldsymbol{O}^{\mathrm{F}}\quad \boldsymbol{O}^{\mathrm{S}}\quad \boldsymbol{O}^{\mathrm{T}}) \tag{4-21}$$

式中，$\boldsymbol{O}^{\mathrm{F}}$、$\boldsymbol{O}^{\mathrm{S}}$、$\boldsymbol{O}^{\mathrm{T}}$ 分别表示超车起始、平行行驶和终止阶段的可选选项集合。

(c) 奖励函数定义。对于智能车辆系统，安全、效率和舒适性是最基本的评价指标之一。此外，由于平行行驶阶段的特殊性，为评价换道点位置的优劣，定义了换道位置奖励。因此，奖励函数设计中包含了效率奖励、舒适性奖励、碰撞奖励和换道位置奖励，如式（4-22）所示，分别以 $R_{\mathrm{eff}}(s,o)$、$R_{\mathrm{cft}}(s,o)$、$R_{\mathrm{col}}(s,o)$、$R_{\mathrm{rule}}(s,o)$ 表示。效率奖励是通过运动基元的通行时间来评价的，运动基元的通行时间越长，奖励值就越小，可通过式（4-23）计算。舒适性奖励与通过一个超车阶段的平均横向加速度有关，且平均横向加速度越大，奖励就越小，由式（4-24）定义。此外，如果发生碰撞，智能体将受到较大惩罚，例如给予一个较大的负奖励值。使用三秒规则可以计算平行行驶阶段换道点的期望位置，因此，在平行行驶阶段，主车的换道位置与预期位置之间差值绝对值用于评价换道位置，由式（4-26）计算。

$$R(s,o)=R_{\mathrm{eff}}(s,o)+R_{\mathrm{cft}}(s,o)+R_{\mathrm{col}}(s,o)+R_{\mathrm{rule}}(s,o) \tag{4-22}$$

$$R_{\mathrm{eff}}(s,o)=-K_{\mathrm{t}}\cdot t_m \tag{4-23}$$

$$R_{\mathrm{cft}}(s,o)=-K_{\mathrm{c}}\cdot \overline{a_{\mathrm{yaw}}} \tag{4-24}$$

$$R_{\mathrm{col}}(s,o)=\begin{cases}-1000,\textbf{if}\ \text{发生碰撞}\\ 0,\textbf{else}\end{cases} \tag{4-25}$$

$$R_{\mathrm{rule}}(s,o)=\begin{cases}-K_{\mathrm{d}}\,|x_{\mathrm{HV}}-x_{\mathrm{OV}}-v_{\mathrm{OV}}T_{\mathrm{r}}|,\textbf{if}\ \text{处于平行行驶阶段}\\ 0,\textbf{else}\end{cases} \tag{4-26}$$

式中，K_{t}、K_{c}、K_{d} 为常系数；t_m 表示执行基元的时间间隔；$\overline{a_{\mathrm{yaw}}}$表示平均横向加速度；$x_{\mathrm{OV}}$是被超越车辆的横坐标。

4.2.2　基于马尔可夫决策过程和社会偏好的超车决策模块

在超车平行行驶阶段，理想情况下，主车与被超越车辆并行驾驶一段时间后会逐渐实现超车。然而，在现实情况下，被超越车辆往往会在被超车过程中做出驾驶反应，如激进的司机可能会急加速，保守的司机可能会减速让行等。针对这种情况，本模型采用社会心理学上的概念——社会偏好来定义不同被超越车辆司机的纵向驾驶行为模式[57]。对于具有不同社会偏好的被超越车辆，主车需要考虑是否换回原始车道或换回原始车道的时机，以确保超车安全。基于马尔可夫决策过程和社会偏好的超车决策模块的目标是实现是否换回原始车道或换道点位置的最优决策。

由于超车问题定义在状态晶格空间内且决策动作离散，状态和动作空间离散化处理相对简单。因此，为了更好地适应被超越车辆社会偏好的不确定性，我们采用了具有离散状态和动作空间的改进 Q - learning 算法进行训练。该算法能够很好地适应被超越车辆社会偏好的不确定性，因为超车决策模块基于被超车车辆状态转移模型。因此，需要对无模型的 Q - learning 算法进行迭代公式上的改进。

（1）算法原理

Q - learning 算法是一种基于马尔可夫决策过程的离策略在线学习算法，通过智能体与环境的交互生成学习训练数据。该算法定义了 Q 函数，用以评估策略的优劣。单步 Q - learning 算法的迭代公式如下：

$$Q(S_t,A_t) \leftarrow Q(S_t,A_t) + \alpha(Q_\pi(S_t,A_t) - Q(S_t,A_t)) \tag{4-27}$$

$$Q_\pi(S_t,A_t) = R_t + \gamma \max_a Q(S_{t+1},a) \tag{4-28}$$

式中，$S_t \in \boldsymbol{S}$ 和 $A_t \in \boldsymbol{A}$ 表示时间步 t 时的状态和动作；$Q(S_t,A_t)$ 是时间步 t 时状态动作对 (S_t,A_t) 对应的 Q 值；α 表示学习率；$Q_\pi(S_t,A_t)$ 表示每个时间步的期望 Q 值；R_t 为智能体在状态 S_t 时执行动作 A_t 所获得的奖励值；γ 为折扣率。

当考虑被超越车辆状态转移模型时，Q 函数需要考虑被超越车辆的状态，因此将式（4 - 27）改写为

$$\begin{aligned} Q(S_t^{\mathrm{HV}},S_t^{\mathrm{OV}},A_t^{\mathrm{HV}}) &\leftarrow Q(S_t^{\mathrm{HV}},S_t^{\mathrm{OV}},A_t^{\mathrm{HV}}) \\ &+ \alpha(Q_\pi(S_t^{\mathrm{HV}},S_t^{\mathrm{OV}},A_t^{\mathrm{HV}}) - Q(S_t^{\mathrm{HV}},S_t^{\mathrm{OV}},A_t^{\mathrm{HV}})) \end{aligned} \tag{4-29}$$

式中，上标 HV、OV 分别表示主车和被超越车辆；S_t^{HV}，$S_t^{\mathrm{OV}} \in \boldsymbol{S}$ 和 $A_t^{\mathrm{HV}} \in \boldsymbol{A}$ 分别表示时间步 t 时的车辆状态和动作。

则期望 Q 值需要改写为

$$Q_\pi(S_t^{\mathrm{HV}},S_t^{\mathrm{OV}},A_t^{\mathrm{HV}}) = R_t + \gamma \sum [P(S_{t+1}^{\mathrm{OV}} \mid S_t^{\mathrm{OV}}) \max_a Q(S_{t+1}^{\mathrm{HV}},S_{t+1}^{\mathrm{OV}},a)] \tag{4-30}$$

式中，$P(S_{t+1}^{\mathrm{OV}} \mid S_t^{\mathrm{OV}})$ 为被超越车辆从 t 时刻状态 S_t^{OV} 转移到 $t+1$ 时刻状态 S_{t+1}^{OV} 的状态转移概率。

式（4 - 30）表示，在已知被超越车辆的状态转移概率时，每个时间步的期望 Q 值需要根据所有下一个时间步可能的被超越车辆的状态进行调整。

半基于模型的改进 Q - learning 算法流程如表 4 - 2 所示。

表 4 - 2　半基于模型的改进 Q - learning 算法流程

初始化 $Q(S^{\mathrm{HV}},S^{\mathrm{OV}},A)=0$，
重复以下操作（每个回合）：
初始化状态 $S^{\mathrm{HV}},S^{\mathrm{OV}}$；
重复以下操作（每个时间步 t）：

续表

根据 Q 函数在状态 S_t^{HV},S_t^{OV} 下选择动作 A_t^{HV}（如 ε - greedy 算法）； 观测奖励值 R_t 和下一时刻的状态 $S_{t+1}^{HV},S_{t+1}^{OV}$； 更新 Q 值和状态量： $Q(S_t^{HV},S_t^{OV},A_t^{HV})\leftarrow Q(S_t^{HV},S_t^{OV},A_t^{HV})$ $+\alpha(Q_\pi(S_t^{HV},S_t^{OV},A_t^{HV})-Q(S_t^{HV},S_t^{OV},A_t^{HV}))$； $S_t^{HV},S_t^{OV}\leftarrow S_{t+1}^{HV},S_{t+1}^{OV}$； 直到状态 S^{HV},S^{OV} 达到最终状态

（2）强化学习模型要素定义

强化学习模型基本要素包括状态空间、动作空间和奖励函数。针对本研究中的超车场景，对其基本要素分别作出如下的定义：

（a）状态空间

对于换道点决策问题，主车和被超越车辆的相对位置和速度决定了最佳换道位置。此外，对于具有不同社会偏好的被超越车辆，主车应该根据其激进程度而调整换道位置。因此，状态空间考虑的因素应包括：

$$\boldsymbol{S}=(\boldsymbol{G}_{HV}\quad \boldsymbol{G}_{OV}\quad \boldsymbol{V}_{HV}\quad \boldsymbol{V}_{OV}\quad \boldsymbol{\varphi}_{OV}) \tag{4-31}$$

式中，$\boldsymbol{G}$ 为车辆所处的格子位置矩阵；$\boldsymbol{V}$ 表示车辆速度矩阵；$\boldsymbol{\varphi}_{OV}$ 为被超越车辆的社会偏好矩阵，且 $\boldsymbol{\varphi}_{OV}\in\{-1,0,1\}$，$-1$、$0$、$1$ 分别代表社会偏好为利他型、互惠型、利己型。

（b）动作空间

智能车自主超车换道点决策是行为中决策的一种。当智能车不需要换道时，应继续保持在当前车道行驶；当智能车处于最佳换道点时，应果断作出换道决策；当被超越车辆表现出过于利己主义时，应考虑放弃超车。因此，在超车决策模块中，定义了三种可选动作：车道保持、执行换道和放弃超车。

$$\boldsymbol{A}=[\text{"车道保持","执行换道","放弃超车"}] \tag{4-32}$$

（c）奖励函数

对于自主超车换道点决策问题，应根据不同的决策动作给予不同的奖励或惩罚。具体而言，对于车道保持行为，应给予一个小惩罚以避免车辆持续保持在当前车道而不进行换道；对于换道行为，根据实际换道位置与最佳换道位置之间的差距给予惩罚；对于放弃超车行为，在不适合的时间选择此动作应给予较大的惩罚。因此，奖励函数定义如下。

$$R(s,a)=\begin{cases}-1,\text{if } A_t=\text{"车道保持"}\\ -K_l\left|g_{\mathrm{HV}}+C_\varphi-g_{\mathrm{OV}}\right|,\text{if } A_t=\text{"执行换道"}\\ 20,\text{if } A_t=\text{"放弃超车"且 }\varphi_{\mathrm{OV}}=1\\ -1\ 000,\text{if } A_t=\text{"放弃超车"且 }\varphi_{\mathrm{OV}}\neq 1\end{cases}\tag{4-33}$$

式中，K_l 为常参数；g_{HV}、g_{OV}分别表示主车和被超车车辆在当前时刻所处格子的位置；C_φ 为期望位置误差，与三秒规则和被超越车辆的社会偏好相关，通过下式计算：

$$C_\varphi=v_{\mathrm{OV}}\cdot T_{\mathrm{r}}/g+K_\varphi\cdot\varphi_{\mathrm{OV}}\tag{4-34}$$

式中，g 表示格子的单位长度；T_{r} 为三秒规则中 3 秒的行驶时间；K_φ 为常参数。

4.3 基于半马尔可夫决策过程和运动基元的超车决策模块仿真实验

为充分保证行车安全，避免超车过程中由于算法初期学习不稳定性而造成的安全隐患，本小节将实车数据和仿真实验结合起来，对所提出的框架、模块进行实验验证。另外，本小节还对 4.2.1 中提出的超车决策模块进行实验验证。

4.2.1 提出了一种基于半马尔可夫决策过程和运动基元的超车决策模块，该模块能以超车效率和舒适性等为目标，针对不同的超车阶段实现最优运动基元决策。这些运动基元定义在状态晶格空间中，其起始点和终止点是对于特定的超车阶段通过基于规则的方法决定的，运动基元控制量序列的提取方法是基于仿真环境使用规划和控制器采样得到的。本节首先对自主超车过程起始和终止阶段的换道运动基元进行离线提取与结果展示。其次对于平行行驶阶段的运动基元的展示，由于其建模过于简单，此处不再做具体展示。最后对基于半马尔可夫决策过程和运动基元的超车决策模块进行了实验验证，实验设置了两种被超越车辆的行驶状况。实验结果表明，该超车决策模块能够适应被超越车辆的不同速度变化，并作出准确合理的运动基元决策。为了确保行车安全，我们将实车数据和仿真实验相结合。

4.3.1 离线运动基元提取结果

设置主车和被超越车辆的初始行驶速度分别为 12 m/s 和 6 m/s。利用基于规则的方法进行换道基元建模，最终提取出三条换道基元轨迹如图 4－8 所示，其速度、方向盘转角及车辆航向角变化情况如图 4－9 所示。运动基元的横、纵向最大位置误差为 0.2 m，平均位置误差较低，可以满足超车换道需求。

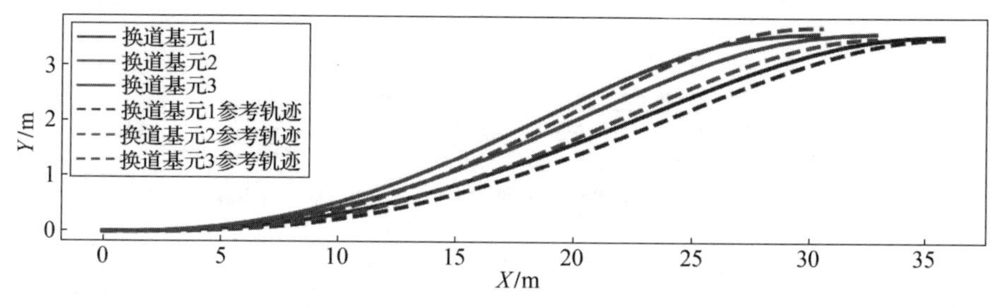

图 4－8　换道基元轨迹结果图（文末附彩图）

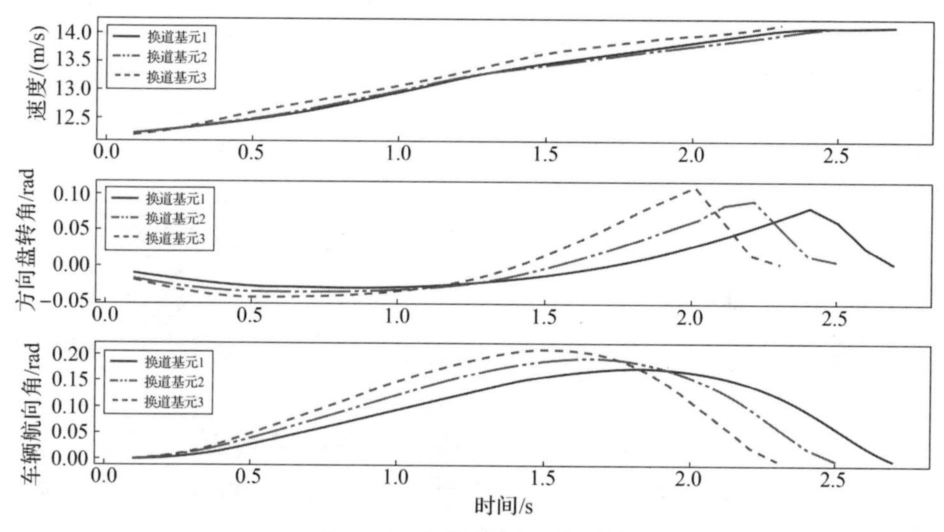

图 4－9　换道基元状态结果图

4.3.2　超车决策模块实验结果及分析

经过大约 2000 个回合的训练，强化学习模型最终会随着奖励总和趋于稳定而收敛，并得到超车轨迹以及超车过程中的主车状态。超车轨迹结果，主车、被超越车辆状态随时间的变化关系如图 4－10 和图 4－11 所示。

图 4－10 中的实心圆点表示每秒车辆的位置。轨迹结果表明，运动基元的横向和纵向位置误差较低，可控制在厘米级；主车在最优位置实现超车。如图 4－11 所示，超车起始阶段主车从 12 m/s 持续加速到 14 m/s，直到超车终止阶段，然后减速到初始速度，而被超越车辆的速度没有明显变化，运动基元的航向角误差在允许范围内。

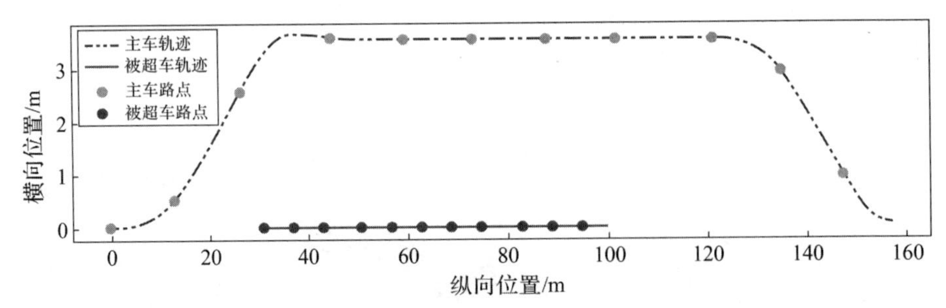

图 4－10　被超越车辆恒速行驶实验超车轨迹结果图

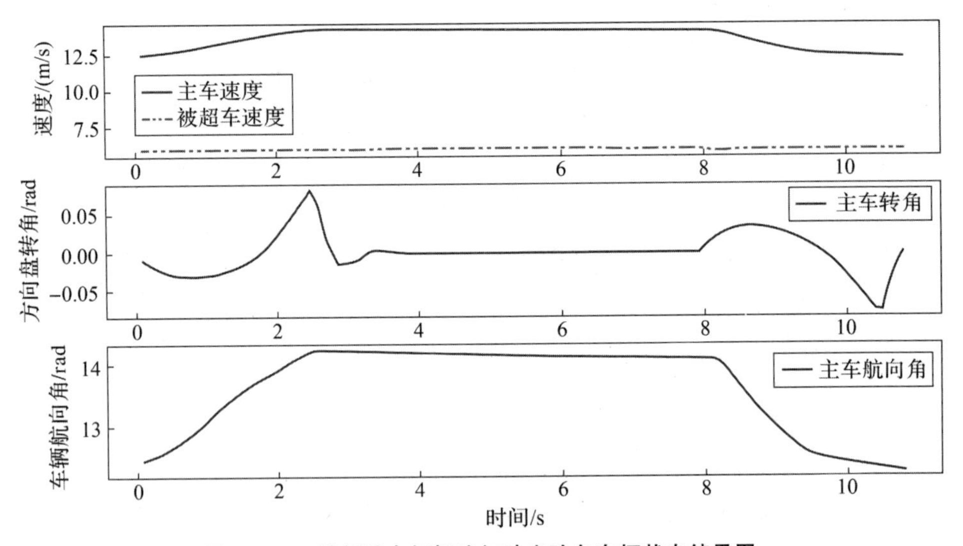

图 4－11　被超越车辆恒速行驶实验各车辆状态结果图

被超越车辆变速行驶实验的超车轨迹结果、各车辆的状态变化情况如图 4－12 和图 4－13 所示。与被超越车辆恒速行驶实验的结果相比，主车在平行行驶阶段的纵向行驶距离明显缩短，说明本研究提出的超车决策模型具有适应被超越车辆速度变化的能力。

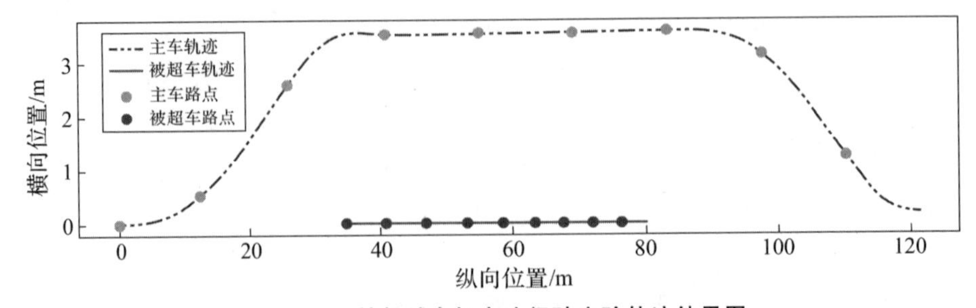

图 4－12　被超越车辆变速行驶实验轨迹结果图

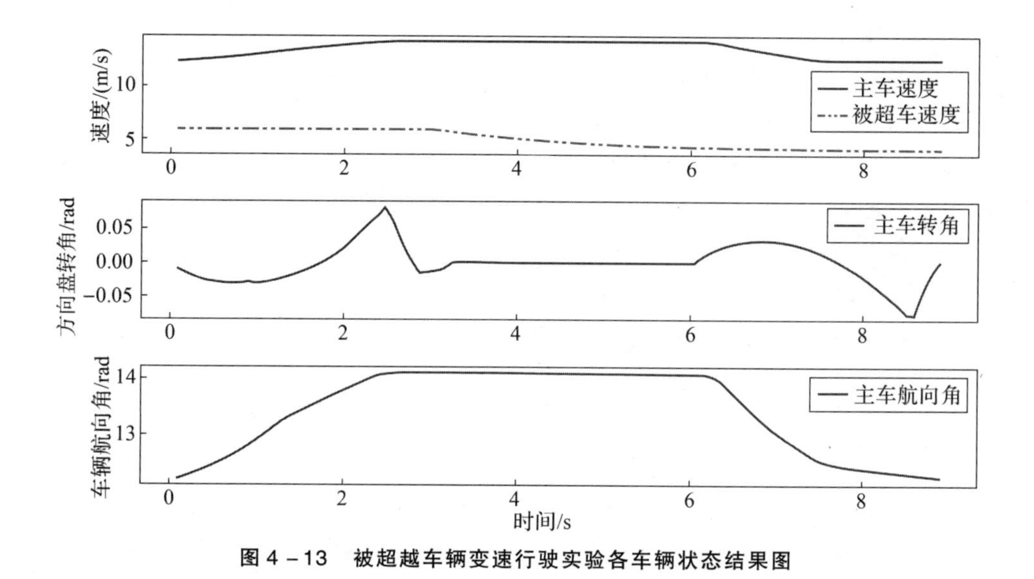

图 4-13 被超越车辆变速行驶实验各车辆状态结果图

4.4 基于马尔可夫决策过程和社会偏好的超车决策模块实车实验

4.4.1 基于智能驾驶平台的实车数据采集及预处理

为了验证本研究提出的自主超车分层强化学习框架能否在真实工况下运行，同时，也为了保证训练强化学习超车决策模块时的被超越车辆状态转移模型符合实际超车过程中的驾驶规则，提高超车决策模型的实用性，需要采集实车数据进行超车场景和被超越车辆状态转移模型建模。此处使用了两种实车数据，一是使用比亚迪唐智能驾驶平台采集到的真实直行道路状况下的超车数据，二是美国联邦公路管理局（Federal Highway Administration，FHWA）采集的 NGSIM 实车数据集[58]。本小节将从实验数据采集、数据集数据采集及“基于数据训练”等三个方面加以介绍和阐述。

（1）实验数据采集

本模型中使用的数据主要来源于上海汽车工业科技发展基金会产学研项目“人类驾驶员城区环境下道路交叉口行驶的决策规划模型研究与应用”。该项目中采集了部分直行道路段通行数据，其中包含超车场景数据。具体而言，采集场景位于北京市海淀区魏公村路、学院南路以及中关村南大街直路部分并进行数据采集，采集时间主要是天气晴朗的午后。

超车数据采集的实车平台基于北京理工大学智能汽车研究所与比亚迪股份有限公司合作搭建的比亚迪唐智能驾驶平台。比亚迪唐是一款线控车辆，能够将驾驶员的操纵动作经过传感器变成电信号，通过 CAN 总线传输到其他机构。由于比亚迪唐是一款车体较大的城市 SUV，较为适合传感器的安装布置，并且车内具备对各种传感器的供电和走线的硬件布置条件，因此条件相对成熟。比亚迪唐智能驾驶平台于 2019 年 1 月搭建完成。

比亚迪唐智能驾驶平台的硬件设备包括运算中心、数据传输设备、各类传感器件和底层执行机构。该平台硬件根据具体功能分类可以分为视觉感知设备、综合定位与导航设备、运算中心和底层控制设备，如图 4-14 所示。其中视觉感知设备包括一台 32 线激光雷达和一部地平线单目相机，分别安装在车顶架上和车辆内部前窗的顶部。综合定位与导航设备包括 GPS 和 IMU，位于车内后备箱。运算中心为 2 台工控机，用作雷达数据后处理以及规划算法运算。底层执行机构包括通信单片机、车辆 CAN 总线网络和附加的制动执行机构。除此之外，车内还有一些附属设备，如显示器、交换机等。

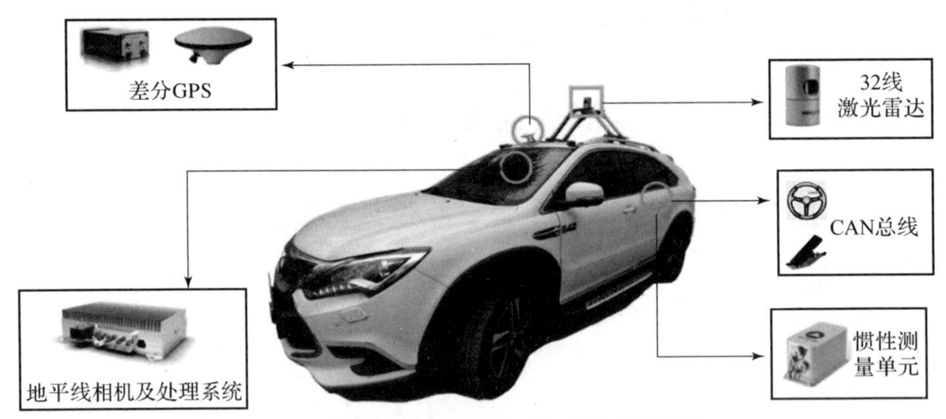

图 4-14　比亚迪唐智能驾驶平台传感器配置

根据车内硬件设备的布置，传感器数据采集类型总结如下：车辆底层数据主要包括 CAN 总线数据，其中包含时间戳、车速、档位和方向盘转角信息。本车导航数据主要包括 GPS 输出数据、惯导输出数据和惯导 IMU 原始数据，其中包含时间戳、经度、纬度、高度、三姿态角、三轴速度和姿态四元数等信息。环境感知数据主要包括 32 线激光雷达数据和地平线相机数据，其中包含时间戳、点云数据和相机图像等信息。

视觉感知设备和运算中心之间的通信方式如下：激光雷达采集到的点云数据通过网线传输给交换机，然后再由交换机通过网线传输给感知工控机进行点云数据处理；无线接收模块将数据传输给通信单片机，通过串口将数据信息传递给 Nport，然后再由 Nport 传递给感知工控机。定位设备和运算中心设备，GPS 和惯导系统同样是通过串口将数据发送给 Nport，再通过网线传递给感知工控机。

感知工控机在处理完数据后将其传输给规划工控机。规划工控机通过运行相关算法对本时刻车辆状态进行判断并作出决策，决策指令通过交换机发送给 Nport，然后通过通信单片机传输给车辆底层控制装置。同时，决策指令也通过 CAN 总线进行数据传递，实现车辆的线控。

1）数据储存方法

比亚迪唐智能驾驶平台上所有的底层数据、传感器数据等都是在机器人操作系统（Robot Operating System，ROS）下进行数据接收、传输和保存的，ROS 下以 ROSbag 格式文件将所有指定的话题数据进行保存，从而满足离线分析的要求。

但是以 ROSbag 形式采集的数据对于后续离线分析存在一些问题：ROSbag 回放数据时遵从 ROS 框架下的消息回调机制，即所有回放的数据都放入到一个消息队列中，然后通知回调函数从消息队列中取出消息进行处理。但消息队列长度有限，如果回调函数处理时间过长，就会导致部分数据丢失。ROSbag 中的数据都必须借助 ROS 的一些工具进行回放和显示，不同数据之间没有明确的对应关系，不方便实时查看，也不方便后续场景建模。ROSbag 中数据都只是对各设备原始数据进行了采集，没有进行数据同步。

针对以 ROSbag 形式采集的数据存在的问题，对数据分析主要包括以下几个部分的工作：解析 ROSbag 数据，完成数据的时间同步，并将数据以常见的图片文件格式或者文本文件格式保存。同时，对同步好的图片数据进行动态要素检测工作，实现动态要素的跟踪任务。

为了方便后续分析以及防止 ROSbag 格式数据在回放时由于处理时间过慢导致的丢失数据帧的问题，需要对 ROSbag 数据进行解析，将其保存为离线文件。

由于相机采集的频率和激光雷达数据的采集频率有所不同，一般相机采集的频率设置为 25 帧/秒，而激光雷达由于旋转元件工作原理所限，一般设置为 10 帧/秒。因此，这会涉及相机图片数据和激光雷达数据的时间同步问题。

智能车辆中常使用 GPS 授时的方式实现多种传感器数据的同步，每个传感器接收来自 GPS 信号的统一时间戳，然后利用该时间基准作为同步参考变量。然而这种方法需要让每个传感器设备都接收 GPS 时间戳，涉及一些硬件改动，而且正常 GPS 信号时间频率并不高，还有 GPS 信号丢失现象发生，导致时间同步任务无法正常进行。

因此，决定采用上位机统一基准时间同步，通过将所获得的相机图片和点云数据都赋予工控机系统时间戳（精确到纳秒）。在同步过程中，利用多线程和队列缓存技术，首先将订阅的相机图像和点云话题都压入消息输入队列中进行缓存，然后通过时间戳对比方法，以缓存区中帧率最慢消息的时间戳作为消息同步基准时间戳，最后从其他消息输入队列中比对时间戳的差别情况，挑选出最邻近的时间戳消息，从而实现时间同步。

同步好的消息并不直接进行保存操作，因为保存操作涉及硬盘操作，有一定的耗时。如果直接对同步消息进行保存，那么，在下一帧读取同步消息时可能中间已经丢失了一定帧数。因此，利用队列缓存机制，需要将同步消息放入到同步消息队列中进行缓存，保存操作循环从同步消息队列中取出数据并进行保存操作。保存操作和同步操作多线程运行，保证同步操作的速度，同步之后的数据基本上保持 10 Hz 的激光雷达采集频率。

2）传感器数据预处理

在比亚迪唐智能驾驶平台系统内置的 ROS 系统中，对通过各类传感器元器件采集到的传感器数据进行保存时，需要对原始传感器信息进行处理，实车数据处理方法如图 4 – 15 所示。各类传感器所采集到的传感器数据信息及其处理方法介绍如下：通过地平线相机可以采集得到原始图像信息；通过 32 线激光雷达可以采集得到原始点云信息，此外还可以获取激光同步建图与定位（Simultaneous Localization and Mapping，SLAM）定位信息；惯性导航系统和 GPS 采集到的数据通过组合导航算法可以计算得出更为精确的组合导航定位信息；通过对 CAN 总线的协议进行解析，可以获取到一系列驾驶员行为信息，包括前轮转角、油门踏板操作、制动踏板操作、速度等；通过对激光 SLAM 定位信息和组合导航定位信息进行融合滤波可以得到多传感器融合定位信息，包括车辆经度、纬度、高度、欧拉角、速度、角速度等；对原始图像信息和原始点云信息进行图像点云融合后可以获取交通动态要素的类型、位置、速度等信息。

对传感器数据处理的主要工作包括回放 bag 形式的数据，并联合相机雷达对数据进行标注。当各传感器数据的时间戳符合同步要求时，需要对当前各传感器数据进行处理。对于 GPS、IMU、本车 ECU 等不需要做过多处理的信息数据，在同步后的每帧数据直接生成 txt 格式的文件进行存储。相机和雷达等对环境进行感知的传感器数据则需要做进一步的标注处理，具体步骤如下：

（a）对当前帧点云数据进行地面滤除操作，并根据相机雷达联合标定的结果，将雷达点云投影至相机图像当中。

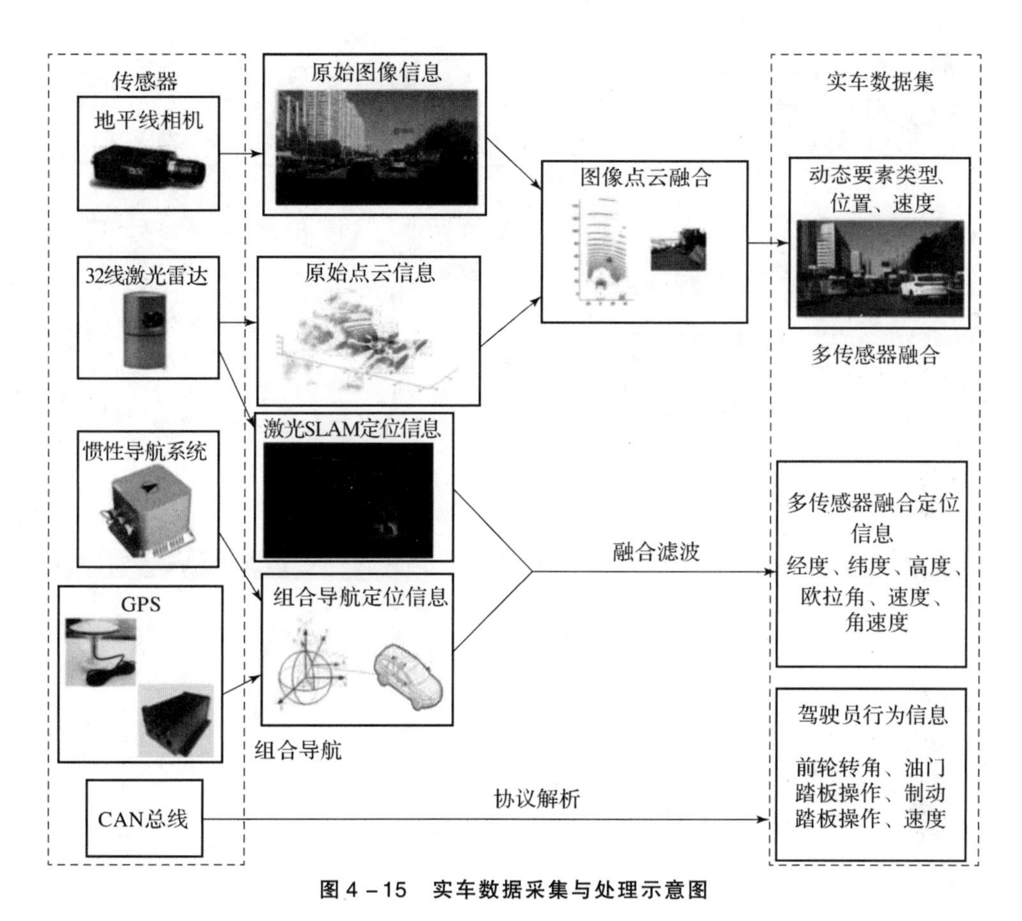

图 4－15　实车数据采集与处理示意图

（b）对相机采集的当前帧图像进行目标识别操作，获得目标（车、人）在图像中的 2D bounding box。

（c）利用 2D bounding box 中所包含的点云进行聚类，利用点云具有距离信息的特性获取该目标的大致尺寸与本车的相对位置信息，过程图如图 4－16 所示。

在对雷达和相机的数据进行联合粗标后，每帧图像的原始数据以 png 的格式保存，雷达数据以 bin 格式存储，标注数据以 txt 格式存储。最终标注数据以及各传感器原始数据被解析并分开存放在不同的文件夹下，如图 4－17 所示。

对于粗标后的数据，由于激光雷达打在目标上的点云有时不能完全表示目标的几何特征与位置信息。因此，后期仍需利用标注软件对之前的标注结果进行微调，以图像为参考进行精细标注。标注软件界面如图 4－18 所示。

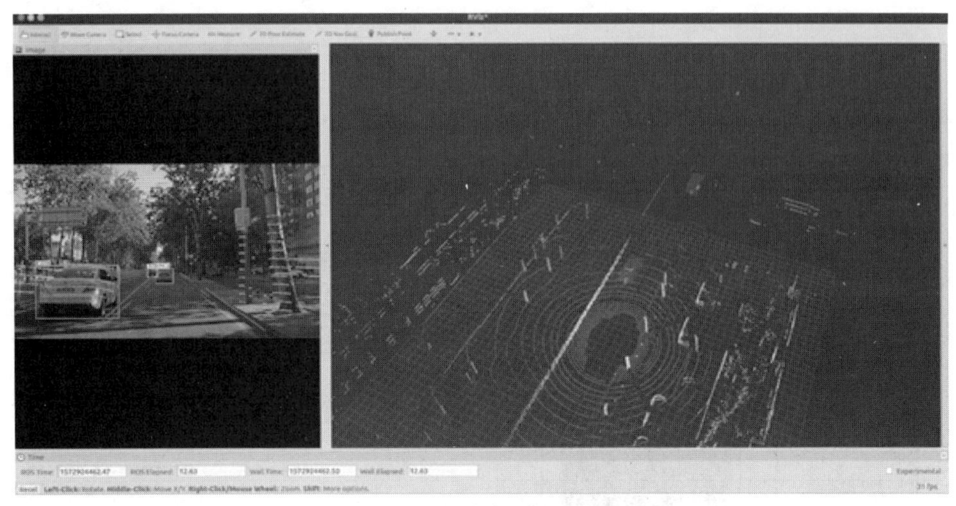

图 4－16　粗标过程界面

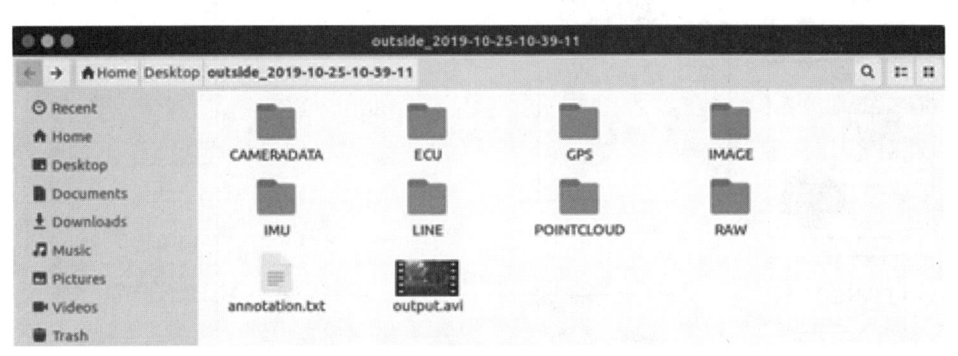

图 4－17　数据解析后的保存形式

图 4－18　标注软件界面

通过标注软件，同时打开已存储好的点云和图像数据，对已存在的标注目标进行选定，并微调其位置和几何尺寸。将目标的3D边界框投影回图像，观察标注效果。若粗略标注结果有偏差，则需要反复调整，直到目标在3D坐标系下的位置与图像中的2D信息相互对应。如图4－19所示，表示该帧数据标注完成。

图4－19 微调前后对比图［微调前（左），微调后（右）］

（2）数据集数据采集

NGSIM数据集是由美国联邦公路管理局（Federal Highway Administration，FHWA）采集的多条高速公路行车数据所组成的。该数据集包括在美国80号州际高速公路、101号高速公路以及Lankershim大道上收集的多条详细的车辆轨迹数据。这些数据可以帮助政府人员决策是否要增加高速公路辅助车道或调节交通信号灯的控制方案，研究人员可以通过NGSIM数据集来开发和验证先进的智能运输系统或驾驶辅助系统。

NGSIM数据集中的所有数据通过同步数字摄像机收集（如图4－20所示），然后从视频数据转录出各车辆的轨迹数据，视频的采样时间为0.1 s。同步数字摄像机可以收集一段时间内道路上所有车辆的轨迹、速度、加速度等驾驶数据。这也意味着后期需要根据使用需求进行数据提取与裁剪。

图4－20 同步数字摄像机正在收集数据

NGSIM 数据集的交通流数据中包含多种车辆行为数据，如车道保持、车辆跟驰、汇入、超车等交通行为，但此处仅需超车行为数据。因此，首先需要对 NGSIM 数据集中的超车行为数据进行人工筛选与截取。对于超车行为数据的截取，此处使用的方法是基于 Github 上的开源方法[59]，它能从 NGSIM 数据集中提取出包含车道变化轨迹。除主车外，它还能提取出周边车辆（包括被超越车辆的行驶轨迹、速度、加速度）等信息。然后需要截取出超车第二阶段的被超越车辆的驾驶数据，即当主车换道到邻近车道后至并行驾驶超越时被超越车辆的驾驶数据。最后由于通过实车采集得到的真实数据往往包含传感器的采样误差与位置跳变等，所以需要对这些数据进行平滑预处理，使用的是 MATLAB 中的多项式拟合函数。经过上述数据截取与预处理过程，最终得到的数据可以用于后续的聚类和分类。

超车决策模块需要具有对不同被超越车辆的被超反应进行超车策略和时机调整的能力。对于不同被超越车辆的被超反应，可以使用社会偏好来进行描述。而不同的社会偏好在超车问题中的具体表现为驾驶激进程度的不同，可以使用被超越后一段时间内的平均速度体现。

（3）基于数据训练

4.2.2 中使用了半基于模型的改进 Q – learning 算法对超车决策模块进行建模。下面将具体阐述分析超车决策模块的训练结果。为了避免“维度灾难”，顺应深度学习的发展方向，我们还使用了 DQN 算法对该模块进行了建模，对比分析了两种算法的结果。

1）基于改进 Q – learning 算法的超车决策模块实验结果及分析

在超车的平行行驶阶段，主车应根据每个时刻主车和被超越车辆的车辆信息，对其驾驶行为作出准确而迅速的决策，这些决策包括是否继续进行超车（换回原始车道）以及换回原始车道的时机。为了提高超车决策模块的泛化程度，我们还使用了一种半基于模型的改进 Q – learning 算法进行建模，即使用通过数据统计得到的不同社会偏好下被超越车辆的状态转移概率来进行模型训练。

2）超车实验场景及参数设置情况

本实验在超车平行行驶阶段进行，设置主车和被超越车辆的初始速度分别为 14 m/s 和 8 m/s，被超越车辆的初始位置超前于主车 7、8、9、10、11 格（每次训练随机选择）。半基于模型的改进 Q – learning 算法参数设置如表 4 – 3 所示。

表 4－3　半基于模型的改进 Q－learning 算法参数

折扣率 γ	学习率 α	探索率 ε	奖励参数 K_1	奖励参数 K_φ
0.8	0.2	0.01	5	3

图 4－21 展示了半基于模型的改进 Q－learning 算法训练结果对比，黄色、红色、紫色曲线分别代表了利己型、互惠型和利他型在被超越车辆条件下强化学习算法的训练结果。其中，纵坐标是每个回合的平均奖励值，横坐标为回合数。这些曲线记录了算法训练时每个回合中平均每个时间步所获得的奖励值。经过训练，三组曲线的平均奖励值均逐渐趋近于某一固定值，这表明在三种情况下，半基于模型的改进 Q－learning 算法均能稳定收敛。然而，三组曲线的收敛速度有所不同，在利己型被超越车辆的实验条件下，算法收敛得最快，大约为 220 个回合；而互惠型和利他型被超越车辆条件下则收敛得较慢，大约需要 300 个回合才能逐渐收敛。这种现象表明，算法的收敛速度与奖励函数的设置有关，在固定奖励值的设定下，算法的收敛速度比非固定奖励值快。

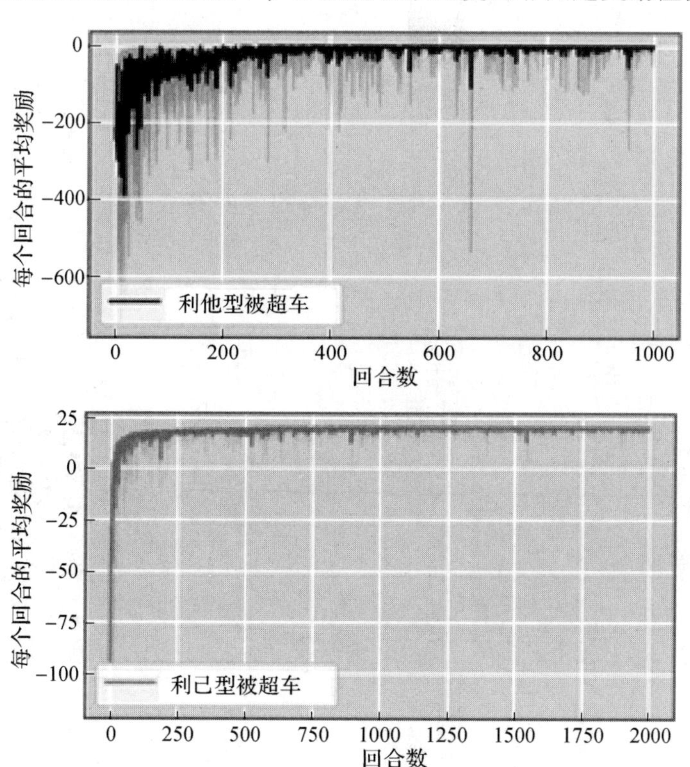

图 4－21　半基于模型的改进 Q－learning 算法训练结果对比图（文末附彩图）

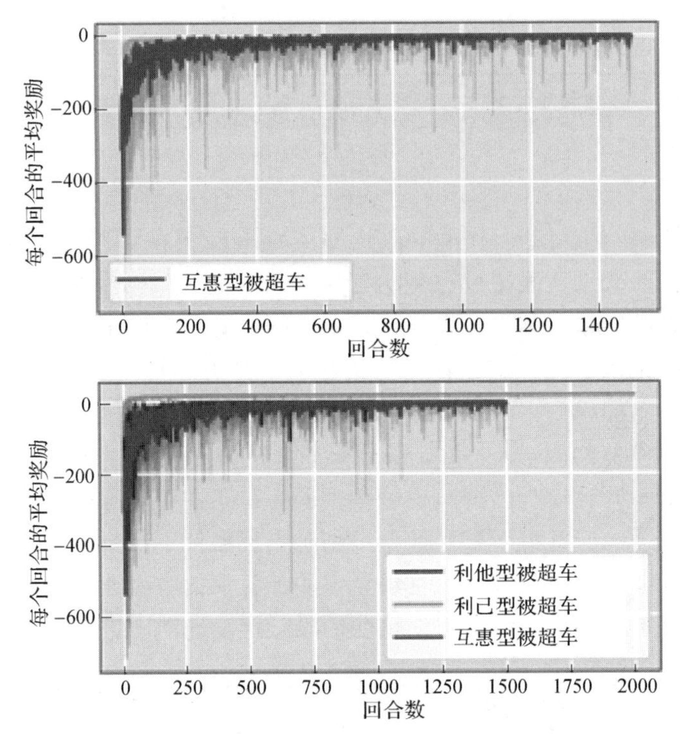

图 4-21 半基于模型的改进 Q-learning 算法训练结果对比图（文末附彩图）（续）

三种被超越车辆社会偏好条件下的决策结果热力图如图 4-22 所示。其中，横坐标为主车所处的格子位置，纵坐标表示的是被超越车辆所处的格子位置。当被超越车辆的社会偏好是利己型时［如图 4-22（b）所示］，红色和绿色的高亮部分表示主车的决策是“放弃超车”。当被超越车辆的社会偏好是互惠型或利他型时［如图 4-22（a）和（c）］，高亮显示部分代表“执行换道”的决策，其余非高亮部分的决策均为“车道保持”。

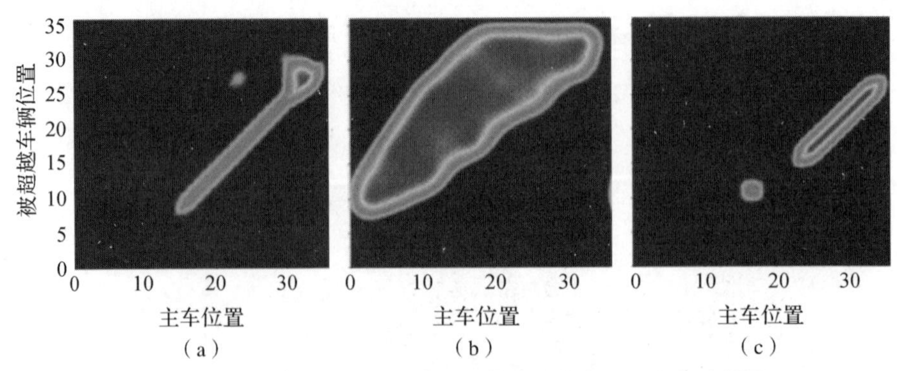

图 4-22 改进 Q-learning 算法决策结果热力图（文末附彩图）

(a) 被超越车辆为利他型；(b) 被超越车辆为利己型；(c) 被超越车辆为互惠型

4.4.2　超车决策模块实验

接下来，本小节将使用实际车辆数据进行基于实车数据的仿真实验，验证 4.2 提出的分层强化学习自主超车系统的可行性与有效性。社会偏好预测模型预测的结果表明，决定被超越车辆社会偏好的临界速度为 7.2 m/s 和 11.2 m/s，具体而言，速度在 0 m/s 到 7.2 m/s 之间的被超越车辆被认为是利他型的；速度在 7.2 m/s 到 11.2 m/s 之间的被超越车辆被认为是互惠型的；速度超过 11.2 m/s 的被超越车辆被认为是利己型的。

在上海汽车工业科技发展基金会产学研项目中，共采集并处理得到 21 组有效的超车数据。通过计算平行行驶阶段被超越车辆的平均速度，并按照上述社会偏好的预测结果，得到了 3 组利他型被超越车辆的超车数据，13 组互惠型被超越车辆的超车数据，5 组利己型被超越车辆的超车数据。挑选出平行行驶阶段三种社会偏好下典型的被超越车辆的行驶数据，其速度时间关系图如图 4 - 23 所示。为便于将实车数据还原到仿真模拟器中，我们对原始数据进行了平滑处理，具体为对该曲线进行了多项式拟合。蓝色、红色、黄色曲线分别为利己型、互惠型、利他型被超越车辆在进入平行行驶阶段后约 7 s 内的速度时间曲线。

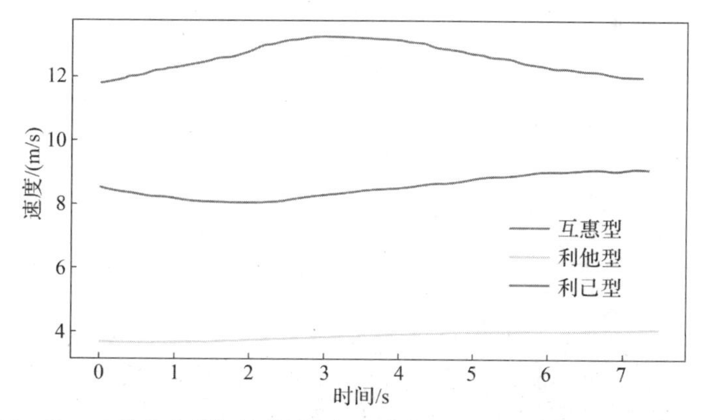

图 4 - 23　三种社会偏好被超越车辆超车数据速度时间图（文末附彩图）

对于 4.2 节中提出的分层强化学习自主超车系统，基于半马尔可夫决策过程和运动基元的超车决策模块由 4.3 中训练得到，基于马尔可夫决策过程和社会偏好的超车决策模块由 4.4 中训练得到。由于采集到的位置信息数据是由地平线单目相机提供的，因此，只能获取平行行驶阶段的被超越车辆的位置数据，但对于实验验证而言已经满足基本数据条件。

图 4 - 24（a）为被超越车辆为互惠型时的超车实验轨迹图，被超越车辆的数据从进入平行行驶阶段开始，主车的换道位置约为纵向位置 147 m 处，此

时被超越车辆的纵向位置约为 124 m 处，主车超前被超越车辆 23 m 时决策“执行换道”，与三秒规则定义的 3 × 8 = 24 m 的最优超车距离相近，互惠型被超越车辆不会对主车超车换道造成影响，符合实验预期。

图 4 - 24（b）为被超越车辆为利他型时的超车实验轨迹图。从图中可以看出，主车的换道位置约为纵向位置 86 m 处，此时被超越车辆的纵向位置约为 72 m 处，主车超前被超越车辆约 14 m 时决策“执行换道”，三秒规则定义的最优超车距离为 24 m，利他型被超越车辆会拉近最优超车换道位置 3 × 3 = 9 m，因此该情况下的最优换道位置为 15 m，与实验结果相近，符合实验预期。

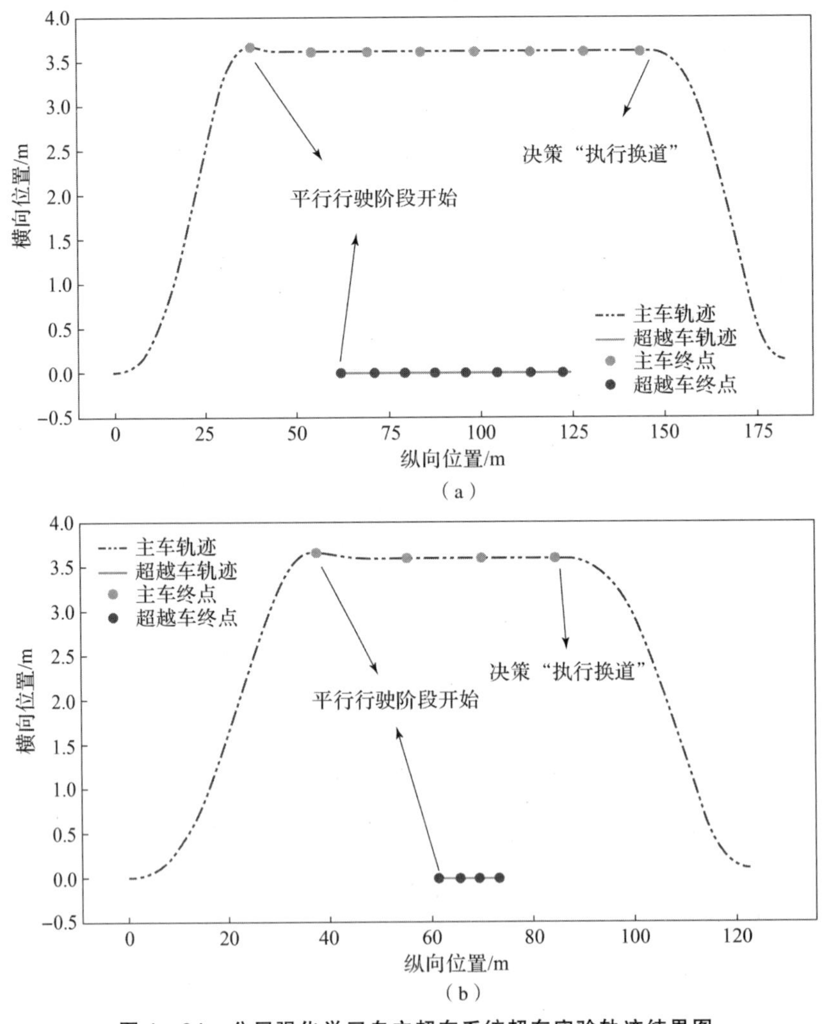

图 4 - 24　分层强化学习自主超车系统超车实验轨迹结果图

（a）被超越车辆为互惠型；（b）被超越车辆为利他型

图4－24（c）为被超越车辆为利己型时的超车实验轨迹图，主车在进入平行行驶阶段后持续决策“放弃超车”。但为了防止被超越车辆只是短暂期间处于利己状态，此处设计，在平行行驶阶段中，当主车持续决策“放弃超车”超过5 s才彻底选择放弃超车。从图中可以看出，主车在持续决策“放弃超车”达到时间要求后选择放弃超车，符合实验预期。

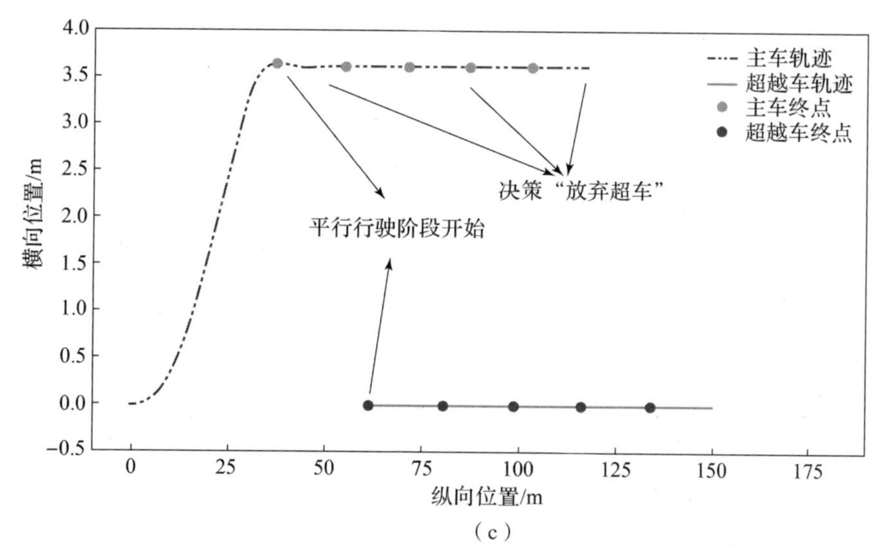

（c）

图4－24　分层强化学习自主超车系统超车实验轨迹结果图（续）

（c）被超越车辆为利己型

通过图4－24的结果可以看出，在互惠型和利他型被超越车辆的超车实验中，整个分层强化学习自主超车系统均能准确地实现换道点决策；而当被超越车辆的社会偏好为利己主义时，主车也能顺利地作出放弃超越前车的决策。这表明本研究所提出的分层强化学习自主超车系统，具有解决自主超车过程中主车与被超越车辆交互问题的能力，应用该框架能够实现安全高效的自主超车，在实际超车场景中具有一定的应用可行性。

在本章所提出的分层强化学习自主超车系统中，在超车起始、终止阶段，基于半马尔可夫决策过程和运动基元的超车决策模块将进行运动基元决策，从而实现车道变更；在超车平行行驶阶段，基于马尔可夫决策过程和社会偏好的超车决策模块将决策是否要返回原始车道以及返回原始车道的位置。该实验使用了从上海汽车工业科技发展基金会产学研项目中采集到的直行道路超车数据，在仿真环境中还原该超车场景，验证了分层强化学习自主超车系统的可行性与有效性。

通过对分层强化学习自主超车系统及各模块进行实验验证与分析，可以得出结论：基于分层强化学习的自主超车系统针对不同的超车阶段生成不同的有效超车策略，可以实现实时、高效、安全的自主超车，这个方法拓展到其他场景同样具有这些优势。此外，该系统结合了传统基于规则的决策系统与端到端的机器学习决策系统的优势，将决策、规划、控制有机整合起来，克服了单层强化学习算法收敛慢、随机性强的缺点。

第5章

基于深度强化学习的决策控制技术

强化学习算法在处理大规模数据问题时效率较低，且难以充分利用已有经验。相比之下，深度学习在面对大规模数据时表现优异，能够通过监督学习充分学习和利用经验。因此将深度学习与强化学习相结合，产生了深度强化学习算法，使其具备了高效处理大规模数据问题的能力。本章将应用深度强化学习中深度Q网络（Deep Q Network，DQN）算法和深度确定性策略梯度（Deep Deterministic Policy Gradient，DDPG）算法，解决超车和交叉路口场景下的决策控制问题。

5.1 基于 DQN 的超车场景决策控制模型构建

在智能车辆换道场景中，深度强化学习实验被选定为研究对象。实验中的关键要素已被明确定义，同时，深度强化学习算法 DQN 被选为实验所采用的方法。

在 4.2 中，使用半基于模型的改进 Q – learning 算法对超车决策模块进行建模。为了避免“维度灾难”，顺应深度学习的发展方向，使用了 DQN 算法对该模块进行了建模。针对相同的问题，使用 DQN 算法替换改进 Q – learning 算法，并对比分析了两种算法的结果。在 2.5.2 中我们已经介绍过了 DQN 算法，下面我们定义强化学习模型的基本要素。

强化学习模型的基本要素包括状态空间、动作空间和奖励函数。本研究中的超车场景与第 4 章相同，因此，DQN 的基本要素与定义与 2.5 相同。

（1）状态空间

$$\boldsymbol{S} = (\boldsymbol{G}_{\mathrm{HV}} \quad \boldsymbol{G}_{\mathrm{OV}} \quad \boldsymbol{V}_{\mathrm{HV}} \quad \boldsymbol{V}_{\mathrm{OV}} \quad \boldsymbol{\varphi}_{\mathrm{OV}}) \tag{5-1}$$

式中，$\boldsymbol{G}$ 为车辆所处的格子位置矩阵；$\boldsymbol{V}$ 表示车辆速度矩阵；$\boldsymbol{\varphi}_{\mathrm{OV}}$ 为被超越车辆的社会偏好矩阵，且 $\boldsymbol{\varphi}_{\mathrm{OV}} \in \{-1,0,1\}$，$-1$、0、1 分别代表社会偏好为利他型、互惠型、利己型。

（2）动作空间

$$A = [\text{"车道保持"},\text{"执行换道"},\text{"放弃超车"}] \tag{5-2}$$

（3）奖励函数

$$R(s,a)=\begin{cases}-1,\textbf{if } A_t=\text{"车道保持"}\\ -K_1\left|g_{\mathrm{HV}}+C_\varphi-g_{\mathrm{OV}}\right|,\textbf{if } A_t=\text{"执行换道"}\\ 20,\textbf{if } A_t=\text{"放弃超车"且 }\varphi_{\mathrm{OV}}=1\\ -1\ 000,\textbf{if } A_t=\text{"放弃超车"且 }\varphi_{\mathrm{OV}}\neq 1\end{cases} \tag{5-3}$$

式中，K_1 为常参数；g_{HV}、g_{OV}分别表示主车和被超车车辆在当前时刻所处格子的位置；C_φ 为期望位置误差，与三秒规则和被超越车辆的社会偏好相关。通过下式计算：

$$C_\varphi=v_{\mathrm{OV}}\cdot T_{\mathrm{r}}/g+K_\varphi\cdot\varphi_{\mathrm{OV}} \tag{5-4}$$

式中，g 表示格子的单位长度；T_{r} 为三秒规则中 3 秒的行驶时间；K_φ 为常参数。

5.2　基于 DQN 的超车决策实验

本节使用 DQN 算法对该模块进行了建模，对比分析了 DQN 和 4.2.2 中改进 Q－learning 两种算法的结果。下面介绍基于 DQN 算法的超车决策模块，并展示其在超车实验场景中的应用以及相关的参数配置情况。超车平行行驶阶段，设置主车和被超越车辆的初始速度分别为 14 m/s 和 8 m/s（假定），每个回合开始时被超越车辆的初始位置超前于主车的第 8 格。DQN 算法参数设置如表 5－1 所示。

表 5－1　DQN 算法参数

折扣率 γ	学习率参数 α	探索率衰减值 K_ε	奖励参数 K_1	奖励参数 K_φ
0.98	0.000 25	0.998 2	5	3

DQN 算法探索率设置为随回合数的增加逐渐递减，递减公式如下所示：

$$\varepsilon_k=(K_\varepsilon)^{k-1}\varepsilon_0 \tag{5-5}$$

式中，k 表示回合数；ε_k 为第 k 回合的探索率；K_ε 为探索率衰减值；ε_0 表示初始探索率，设置为 1。

图 5－1 为 DQN 算法训练结果对比，紫色、黄色、红色曲线分别为利他型、利己型和互惠型被超越车辆下的算法训练结果。经过 4 000 个回合的训练，三组曲线的平均奖励值也能趋近于某一固定值，说明在三种情况下，DQN 算法也都能稳定收敛。并且在三种情况下，其收敛速度几乎一致。

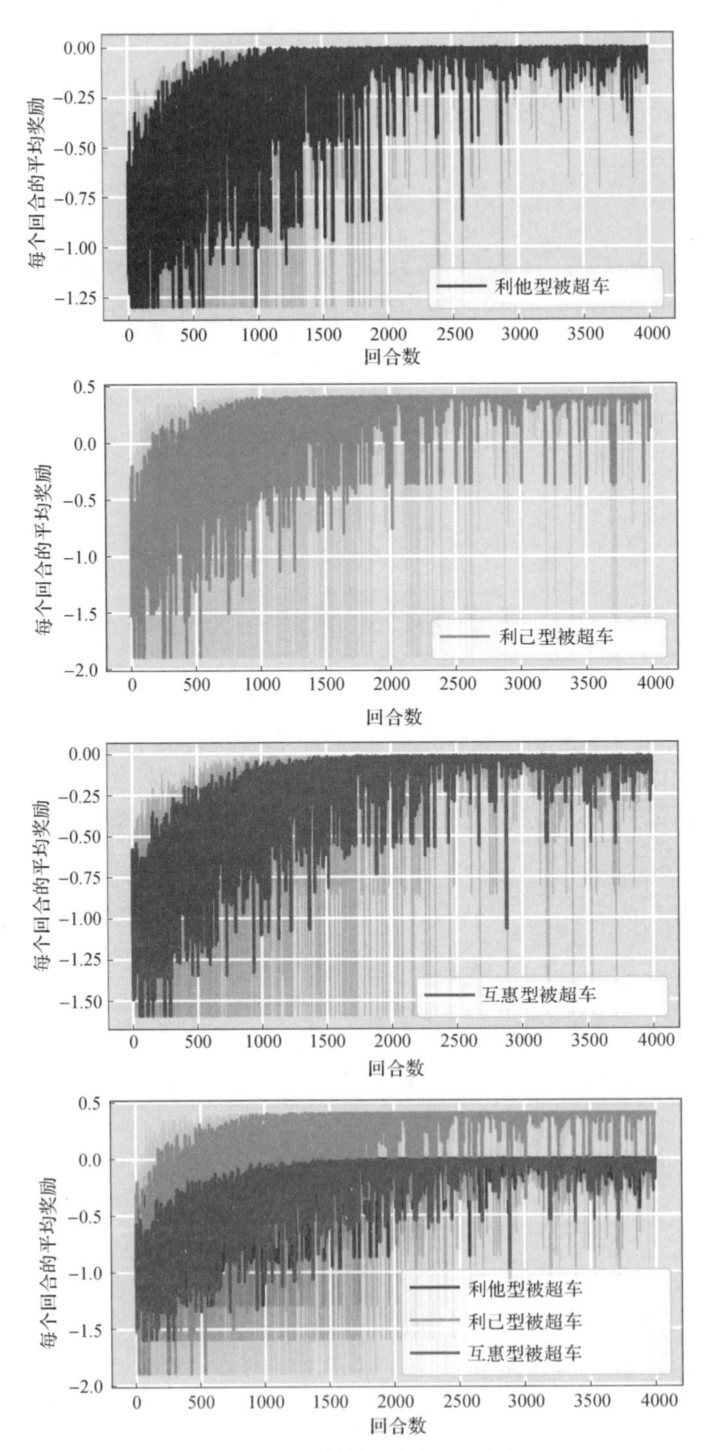

图 5－1　DQN 算法训练结果对比（文末附彩图）

对比基于改进 Q – learning 算法的超车决策模块实验结果和基于 DQN 算法的超车决策模块实验结果，两者奖励函数的设置基本一致，但后者的平均奖励值偏小是因为对奖励值进行了正则化处理，这样做能提高神经网络模型的收敛速度。此外，可以看出，DQN 算法学习速度显著低于改进 Q – learning 算法。在图 4 – 22 中，改进 Q – learning 算法经过 300 个回合的训练已经接近收敛，但在图 5 – 1 中，DQN 算法经过 2 000 个回合才趋近收敛。

DQN 算法的决策结果热力图如图 5 – 2 所示。与改进 Q – learning 算法决策热力结果进行对比，相同点是，当被超越车辆为利他型或互惠型时，高亮部分都具有近似线性的形状，且符合三秒规则定义的最优超车位置；当被超越车辆为利己型时，高亮部分表明两种算法模型都能作出准确的行为决策。不同点是，无论被超越车辆为哪种类型，DQN 算法的决策结果热力图中的高亮范围面积要显著高于改进 Q – learning 算法决策热力图结果，这说明，DQN 算法的决策结果更具有泛化性。推断有两种可能的原因：一是 DQN 算法的训练时间更长，因此训练数据量更大，模型训练更加充分；二是由于 DQN 算法的探索率相对改进 Q – learning 算法的探索率更大，这意味着基于 DQN 算法的模型中训练到的超车场景更多，模型的泛化性更好。

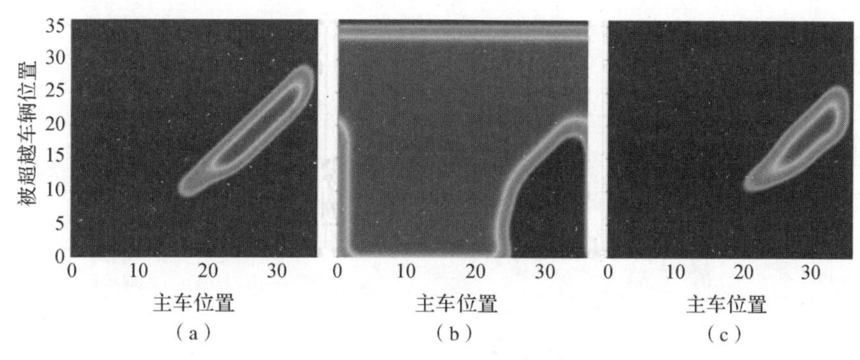

图 5 – 2　DQN 算法决策结果热力图

（a）被超越车辆为利他型；（b）被超越车辆为利己型；（c）被超越车辆为互惠型

5.3　基于 DDPG 交叉路口的纵向决策控制模型构建

5.3.1　DDPG 算法原理

深度确定性策略梯度（Deep Deterministic Policy Gradient，DDPG）算法是

非常流行的强化学习算法[60]，属于 Actor - Critic 算法。在 DDPG 算法提出以前，深度强化学习算法学习到的策略大多被建模为一个随机策略，即在给定状态下，动作的选取是根据动作概率分布而随机抽取的。但对于连续控制问题，动作选择的随机性不利于捕捉智能体在给定状态下的最优动作，且不利于模型训练达到收敛。因此 DDPG 算法引入确定性策略梯度，策略被建模为一个确定性函数，状态直接映射到相应的动作，而非动作的概率分布。

DDPG 算法由四个网络组成，分别是 Actor 的当前网络及其目标网络、Critic 的当前网络及其目标网络。这里 Actor 网络又被称为策略网络，它控制智能体做运动，基于状态 s 做出确定的动作 a。Critic 网络又被称为价值网络，它基于状态 s 输出动作 a 的价值，指导策略网络做出改进。当前策略网络记为 $\mu(s \mid \theta^{\mu})$，目标策略网络记为 $\mu'(s \mid \theta^{\mu'})$，当前价值网络记为 $Q(s, a \mid \theta^{Q})$，目标价值网络记为 $Q'(s,a \mid \theta^{Q'})$。这里 θ^{μ}、$\theta^{\mu'}$、θ^{Q} 和 $\theta^{Q'}$ 都是指代神经网络的参数。在训练过程中，直接被反向传播更新参数的网络是两个当前网络，而两个目标网络的参数是根据软更新法则得到的。

DDPG 算法属于异策略方法。行为策略可以不同于目标策略，行为策略是用来收集样本的策略，而目标策略是待学习的策略。在 t 时刻下，用行为策略控制智能体与环境交互，可以获取一条样本 (S_t, A_t, R_t, S_{t+1})。这样的四元组样本被存入经验回放缓冲区（Replay Buffer）中。在训练过程中，从回放缓冲区中随机采样一小批样本，这些样本可以用于更新网络参数。更新当前策略时使用的样本数据是根据早前的策略采集的，这样既破坏了时间上的相关性，又实现了样本的重复利用，因此提高了训练效率。

下面介绍价值网络的训练过程。训练价值网络的目标是让价值网络的输出更接近于动作的真实价值。在 t 时刻下，从经验回放缓冲区中随机抽取一批样本，记为 (S_j, A_j, R_j, S_{j+1})，$j=1,2,\cdots,N$。这批样本在获取时间上是不连续的，用以更新当前的价值网络。根据目标策略网络，输入状态 S_{j+1}，可以输出一个确定的预测动作 A_{j+1}，即

$$A_{j+1} = \mu'(S_{j+1} \mid \theta^{\mu'}) \tag{5-6}$$

目标价值网络输入状态为 S_{j+1} 和预测动作 A_{j+1}，输出动作 A_{j+1} 的预测价值为 $\hat{Q}_{j+1}$，即

$$\hat{Q}_{j+1} = Q'(S_{j+1}, A_{j+1} \mid \theta^{Q'}) \tag{5-7}$$

训练价值网络要用 TD 学习算法。TD 目标 Y_j 可以表示如下：

$$Y_j = R_j + \gamma \hat{Q}_{j+1} \tag{5-8}$$

这里 γ 是折算因子，取值范围在 0 ~ 1 之间。该因子越大说明智能体更关注长

期的累计奖励。当前价值网络输入状态为 S_j 和动作 A_j，输出动作 A_j 的预测价值 $\hat{Q}_j$ 为

$$\hat{Q}_j = Q(S_j, A_j \mid \theta^Q) \tag{5-9}$$

TD 误差定义为当前价值网络的输出 $\hat{Q}_j$ 与 TD 目标 Y_j 之间的差值，而当前价值网络的训练目标就是让 TD 误差尽可能小。考虑到抽取的样本数量为 N，当前价值网络的损失函数 $L(\theta^Q)$ 定义如下：

$$L(\theta^Q) = \frac{1}{N}\sum_{j=1}^{N}(Y_j - \hat{Q}_j)^2 \tag{5-10}$$

接着进行反向传播优化参数，求 $L(\theta^Q)$ 关于 θ^Q 的梯度，然后使用随机梯度下降法更新当前价值网络的参数 θ^Q。随着训练不断的进行，TD 误差越来越小，当前价值网络对动作的价值评估也越来越精准。

下面介绍策略网络的训练过程。训练策略网络的目标是在当前状态下选择最优的动作，也就是该动作对应的价值尽可能大。当前策略网络参数的更新一般是在当前目标网络参数更新之后进行。因为训练目标就是希望动作价值增大，因此策略网络的损失函数 $L(\theta^\mu)$ 可以定义为动作 A_j 的预测价值 $\hat{Q}_j$ 的相反数。考虑到抽取的样本数量为 N，$L(\theta^\mu)$ 表示如下：

$$L(\theta^\mu) = -\frac{1}{N}\sum_{j=1}^{N}Q(S_j, A_j \mid \theta^\mu) \tag{5-11}$$

接着进行反向传播优化参数，求 $L(\theta^\mu)$ 关于 θ^μ 的梯度，然后使用随机梯度下降法更新当前价值网络的参数 θ^μ。随着训练不断的进行，当前策略网络输出最优的动作，其对应的价值不断增大。

这里总结 DDPG 算法的整体训练过程。在 t 时刻下，当前策略网络根据获取到的状态 S_t 输出一个动作 A_t。因为此时当前策略网络的作用是获取样本并存入经验回放缓冲区中，因此属于行为策略。动作 A_t 可以添加探索噪声 N_t，这有利于降低算法陷入局部收敛的可能性。因此动作表示为

$$A_t = \mu(S_t \mid \theta^\mu) + N_t \tag{5-12}$$

智能体执行该动作并获取奖励 R_t 和下一时刻的状态 S_{t+1}。此时得到了一条四元组样本 (S_t, A_t, R_t, S_{t+1})，将其存入到回放缓冲区中。之后从回放缓冲区中随机抽取一小批样本，数量为 N，然后依次进行当前价值网络和当前策略网络的更新。最后需要对两个目标网络进行软更新，表达式如下：

$$\begin{aligned} \theta^{\mu'} &\leftarrow \tau\theta^\mu + (1-\tau)\theta^{\mu'} \\ \theta^{Q'} &\leftarrow \tau\theta^Q + (1-\tau)\theta^{Q'} \end{aligned} \tag{5-13}$$

这里 τ 为软更新参数，该值一般较小。公式（5 - 13）说明目标网络的参数并

非当前网络参数的直接复制，而是通过软更新法则不断逼近。软更新法则的使用，使得网络参数的更新更加平滑，提升了 DDPG 算法的训练稳定性。DDPG 算法中四个网络间的关系如图 5 – 3 所示。

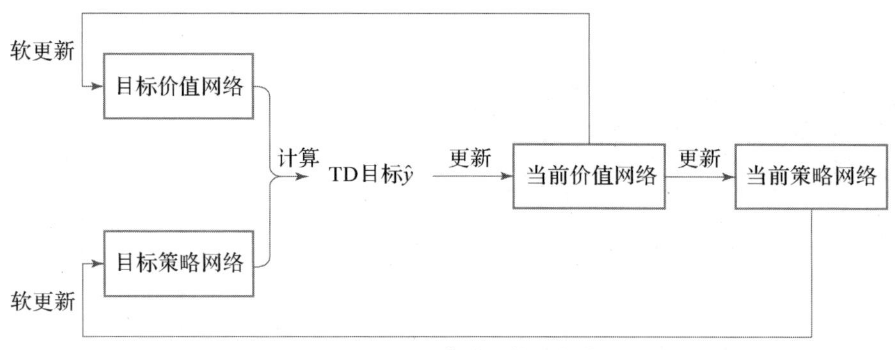

图 5 – 3　DDPG 算法网络更新关系

5.3.2　纵向决策问题建模

本节所研究的决策问题仅考虑纵向而不考虑横向，其控制模块的问题维度较小，并不需要单独将控制单独划分为一个模块。因此，本节所提出的纵向决策运动基元对应于分层式架构的决策、规划、控制三个模块。纵向决策运动基元将原始纵向决策问题分解为若干子任务，然后把每个子任务的决策、规划、控制视为一个整体，并使用纵向决策运动基元建模子任务，利用最优基元选择策略实时判断不同子任务下该采用哪个基元。

智能车辆的决策问题涉及众多要素，包括自车与其他车辆之间的交互、自车与非机动车和行人之间的交互、交通规则、自车当前状态、信号灯状态等，导致问题的复杂度非常高且呈高维性。因此，直接对原始的决策问题进行建模是一项非常复杂且难以解决的任务。

为了使问题建模可行，本节将原始问题拆分成若干个子任务，并针对每个子任务构建对应的纵向决策基元，缩小每个子任务的状态空间和问题维度，使问题更易求解。系统只需考虑在每个时刻选择最佳行为，而不需要在每个时刻都对整个纵向决策问题进行全局优化，从而减小了问题的复杂性。

基于上述任务分解思想，本节利用纵向决策运动基元和最优基元选择策略进行交叉路口纵向决策问题建模，工作流程如图 5 – 4 所示。

纵向决策运动基元的输入为状态和奖励，输出为纵向控制量。运动基元包含三个要素：初始集、终止集、内部策略，每个运动基元负责特定的子任务，若干个运动基元构成基元库，且基元库可自主构建。

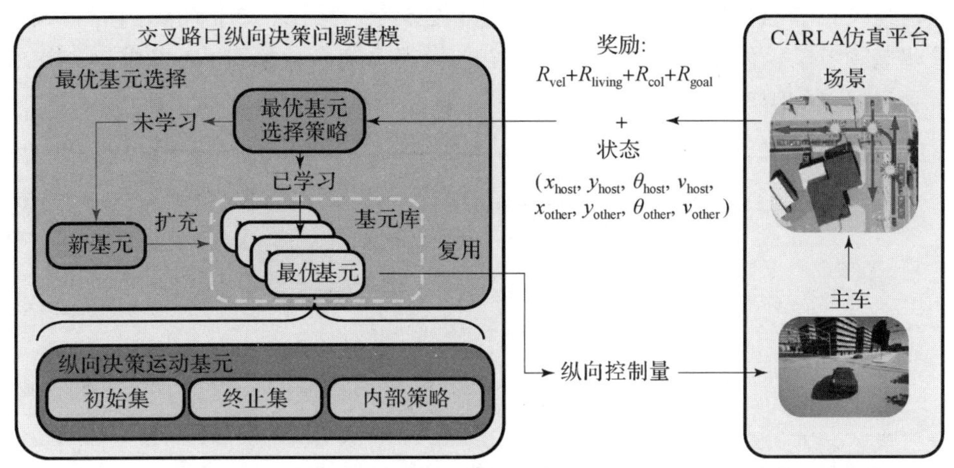

图5-4 利用纵向决策运动基元和最优基元选择进行交叉路口纵向决策问题建模

最优基元选择策略会在所有可用的基元中选取最优者。在某些状态下，可能存在若干可用的运动基元。为了选取最合适者，最优基元选择策略首先将评价每个基元在当前状态下的基元价值，然后选择价值最高者启动。当基元在初始集范围内被启动时，纵向决策系统的控制权将移交给基元的内部策略，不断选择动作与环境交互，直到基元触发终止集或超时，然后将控制权再交还给最优基元选择策略，以选取下一个执行的基元。

模型输入为当前状态，即自车对环境的观测。一方面，状态包含的信息需要足够的丰富，使分层方法能从中判断出自车与他车的交互关系。另一方面，状态定义又要尽量简洁，若包含的信息维度过多，则问题的状态空间也会随之增大，不必要的维度会提高问题的求解难度。

综合考虑信息的丰富性和简洁性后，定义状态为$(x_h, y_h, \theta_h, v_h, x_o, y_o, \theta_o, v_o)$，其中$x_h$、$y_h$、$\theta_h$、$v_h$分别为自车在大地坐标系下的横坐标、纵坐标、航向角和速度，x_o、y_o、θ_o、v_o分别为离自车最近的他车在大地坐标系下的横坐标、纵坐标、航向角和速度。

由于本模型设计的方法面向交叉路口下的纵向决策，且模型集成了决策、规划、控制三个模块的功能，因此方法的输出为纵向控制量$a_{lon}=[a_{throttle}, a_{brake}]$，其中前者为油门踏板行程$a_{throttle}\in[0,1]$，后者为制动踏板行程$a_{brake}\in[0,1]$。横向动作值$a_{lat}=[a_{steering}]$由纯追踪算法计算得到，将横纵向动作值组合得到最终动作值$a=[a_{lon}, a_{lat}]=[a_{throttle}, a_{brake}, a_{steering}]$。下面介绍纯跟踪算法。

纯跟踪路径算法是在阿克曼转向车辆运动学模型基础上推导出来的。以车辆后轴为切点，车辆纵向车身为切线，通过控制前轮偏角δ，使车辆可以沿着一条经过预瞄点(P_x,P_y)的圆弧行驶，如图5－5所示。接下来我们推导如何求解控制量前轮偏角。其中车辆后轮中心代表车辆当前位置，L是车辆当前位置到目标点的距离，即预瞄距离，α为车身和目标路点的夹角。根据正弦定理可以推导出第一个等式（5－14），然后化简，得到曲率k'的计算公式。

$$\frac{L}{\sin(2\alpha)}=\frac{R}{\sin\left(\frac{\pi}{2}-\alpha\right)} \tag{5-14}$$

$$\frac{L}{2\sin\alpha\cos\alpha}=\frac{R}{\cos\alpha} \tag{5-15}$$

$$\frac{L}{\sin\alpha}=2R \tag{5-16}$$

用弧度表示为

$$k'=\frac{1}{R}=\frac{2\sin\alpha}{L} \tag{5-17}$$

前轮旋转角δ的表达式为

$$\delta=\tan^{-1}(k'L) \tag{5-18}$$

因此替代曲率信息，纯追踪路径算法的表达式为

$$\delta=\tan^{-1}\left[\frac{2L\sin(\alpha(t))}{l}\right] \tag{5-19}$$

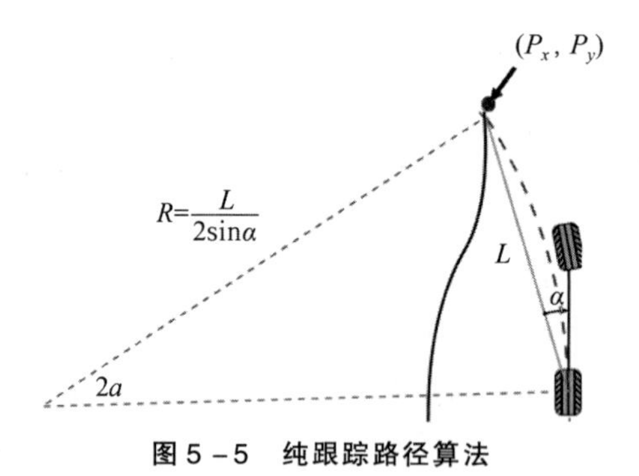

图5－5　纯跟踪路径算法

5.3.3　基元库构建与运动基元自主学习

在连续空间中构建运动基元库的一个重要问题是运动基元执行的连续性。构建运动基元的初衷是能驱动车辆从起点出发并抵达终点。在这一过程中，运动基元的执行应当是不中断的。换句话说，当前一个运动基元执行完成后，需要选择新的基元时应当有不少于一个运动基元可供选择。若存在“空白”，也就是在某些状态s下前一个基元已经终止，但如果后续没有新的可供选择的基元，那么在这种情况下，运动基元执行的连续性被打破，其学习是不充分不合

理的。若不解决此问题，则运动基元无法应用于实际问题。

运动基元库自主构建在离散空间中已有许多探索[61-62]。然而，智能车辆中的行为决策往往是连续的空间问题，与离散空间问题相比有以下两个困难需要解决：

（1）终止集范围。在离散问题中，一般将单个状态作为运动基元的终止点。而在连续问题中，智能车辆可能永远无法遇到同一个状态两次，仅仅是观测中的噪声即可带来很大扰动，因此必须将终止点推广为一个区域。然而，若将终止集定义为某一点的邻域，却并不能确保运动基元能正常触发终止，这是因为邻域太小可能使终止集难以到达，太大则可能包含一些不希望的状态，因此需要动态调整以得到合适的邻域大小。然而，对于智能驾驶决策问题，其状态空间是未知的，无法在未经探索的情况下设定哪些状况可以作为终止集，因而无法事先人为设定邻域的大小，而是需要设计一种方法自主确定邻域范围。

（2）初始集范围。在离散问题中，通常当智能车辆成功执行运动基元的策略时，运动基元会将历史轨迹 h 中的若干状态扩展到初始集。离散问题意味着在离散空间中每一个点都有确定的最优解，因而任意一点都可以作为基元的初始集。然而在连续问题中，并不是每一个初始状态都能导向基元的终止集，因此需要探索问题的状态空间，并基于试错和分析，不断优化局部最优策略以修正运动基元初始集的范围。若通过人工一条一条设计初始集十分困难，因此同样需要设计一种方法自适应学习初始集。

为了解决上述两个问题，本节提出一种从终点向起点逆向构建运动基元链的方法，该方法解决了连续问题下终止集与初始集的自适应学习与更新。

智能车辆决策是连续空间下的复杂高维问题，直接从起点从零开始探索并学习运动基元是很困难的，因为问题的状态空间大、探索难度高，很容易陷入局部最优导致求解失败。然而，若从终点附近向起点回溯并学习运动基元，则可以简化问题，如图 5-6 所示。

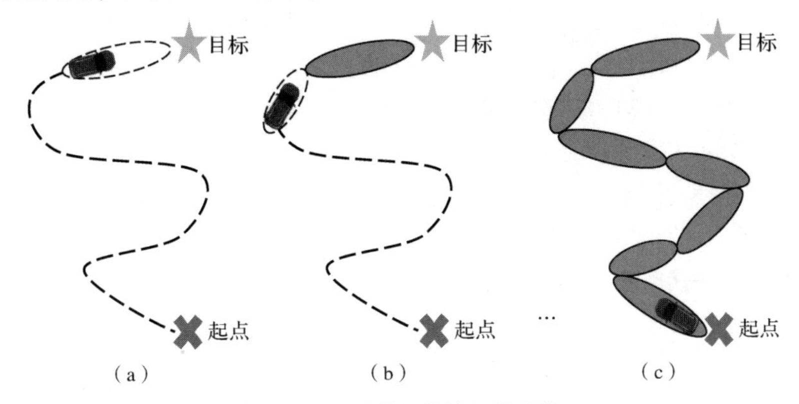

图 5-6　运动基元链的回溯式学习

基于此想法可以推导出算法的第一步：创建一个从终点附近开始的运动基元，确保这一运动基元能稳定将智能车导航至终点，如图5-6（a）所示。当学习完这个运动基元后，如图5-6（b）所示，创建第二个运动基元，它的目标是将智能车导航触发并执行第一个运动基元的状态集合。由此循环往复地学习运动基元，直到起点位于某个运动基元的初始集内，如图5-6（c）所示。

基于这种学习方式，智能车辆一旦成功执行了其中的某一运动基元，它就可以解决原始问题，即从起点导航至终点。更数学化地描述，按照基元学习的顺序编号，第一个学到的靠近终点的基元 o_1 编号为1，依次向起点回溯学习第2，3，4，…，n 个运动基元，最后一个运动基元 o_n 的初始集包含起点时则学习结束。运动基元链的构建就是使运动基元 o_i 的终止集 $\beta_{o_i}(s_t)$ 作为前面（更靠近终点那侧）运动基元 o_{i-1} 的初始集 $\mathcal{I}_{o_{i-1}}(s_t)$ 的子集。

运动基元包含三个组成要素：内部策略、初始集、终止集。针对内部策略，运动基元的输入为连续的状态与奖励，输出为油门踏板和制动踏板行程，即动作值 $a_{\text{lon}}=[a_{\text{throttle}},a_{\text{brake}}]$，前者为油门踏板行程 $a_{\text{throttle}}\in[0,1]$，后者为制动踏板行程 $a_{\text{brake}}\in[0,1]$。因此，需要一种可以在连续的状态空间和连续的动作空间中进行求解的强化学习算法作为运动基元内部策略，此处选用深度确定性策略梯度（Deep Deterministic Policy Gradient，DDPG）算法。

DDPG算法是一种深度强化学习算法，源自深度Q网络（Deep Q Network，DQN）算法的改进和发展，在连续动作控制问题中取得了很好的表现。DDPG是行动器-判别器（Actor-Critic）方法的一种，其中Actor是用于输出策略的神经网络，而Critic是用于评估值函数的神经网络。与DQN算法相比，DDPG算法在原始DQN算法中的一个关键变化是使用了Actor-Critic框架，这种框架更加适合于连续动作控制问题。DDPG算法使用了四个神经网络：Actor网络、Critic网络、Target Actor网络和Target Critic网络。Actor网络的输入是状态向量，输出是动作向量；Critic网络的输入是状态向量和动作向量，输出是值函数；Target Actor和Target Critic网络分别是Actor和Critic网络的目标网络，用于计算目标Q值和目标动作，这些目标值与当前网络预测值的误差用于计算损失。DDPG算法的更新是基于梯度下降法，其中Actor和Critic网络的损失都是基于Q值误差计算的。假设Actor网络和Critic网络的参数分别为 ϕ 和 θ，目标Actor网络和目标Critic网络的参数分别为 ϕ' 和 θ'，若智能车观测到当前状态为 s，则智能车的策略为 $\pi(s\mid\phi)$。对于非终止状态，目标Q值的估计式为

$$y=r+\gamma Q(s',\pi(s'\mid\phi')\mid\theta') \tag{5-20}$$

式中，$\pi(s'\mid\phi')$ 为目标Actor网络在状态 s' 下的策略；$Q(s',\pi(s'\mid\phi')\mid\theta')$ 为

在状态 s' 下，目标 Critic 网络对策略 $\pi(s' \mid \phi')$ 的动作价值估计。用于更新 Critic 网络的损失函数 L' 为

$$L' = \frac{1}{N}\sum_{i}(y_i - Q(s_i, a_i \mid \theta))^2 \tag{5-21}$$

其中，N 为一次更新的样本数。Actor 网络的损失函数为

$$\nabla_{\theta\phi} J = \frac{1}{N}\sum_{i} \nabla_a Q(s, a \mid \theta) \mid_{s=s_i, a=\pi(s_i \mid \phi')} \nabla_{\theta\phi} \pi(s \mid \phi) \mid_{s_i} \tag{5-22}$$

基于式（5-21）利用随机梯度下降法（Stochastic Gradient Descent，SGD）更新 Critic 网络参数，基于式（5-22）利用策略梯度法（Policy Gradient，PG）更新 Actor 网络参数。目标 Critic 网络和目标 Actor 网络则使用软更新策略与主网络同步。

通过更新 Actor 和 Critic 网络即可实现运动基元内部策略的自适应学习与更新，运动基元内部策略神经网络结构如图 5-7 所示。运动基元基于 MDP，每

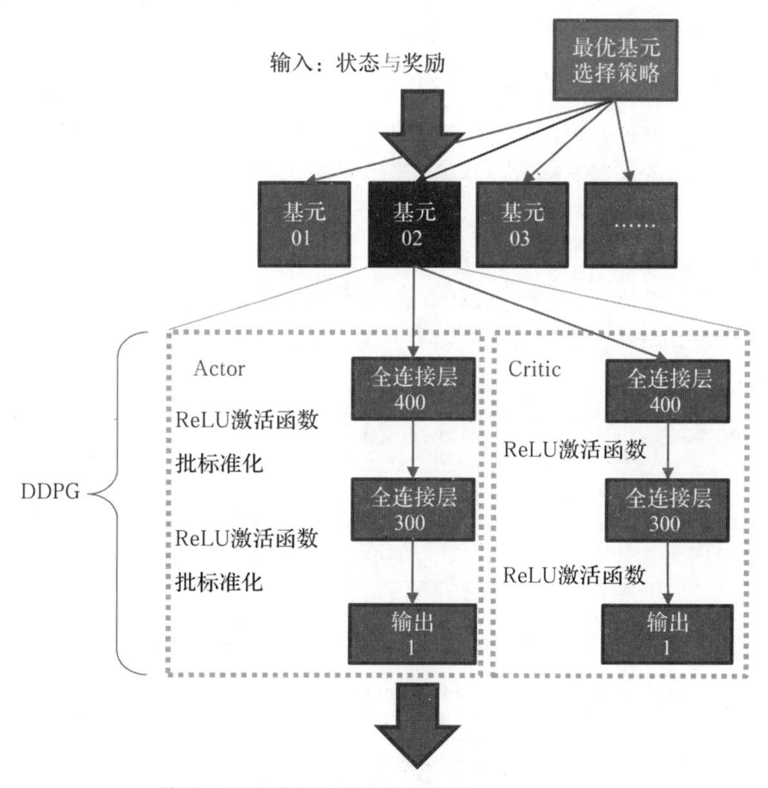

图 5-7　运动基元内部策略神经网络结构

个基元内部各有一个 DDPG 网络控制内部策略。DDPG 网络根据输入的状态 s 与奖励 r，输出油门踏板与制动踏板的行程，即纵向控制量 $a_{\text{long}}=[a_{\text{throttle}},a_{\text{brake}}]$，其中 $a_{\text{throttle}},a_{\text{brake}}\in[0,1]$，横向控制量将由纯追踪算法计算。DDPG 网络的 Actor 和 Critic 网络各有两个隐含层和一个输出层，每个隐含层之后都有 ReLU 激活函数以引入非线性因素。Actor 同时在每个隐含层后额外再进行批标准化（Batch Normalization），将分布规范化为标准化分布，从而使梯度变大，以加快学习收敛速度，避免梯度消失的问题。

5.3.4 基于基元库的最优基元选择

在交叉路口下，需要实时评估基元价值并选择最优基元执行。因此，首先借助分层强化学习这一工具构建运动基元的价值评估方法，即在半马尔可夫决策过程下进行定义。

为了评估基元价值并实现基元的创建和复用，此处定义高层级的最优基元选择策略 μ。基元评估策略 μ 基于 SMDP 设计，负责评估在当前状态下每个运动基元的价值，而不直接参与自车的决策与控制。完成最优基元的选择后，系统控制权移交给基元的内部策略 π，即基于 MDP 设计的 DDPG 神经网络，负责观测环境并直接与环境发生交互，作出决策并输出在每一时刻采取的纵向动作值 $a_{\text{lon}}=[a_{\text{throttle}},a_{\text{brake}}]$。具体流程如下：

（1）在状态 S_t 时，最优基元选择策略 μ 决定在所有可行运动基元中该选取哪个运动基元。给定一组运动基元，它的初始集隐式定义了在状态 $S_t\in S$ 可用的运动基元集合 O_s，并令 O 表示 O_s 在所有 $S_t\in S$ 的并集，即所有可用运动基元集合。当在状态 S_t 初始化时，最优基元选择策略 $\mu:S\times O\rightarrow[0,1]$，根据概率分布 $\mu(S_t,\cdot)$ 评估每一个运动基元价值，并选择价值最高者作为最优基元 $o\in O_{S_t}$。

（2）最优基元选择策略 μ 将系统控制权移交给最优基元 o，即在 S_t 时刻执行运动基元 o 并按照基元内部策略不断输出纵向控制量与环境交互，直到 o 在 S_{t+k} 时刻终止。

（3）最优基元 o 将系统控制权交还给最优基元选择策略 μ，并根据 $\mu(S_{t+k},\cdot)$ 选择新的运动基元，如此循环往复。

此处利用 SMDP 中的运动基元价值函数作为基元价值评价指标。将最优基元选择策略 μ 与基元内部策略按最小、不可再细分的状态层级展开，可以得到其原子级、直接在动作层执行的半马尔可夫扁平策略（Flat Policy），定义为 $\pi=\text{flat}(\mu)$。

现在推导运动基元的价值评价指标，即运动基元的价值函数和动作价值函数。此二者是强化学习中的重要概念，策略将直接基于它们设计。定义半马尔可夫扁平策略 π 下状态 $S\in\boldsymbol{S}$ 的价值为预期回报（Expected Return），假设 π 在 s 初始化并启动：

$$V^{\pi}(s)\overset{\text{def}}{=}E\{R_{t+1}+\gamma R_{t+2}+\gamma^{2}R_{t+3}+\cdots\mid\varepsilon(\pi,s,t)\}\tag{5-23}$$

其中，$\varepsilon(\pi,s,t)$ 表示在时刻 t 处状态 s 下初始化的事件 π。在最优基元选择策略 μ 下，状态的价值可以被定义为在相应扁平策略下的价值：$V^{\mu}(s)\overset{\text{def}}{=}V^{\text{flat}(\mu)}(s)$。动作价值函数可以推广为运动基元价值函数，令其为 $Q^{\mu}(s,o)$，考虑最优基元选择策略 μ，在状态 $S\in\mathcal{I}$ 下执行运动基元 o 的运动基元价值为

$$Q^{\mu}(s,o)\overset{\text{def}}{=}E\{R_{t+1}+\gamma R_{t+2}+\gamma^{2}R_{t+3}+\cdots\mid\varepsilon(o\mu,s,t)\}\tag{5-24}$$

其中，$o\mu$ 为 o 和 μ 的复合，表示半马尔可夫策略首先执行 o，等到 o 结束后 μ 再根据结束状态选择新的运动基元。对于半马尔可夫运动基元，此处再定义 $\varepsilon(o,h,t)$，即运动基元 o 从状态 h 下持续而来的事件，事件的时间为 t。h 是到 S_t 为止的历史状态。换句话说，在这段历史状态里 a_t 仅受 $o(h,\cdot)$ 影响，并且运动基元 o 将在 $t+1$ 时刻以概率 $\beta(hA_tR_{t+1}S_{t+1},\cdot)$ 终止。如果 o 没有终止，那么在下一时刻 $t+1$ 将根据运动基元内部策略 $o(hA_tR_{t+1}S_{t+1},\cdot)$ 选择新的动作 A_{t+1}，如此循环往复。基于 $\varepsilon(o,h,t)$，式（5－24）定义的 s 将不再是一个状态，而是包含所有历史状态的 h。

由此便得到了基元价值的评价指标，可以基于运动基元价值 $Q^{\mu}(s,o)$ 对基元价值进行评估。若在同一时刻有若干可选基元，那么我们认为运动基元价值越高的基元在事件 $\varepsilon(o\mu,s,t)$ 下越合适，即最优基元。

最优基元选择策略的输入为连续的状态和奖励，输出为离散的基元决策，因此，需要一种能在连续空间下进行离散动作控制的强化学习算法求解最优基元选择策略，此处选用双重深度 Q 网络（Double Deep Q－Network，DDQN）算法。

最优基元选择策略的神经网络结构如图 5－8 所示。基于选项方法，最优基元选择策略在 SMDP 过程上评估每个基元的价值，并选取价值最高者作为最优基元。使用 DDQN 神经网络拟合运动基元价值函数，输入为状态 s 与奖励 r，输出结果为动作价值最高的基元，并启动该基元的执行。DDQN 神经网络中共有 2 个隐含层以及 1 个输出层，每个隐含层之后使用 ReLU 作为激活函数以引入非线性因素，提升神经网络面对非线性问题的拟合能力。DDQN 输出层的维度 n 与基元库中基元数量保持一致，当新的基元建立并入库时，最优基元选择策略会为输出层添加一个节点，使其维度变为 $n+1$。

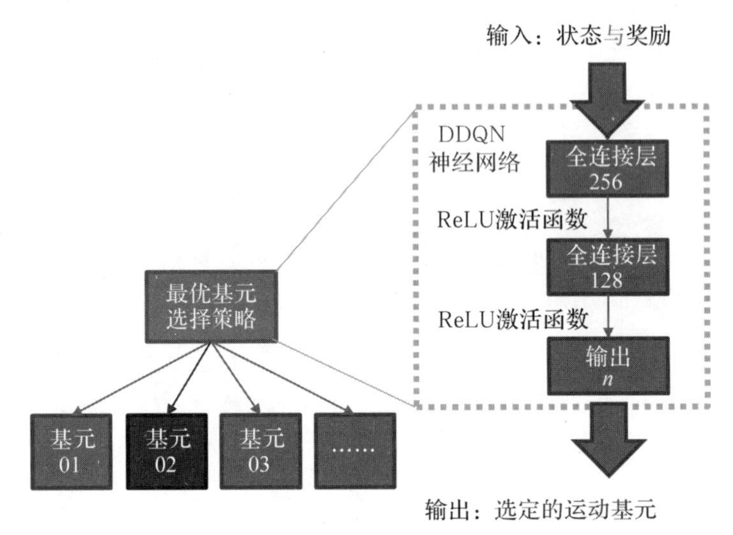

图 5-8 最优基元选择策略的神经网络结构

DDQN 与 DQN 类似，具有相似的两个 Q 网络的结构。在 2015 年 Nature DQN 的基础上，通过解耦目标 Q 值动作的选择和目标 Q 值的计算这两步，来消除过度估计的问题。对于非终止状态，DQN 的目标 Q 值 y 计算式为

$$y = r + \gamma \max_{a'} Q(s', a' \mid \phi^{-}) \tag{5-25}$$

在 DDQN 中，不再是直接在目标 Q 网络里面找各个动作中最大的 Q 值，而是先在当前 Q 网络中找出最大 Q 值对应的动作，即

$$a_{\max} = \arg\max_{a'} Q(s', a' \mid \phi) \tag{5-26}$$

然后利用选择出的最大 Q 值动作 $a_{\max}$ 在目标网络里计算 Q 值，即

$$y = r + \gamma Q(s', a_{\max} \mid \phi^{-}) \tag{5-27}$$

合并式（5-26）和式（5-27）得到

$$y = r + \gamma Q(s', \arg\max_{a'} Q(s', a' \mid \phi) \mid \phi^{-}) \tag{5-28}$$

除了目标 Q 值的计算方式有所不同，DDQN 算法与 DQN 的流程基本相同。至此，即实现了最优基元选择策略的自适应学习。

针对智能驾驶纵向决策系统，驾驶过程的安全性是首要指标，其次还要考虑平顺性、任务完成率与通行效率。针对这四个指标，综合设计的奖励函数包含四个部分：碰撞奖励 R_{col}、速度奖励 R_{vel}、目标完成奖励 R_{goal}、生存奖励 R_{living}，如式（5-29）~式（5-33）所示。针对安全性，当自车与他车或其他障碍物碰撞时，R_{col} 将给予一个较大的惩罚，在此处设置为 -100 的惩罚值，

以避免自车与他车碰撞；针对平顺性，当自车速度保持在目标速度 $v_{goal}=5\ \mathrm{m/s}$ 附近时，R_{vel}将给予最大的速度奖励。若速度小于 v_{goal}则奖励逐渐减少，若速度大于 v_{goal}则奖励同样逐渐减少，且当车辆超速大于 v_{max}时将给予负奖励。针对任务完成率，当自车抵达终点时，R_{goal}将给予大小为10的正奖励；针对通行效率，自车每在场景中存活一个时间步，R_{living}将给予一个较小的负奖励以鼓励自车尽快通过少做停留。

$$R=R_{col}+R_{vel}+R_{goal}+R_{living} \tag{5-29}$$

$$R_{col}=-100,\mathbf{if}\ 碰撞 \tag{5-30}$$

$$R_{vel}=\begin{cases}K_v v,\mathbf{if}\ v\leqslant v_{goal}\\ K_v(v_{max}-v),\mathbf{if}\ v>v_{goal}\end{cases} \tag{5-31}$$

$$R_{goal}=10 \tag{5-32}$$

$$R_{living}=K_l \tag{5-33}$$

其中，K_v、K_l 为常数，$K_v=0.25$，$K_l=-0.5$，$v_{goal}=5\ \mathrm{m/s}$，$v_{max}=10\ \mathrm{m/s}$。

5.4 交叉路口场景下的纵向决策控制仿真实验

5.4.1 交叉路口场景简述

为了测试本研究所提出的算法，需要设计一个交互、不确定和复杂的场景。为了满足这些要求，此处设计了一个交叉路口场景，如图5-9所示。主车以红色表示，其他车辆以蓝色表示。红色箭头为主车的预期行驶轨迹，蓝色箭头为他车的预期行驶轨迹。在这个场景中共有三个子场景。

（1）他车变道场景。当自车驶入交叉路口时，位于旁车道的他车有50%的概率选择变道，或50%的概率放弃变道。若他车选择变道，则将在5个随机初始点中选择一个，并随机在1~3 m/s（即3.6~10.8 km/h）之间选择车速开始变道，并与自车发生交互。

（2）无保护左转场景，即自车左转时遭遇对向直行车辆场景。当自车通过交叉路口时，对向直行他车有50%的概率选择直行，或50%的概率刹车等待。若他车选择直行，则将随机在4~6 m/s（即14.4~21.6 km/h）之间选择车速直行，并与自车发生交互。

（3）他车掉头场景。当自车驶出交叉路口时，位于对向车道的他车有50%的概率选择掉头，或50%的概率放弃掉头。若他车选择掉头，则将在5

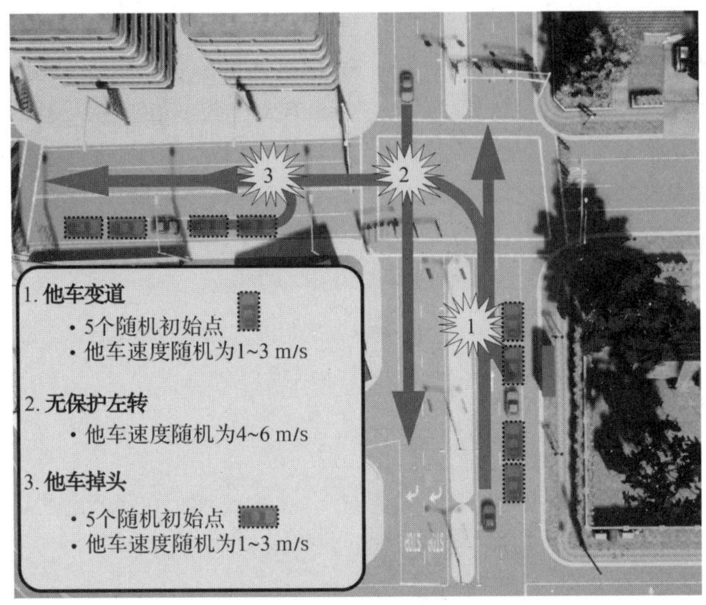

图 5－9 仿真实验场景示意图（文末附彩图）

个随机初始点中选择一个，并随机在 1～3 m/s（即 3.6～10.8 km/h）之间选择车速开始掉头，并与自车发生交互。

5.4.2 离线学习与测试

实验将分为离线学习和测试两个阶段，如图 5－10 所示。由于场景复杂包含多个子任务，我们为每个子任务安排 400 个回合的离线训练。算法首先将在没有他车的空白场景下学习 400 回合，实现目标车速为 5 m/s 的基本纵向决策与控制。其次在第 401～800 回合离线学习他车变道子任务，在第 801～1 200 回合离线学习无保护左转子任务，在第 1 201～1 600 回合离线学习他车掉头子任务。在三个子任务中，他车的出发点、车速以及是否启动交互场景都是随机的，与最终的测试场景相同。此外，所有的对比方法将会经历与本章节方法相同的离线学习过程，以确保公平性。

完成离线学习后，将进入长度为 1 000 回合的测试阶段，也就是第 1 601～2 600 回合。测试阶段将包含所有的子任务，三个子任务中他车的出发点、车速以及是否启动交互场景都是随机的。在测试阶段的最后 200 个回合后，算法基本收敛，将收集章节方法和对比方法对各子任务的完成率与到达终点的成功率。

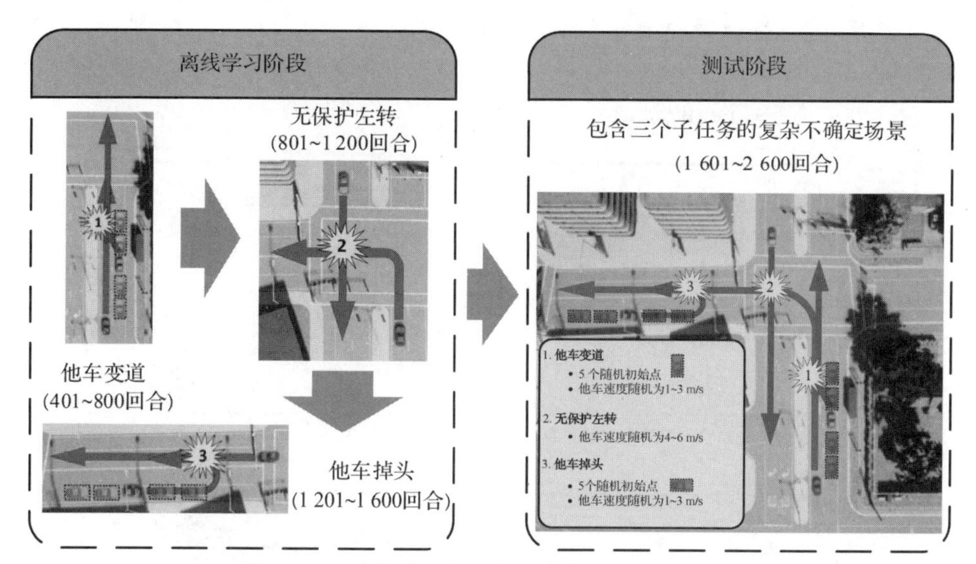

图 5-10　离线学习与测试示意图（文末附彩图）

5.4.3　对比实验结果与分析

为了评估本章提出的基于自适应纵向决策运动基元的方法的性能优劣，本节选取一些方法进行对比分析。本节选择了以下两种经典的强化学习方法作为对比实验。

（1）不分层的方法。DDPG 是一种性能稳定的经典强化学习方法，它是一种基于深度神经网络的策略梯度方法，可以用于连续动作控制问题。此处将用一个与其他基元具有相同超参数的 DDPG 算法进行对比实验，以评估本章提出的分层方法在性能上是否优于不分层的方法。

（2）基于表格的方法。基于表格的方法是强化学习领域的另一种经典方法，它将状态－动作对映射到 Q 值。在本节中，我们选择 Q 学习作为基于表格的方法进行对比实验。

在对比实验中，所有方法将经历相同的学习和测试过程以确保公正性。

5.4.3.1　子任务离线学习阶段

如图 5－11 所示为所有子任务离线学习阶段的平均回报曲线。所有曲线为 3 次实验结果的平均值，并使用了权重为 0.95 的指数移动平均值（Exponential Moving Average，EMA）进行平滑。纵坐标为平均回报（Average Return），即智能车在一个回合中平均获得的累计奖励值，该值越大则算法表现越好。横坐标为回合数，每一个回合当自车抵达终点时记为结束，最大达到 1 000 个时间步时记为超时强制结束。在第一个子任务中，道路上没有他车，自车将学习控制车速在 5 m/s 下的匀速行驶，其他三个子任务见 5. 4. 2 所述。每个子任务长度为 400 回合，总计 1 600 回合。

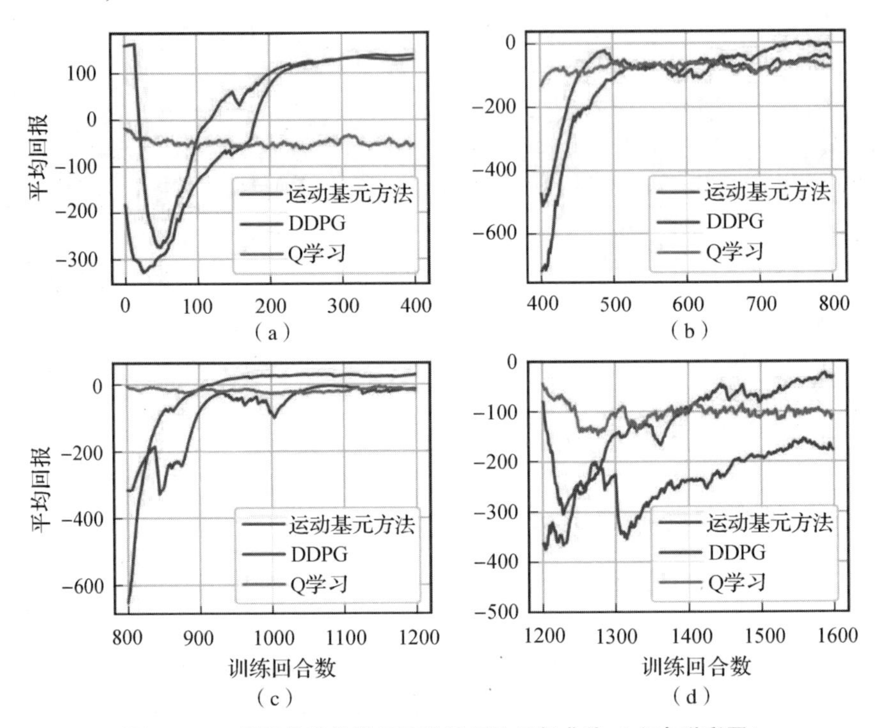

图 5 – 11　子任务离线学习阶段的平均回报曲线（文末附彩图）

在所有四个子任务中，基于自适应纵向决策运动基元的方法取得的平均回报都是最高的，这是由于每个基元专注于自身子任务，减小了问题的状态空间大小，使得内部策略更快收敛。DDPG 在大多数场景下与基于自适应纵向决策运动基元的方法表现相似，除了他车掉头子任务。这可能是因为他车掉头子任务是四个子任务中最复杂的，且与之前的任务具备较大的差异性。DDPG 经历了前三个子任务的离线训练后，已有的知识对他车掉头子任务产生了干扰，同时神经网络拟合能力不足导致其不能快速响应。Q 学习的平均回报曲线在四个子任务中始终保持在同一水平，这是因为 Q 学习没有进行有效的学习，其动作近似于随机游走，在实际场景中以 2 m/s 左右的低速蠕行，因而其平均回报曲线并没有参考价值。

5. 4. 3. 2　测试阶段

完成离线学习后，三种对比方法在如 5. 4. 1 所述的场景中进行测试，场景包含他车变道、无保护左转、他车掉头三个子任务，他车的速度、初始位置、是否与主车发生交互都是随机的。测试结果如图 5 - 12 所示，总共持续 1 000 回合（1 601 ~ 2 600 回合），所有曲线为 3 次实验结果的平均值，并使用了权重为 0.95 的指数移动值平均进行平滑，每个回合包含最多 1 000 个时间步。

实验结果显示，基于自适应纵向决策运动基元的方法表现最好。当场景从离线学习切换到测试阶段时，它能复用离线学习阶段学到的知识而不必重新学习。因此相比 DDPG，运动基元方法在测试初期（1 600 回合）有更好的表现，而 DDPG 由于无记忆性，即使面对之前学习过的场景也需要花费 500 回合，等到第 2 100 回合左右才能达到运动基元方法的初始水平。Q 学习则与离线学习阶段相似，没有进行有效的学习。

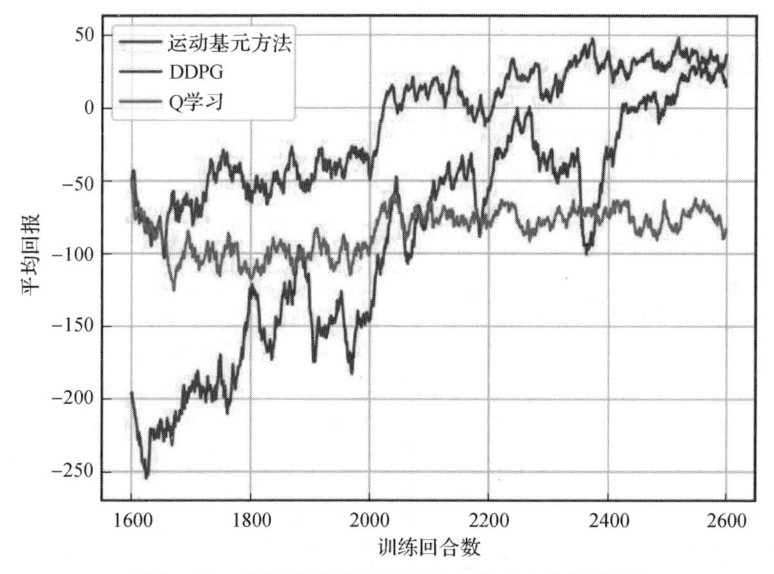

图 5 - 12　测试阶段的平均回报曲线（文末附彩图）

当测试阶段进行到后期时，各算法趋于稳定。收集运动基元方法、DDPG、Q 学习最后 200 回合（即 2 401 ~ 2 600 回合）对每个子任务的成功率，如表 5 - 2 所示。在这个阶段，各算法均经历了充分的训练和学习，性能已趋于稳定。在所有的子任务中，运动基元方法都具有最高的成功率。

表 5 - 2　各方法在测试阶段中对每个子任务的完成率

子任务	运动基元方法	DDPG	Q 学习
他车变道	71%	50%	58%
无保护左转	68%	49%	55%

续表

子任务	运动基元方法	DDPG	Q 学习
他车掉头	40%	28%	27%
终点	40%	28%	27%

如图 5－13 所示，图 5－13（a）为自车在大地坐标系下的速度曲线，图 5－13（b）为自车在大地坐标系下的航向角曲线，图 5－13（c）为自车在大地坐标系下的时空轨迹曲线。请注意 Q 学习的完成率数据是无效的，因为 Q 学习无法处理该复杂场景，仅仅是任意选择动作值，它的车速始终处于较低水平并且波动严重，如图 5－13（a）所示。这一“懒惰”策略使 Q 学习侥幸避免了碰撞，但它完成场景的时间是运动基元方法和 DDPG 的 2.5 倍左右，且对他车的交互行为无响应，并不具备实际价值。

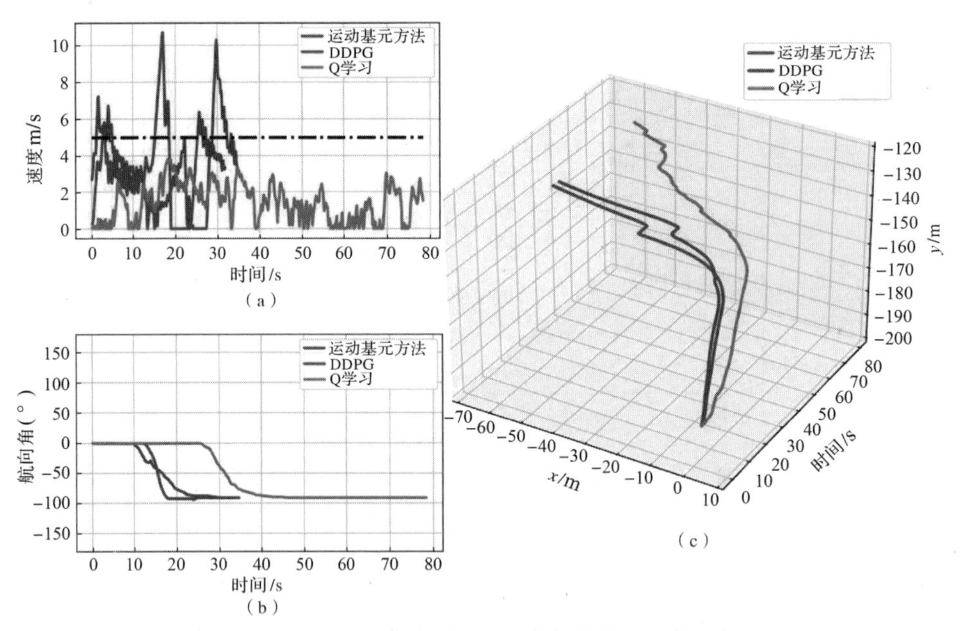

图 5－13 测试阶段自车的运动学参数曲线（文末附彩图）

（a）速度－时间曲线；（b）航向角－时间曲线；（c）测试阶段时空轨迹

如图 5－13 所示，第一个他车换道子任务位于第 0～10 秒之间，运动基元方法与 DDPG 表现相似，均选择跟车并较好地完成了任务。第二个无保护左转子任务位于第 11～20 秒之间，运动基元方法选择在保证安全的前提下加速通过路口，而 DDPG 则选择减速，待对向直行车辆通过之后再通行。第三个他车掉头子任务位于第 21～40 秒之间，运动基元方法相比 DDPG 与他车交互的时间更短，决策更果断，且速度曲线更平滑，如图 5-13（a）和（c）所示。Q 学习在三个子任务中均保持低速蠕行。

5.5　交叉路口场景下的纵向决策控制实车实验

5.5.1　交叉路口下实车数据采集与处理

数据采集平台与第四章相同，是基于北京理工大学汽车研究所与比亚迪股份有限公司于 2019 年 1 月合作开发的比亚迪唐智能驾驶平台。

本章研究关注城市环境下的交叉路口场景，具体包括苏州街路口、海淀黄庄路口、皂君庙路口和中央民族大学西路路口。所选的有信号灯的十字交叉路口交通流量大、在数据采集路线上无转向专用车道及导流岛；主路车道数量大，他车变道、掉头、超车等交互行为发生频繁。

（1）苏州街路口：南北双向八车道，东西双向八车道，毗邻苏州街地铁站、北京市海淀医院、人大附中。

（2）海淀黄庄路口：南北双向十车道，东西双向八车道。毗邻北京市海淀医院、人大附中、中国人民大学、海淀剧院，平均日总车流量为 986 辆/5 分钟。

（3）皂君庙路口：南北双向十车道，东西双向八车道，毗邻中央财经大学、铁科院、北京交通大学。

（4）中央民族大学西路路口：所选的有信号灯的丁字路口则为中央民族大学西路路口，包含南北双行车道、东西双向四车道。该路口人流量大，毗邻西三环，处于北京理工大学、北京外国语大学交界处，公交线路包含 563、运通 103；无转向专用车道、导流岛和中间带。洛巴诺夫交叉口危险度 7.53，属于稍有危险。

完成提取后，基于有标签的二维图像筛选质量较好的实车轨迹数据，包含了他车右转、他车直行、他车变道等场景，部分数据如图 5-14 所示。对数据不平滑的部分使用多项式曲线进行拟合，即得到可用于算法测试的实车轨迹数据。

5.5.2　实车数据驱动的交叉路口实验场景

实验场景设计思路与 5.4.1 中所述仿真交叉路口场景保持一致，如图 5-15 所示。仿真场景以验证算法可行性为主，因此场景小、路程短，为了

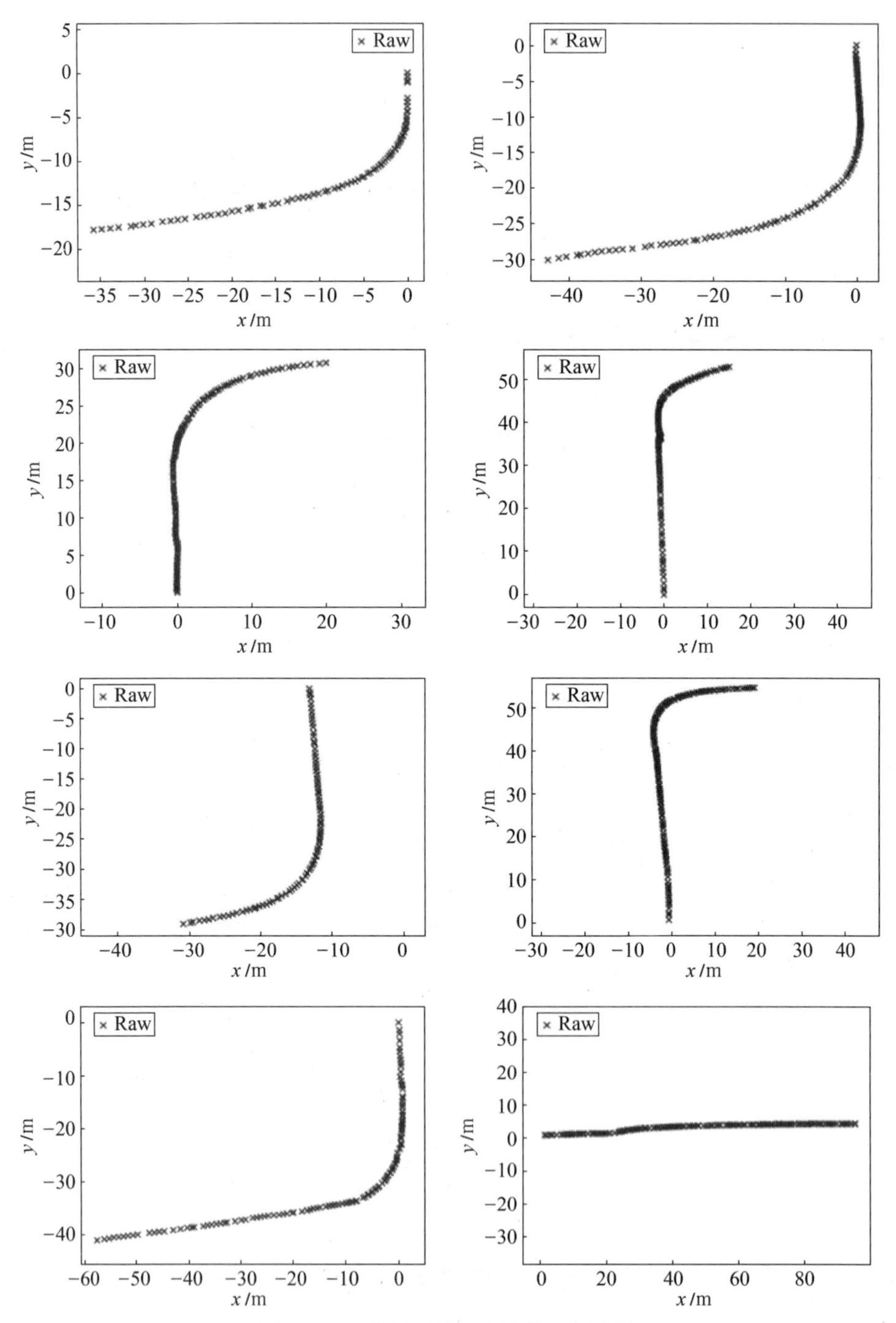

图 5－14　部分可用于实验的实车数据

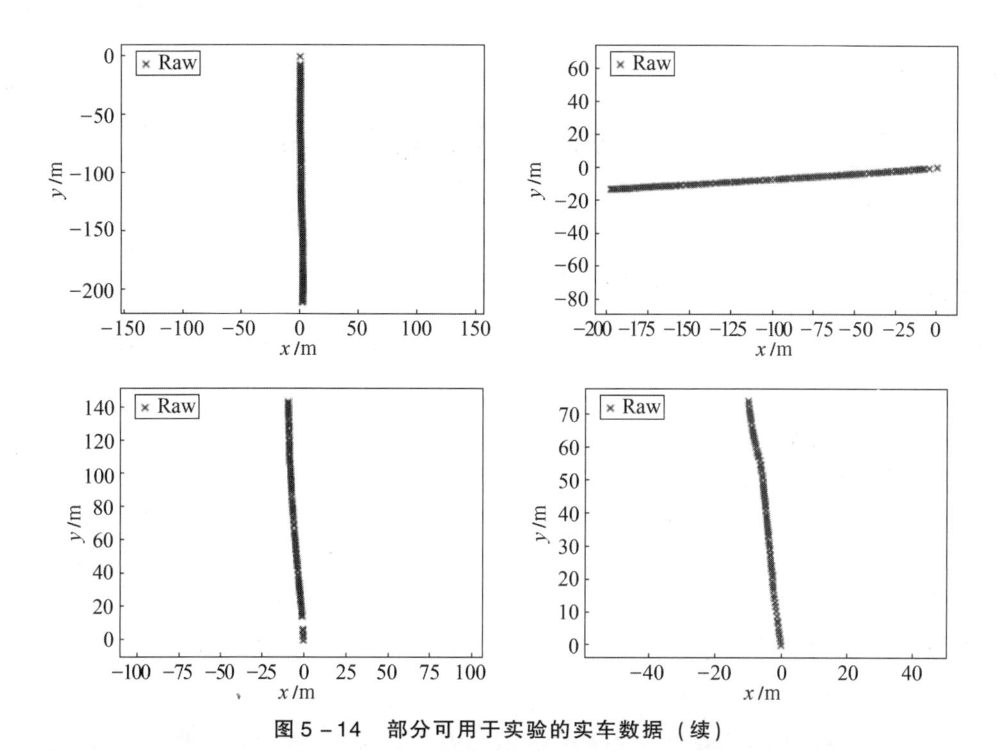

图 5－14　部分可用于实验的实车数据（续）

图 5－15　实车数据驱动的交叉路口实验场景示意图

加快训练速度损失了部分真实性。例如，在仿真实验中压缩了他车变道的长度，仅为现实世界的 1/4；降低了他车的速度，在他车变道和他车掉头两个子任务中，他车的速度仅为 1 ~ 3 m/s，低于真实场景的平均速度。为了解决上述问题，在实车数据驱动的交叉路口实验场景中完全还原了现实场景中的他车变道、无保护左转、他车右转三个子任务。

5.6 对比实验结果与分析

5.6.1 子任务离线学习任务

离线学习总共包含四个子任务：基本学习、他车变道、无保护左转、他车右转。

（1）基本学习子任务

在基本学习子任务中，算法将学习按目标速度 $v_{goal}=6\ m/s(21.6\ km/h)$ 匀速行驶。道路上没有其他障碍物，算法仅需专注于驾驶。他车变道基元、无保护左转基元、他车右转基元、DDPG 以及 Q 学习将经历相同的训练过程。

如图 5－16 所示为基本学习时各运动基元价值曲线，深色曲线为三次训练结果的平均值，浅色区域为 95% 的置信区间。他车换道基元与他车右转基元价值平稳上升，而无保护左转基元在 0～100 回合之间有短暂下降，这是由于无保护左转基元需要考虑转向，学习难度相比其他两个基元更高。在 400 个回合训练后，三个基元均较好地学习了以目标速度匀速行驶。

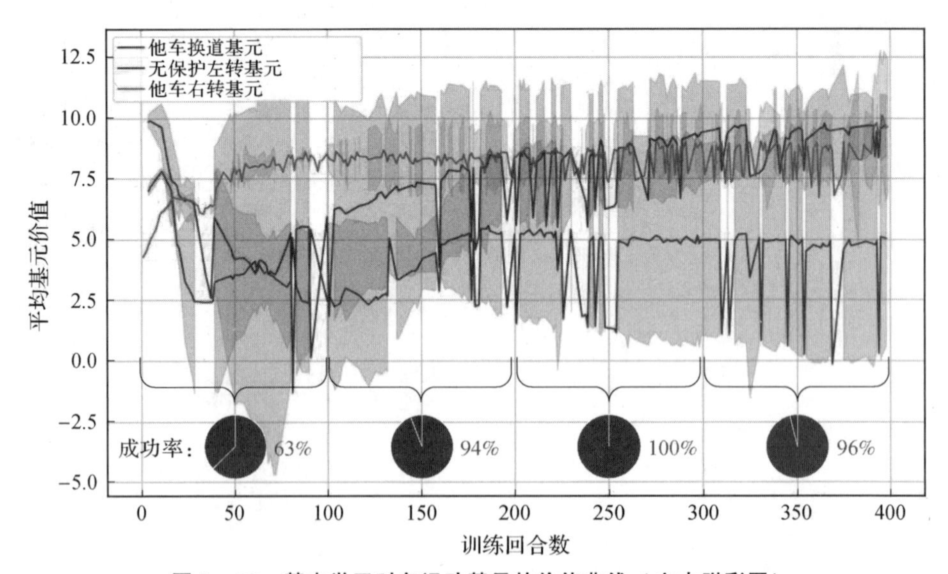

图 5－16　基本学习时各运动基元的价值曲线（文末附彩图）

基本学习时各方法累计回报曲线及抵达终点的成功率如图 5 - 17 和表 5 - 3 所示，在 0 ~ 300 回合训练成功率平稳提升并达到了 100% 的成功率。在第 301 ~ 400 回合，三种基元均尝试以更精准的策略控制车辆，但由于训练不充分完成效果不好，使成功率回落到 96% 。总体的成功率则为 86% 。

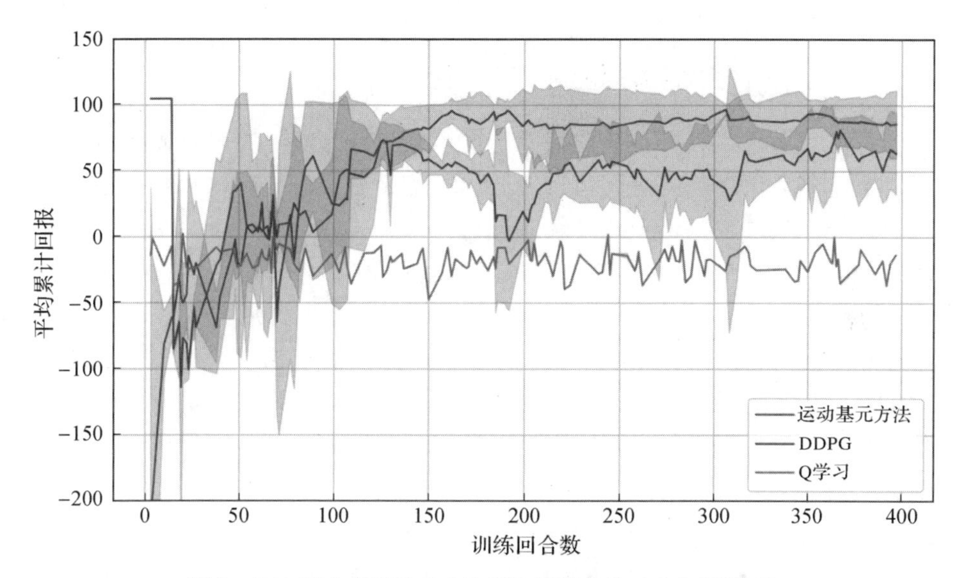

图 5 - 17　基本学习时各方法累计回报曲线（文末附彩图）

表 5 - 3　基本学习时抵达终点的成功率

回合数	总尝试次数	成功次数	成功率
0 ~ 100 回合	187	118	63%
101 ~ 200 回合	200	289	94%
201 ~ 300 回合	200	200	100%
301 ~ 400 回合	200	192	96%
总　计	922	795	86%

基本学习时，运动基元方法与 DDPG、Q 学习的累计回报对比如图 5 - 17 所示，深色曲线为三次训练结果的平均值，浅色区域为 95% 的置信区间。运动基元方法在绝大多数时间性能均优于 DDPG，Q 学习则无法进行有效的学习。在基本学习后期，运动基元方法比 DDPG 更能平稳地操纵车辆匀速行驶，即有更平稳更高的回报值。

(2) 他车变道子任务

在他车变道子任务中，他车将会在自车前方变道，自车需要减速以避免与他车发生碰撞。而在不启动子任务时，自车需要按目标速度 $v_{\text{goal}} = 6\ \text{m/s}$ (21.6 km/h) 匀速行驶。两种情况最优策略截然不同，算法需要理解他车变道时的交互关系，快速响应并作出最优决策。

如图 5-18 所示为他车变道运动基元的基元价值曲线。深蓝色曲线为三次训练结果的平均值，浅蓝色区域为 95% 的置信区间。运动基元价值越高，基元的实际执行效果就越好，最优基元选择策略就越倾向于使用该基元。在训练初期，运动基元价值较高是因为过度估计，基元在先前的基本学习子任务中由于任务简单、成功率高，导致最优基元选择策略对基元价值评价高于真实值，因此在 400~500 回合基元价值快速下降。随着学习不断进行，在 501~700 回合基元价值逐渐收敛，然而在 701~800 回合基元价值发生波动，这是因为在这个时期基元尝试进行更精准的动作控制，保持和前车相同的速度跟车以实现更好的驾驶效果，但在尝试的过程中多次由于不熟练导致发生碰撞，导致基元价值大幅波动。这实际是学习不充分导致的，在后续的测试阶段中，随着训练量加大，成功率将更加稳定。

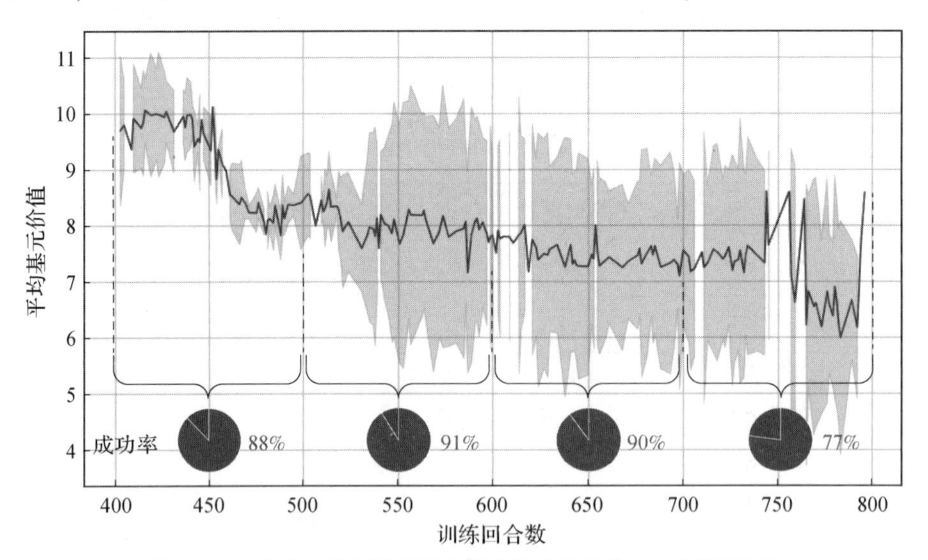

图 5-18　他车变道子任务运动基元的价值曲线（文末附彩图）

他车变道子任务的各方法累计回报曲线及成功率如图 5-19 和表 5-4 所示。在 400~700 回合中，成功率平稳上升，逐渐收敛到 90% 左右。而后在 701~800 回合中，算法尝试以更精准的策略跟车，由于不熟练导致大量碰撞，使得成功率降低到了 77%，总体成功率则为 86%，受到了后期训练波动的影响。

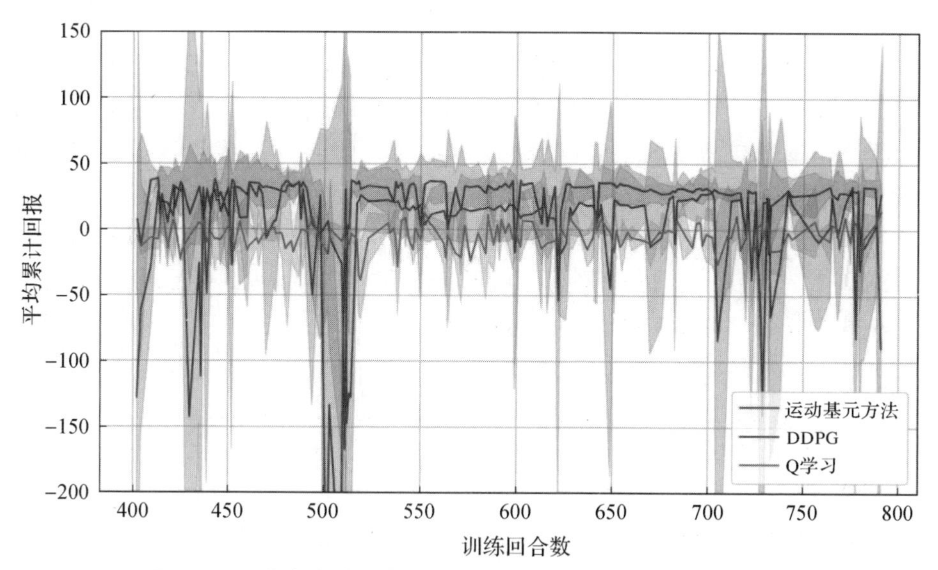

图5－19　他车变道子任务各方法累计回报曲线（文末附彩图）

表5－4　他车变道子任务成功率统计

回合数	总尝试次数	成功次数	成功率
400～500 回合	226	198	88%
501～600 回合	219	200	91%
601～700 回合	221	200	90%
701～800 回合	256	197	77%
总　计	922	795	86%

在他车变道的子任务中，运动基元方法与DDPG、Q学习的累计回报对比如图5－19所示，深色曲线为三次训练结果的平均值，浅色区域为95%的置信区间。运动基元方法在前期性能优于DDPG，任务完成率也更高，在学习后期尝试更精准的策略，但训练不充分导致曲线震荡，性能暂时劣于DDPG。Q学习则无法进行有效的学习。

（3）无保护左转子任务

在无保护左转子任务中，自车左转时需要处理对向直行来车，自车可以加速通过，也可以减速让行以避免碰撞。而在不启动子任务时，自车需要按目标速度＝6 m/s（21.6 km/h）匀速行驶。两种情况最优策略截然不同，算法需要理解无保护左转中的交互关系，快速响应并作出最优决策。

如图 5－20 所示为无保护左转子任务运动基元的价值曲线。深蓝色曲线为三次训练结果的平均值，浅蓝色区域为 95% 的置信区间。运动基元价值越高，基元的实际执行效果就越好，最优基元选择策略就越倾向于使用该基元。在训练初期，与他车变道基元相似存在基元价值过度估计，最优基元选择策略评估的基元价值高于实际情况，因此在 800～900 回合基元价值快速下降。随着学习的不断进行，在 901～1 100 回合基元价值逐渐收敛到实际水平，此时基元的策略为停车让行。在 1 101～1 200 回合基元尝试新策略，即加速超越以避免等待时间过长，然而由于学习不充分导致大量碰撞，使基元价值出现较大幅度的波动。与他车变动场景相似，随着训练量加大，成功率将收敛到稳定值。

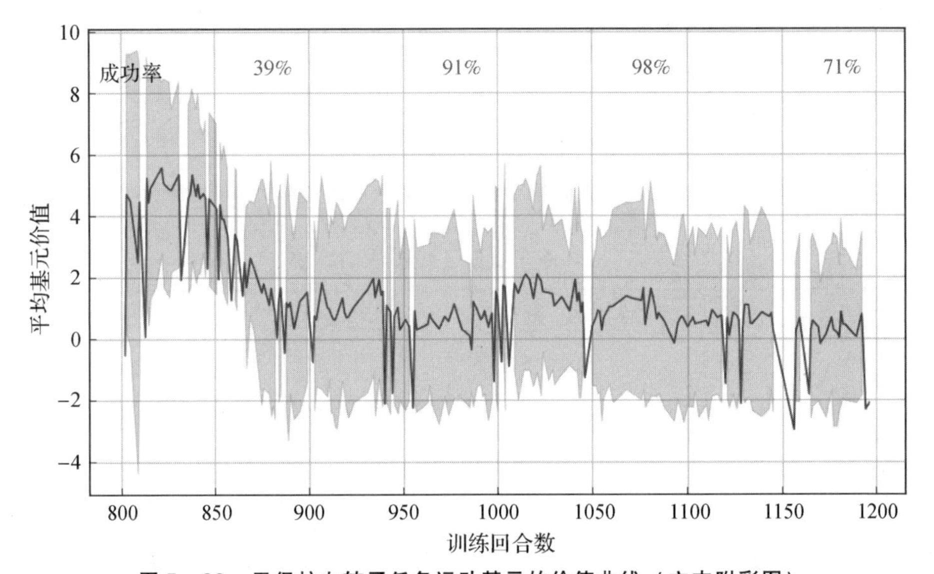

图 5－20 无保护左转子任务运动基元的价值曲线（文末附彩图）

无保护左转子任务的各方法累计回报曲线与成功率如图 5－21 和表 5－5 所示。在 800～900 回合，由于训练不充分成功率很低，仅有 39%。在 901～1 100回合基元逐渐学会停车让行策略，并令成功率逐渐上升，达到了 98%。在 1 101～1 200 回合基元开始尝试加速超越，但由于训练不充分导致成功率偏低，降低到了 71%。总体成功率则同样为 71%。

在无保护左转子任务中，运动基元的方法与 DDPG、Q 学习的累计回报对比如图 5－21 所示，深色曲线为三次训练结果的平均值，浅色区域为 95% 的置信区间。在该子任务中，运动基元方法的表现略差于 DDPG，这是因为 DDPG 已经历 800 个回合的学习，而无保护左转基元刚刚启动训练。至今为止的环境复杂度仍在 DDPG 可适应的范围内，运动基元方法的优势将在复杂度最高的测试环节明显展现。

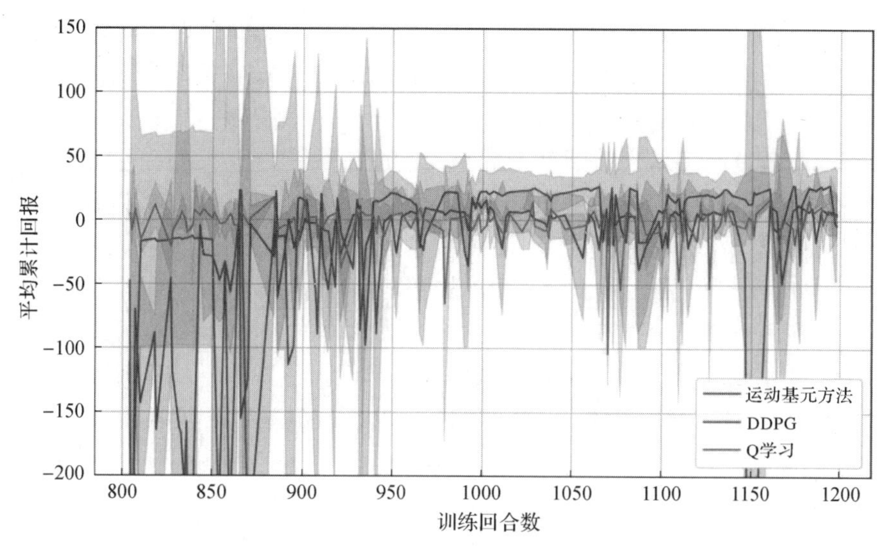

图 5－21　无保护左转子任务的各方法累计回报曲线（文末附彩图）

表 5－5　无保护左转成功率统计

回合数	总尝试次数	成功次数	成功率
800～900 回合	302	118	39%
901～1 000 回合	204	185	91%
1001～1 100 回合	201	196	98%
1101～1 200 回合	269	192	71%
总　计	976	691	71%

（4）他车右转子任务

在他车右转子任务中，自车直行时需要避让右侧右转车。当右转车车速较低时，可以加速超越；当右转车车速较高时，自车需要减速让行以避免碰撞。而在不启动子任务时，自车需要按目标速度 = 6 m/s（21.6 km/h）匀速行驶。几种情况最优策略截然不同，算法需要理解他车右转场景中的交互关系，快速响应并作出最优决策。

如图 5－22 所示为他车右转运动基元的基元价值曲线。深蓝色曲线为三次训练结果的平均值，浅蓝色区域为 95% 的置信区间。运动基元价值越高，基元的实际执行效果就越好，最优基元选择策略就越倾向于使用该基元。在训练初期，与他车变道基元、无保护左转基元相似存在基元价值过度估计，最优基元选择策略评估的基元价值高于实际情况，因此在 1 200～1 400 回合基元价值持续下降。此时基元尝试加速超越，在少部分情况下能够完成任务，但由于该策略不稳定导致后期碰撞率较高，基元价值短暂上升后继续下降。随着学习的不断进行，在1 401～1 600回合基元价值逐渐收敛到实际水平，此时基元的策略为减速跟车直到完成任务。在1 501～1 600回合同样存在与他车变道、无保护左转场景相似情况，基元尝试以更精准的速度跟车，但因不熟练导致碰撞率较高。这一问题实际是训练回合较少、训练不充分导致的。在测试阶段，运动基元在经历更多回合训练后，将学会更精准的控制策略，以实现更好的安全性。

他车右转子任务运动基元的价值曲线与成功率如图5－22和表5－6所示。在1 200～1 400回合，由于基元尝试加速超越但因不熟练导致碰撞率较高，成功率从68%逐渐下降到64%。在1 401～1 500回合基元逐渐学会减速跟车策略，成功率提升到89%，而在1 501～1 600回合基元尝试更精准的控制车辆，但因训练不充分导致成功率降低至83%。总体成功率则同样为76%。

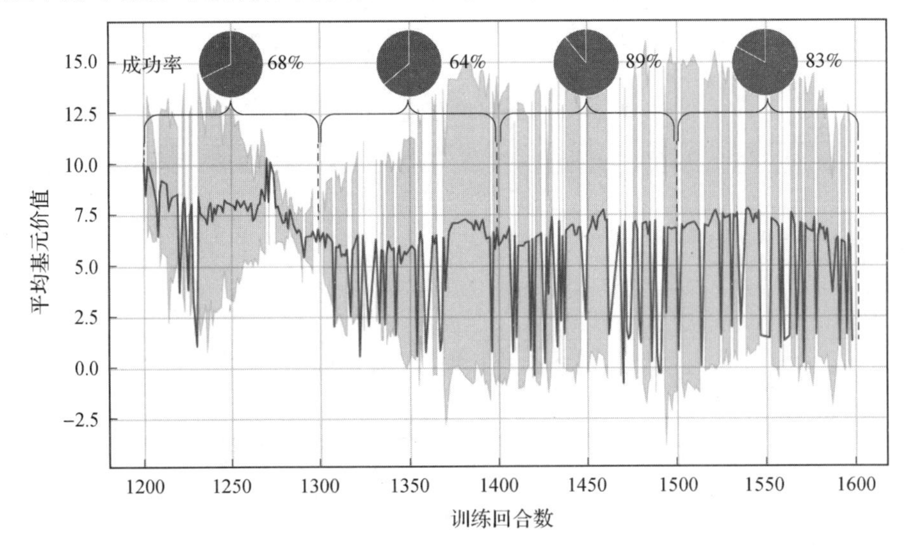

图5－22　他车右转子任务运动基元的价值曲线（文末附彩图）

表5－6　他车右转子任务成功率统计

回合数	总尝试次数	成功次数	成功率
1 200～1 300回合	245	166	68%
1 301～1 400回合	205	132	64%
1 401～1 500回合	210	186	89%
1 501～1 600回合	221	184	83%
总　计	881	668	76%

在他车右转子任务中，运动基元方法与 DDPG、Q 学习的累计回报对比如图 5－23 所示，深色曲线为三次训练结果的平均值，浅色区域为 95% 的置信区间。行至第四个子任务，场景复杂度已逐渐超过 DDPG 的拟合能力，学习初期 DDPG 与运动基元方法性能相似，但在 1 401～1 600 回合之间运动基元方法的表现显著优于 DDPG。在 1 551～1 600 回合运动基元方法开始尝试更精准的控制策略，但由于训练不充分导致曲线震荡。

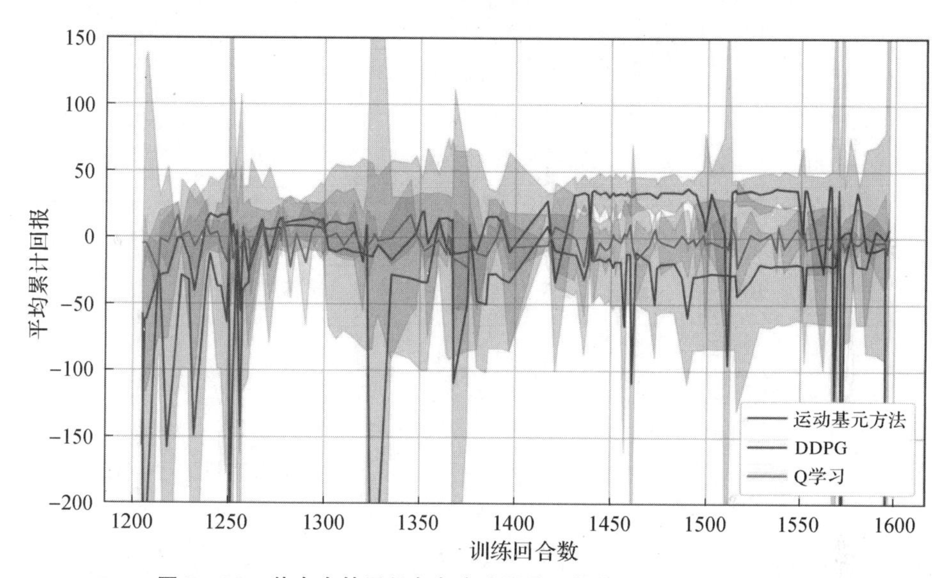

图 5－23　他车右转子任务各方法累计回报曲线（文末附彩图）

5.6.2　测试阶段

在完成离线学习后，即进入长度为 1000 回合的测试阶段。在测试阶段中，运动基元方法、DDPG、Q 学习将经历包含他车变道、无保护左转、他车右转三个子任务的完整交叉路口场景。三个子任务中他车的初始点、行驶速度、是否与主车交互均为随机，以贴合真实世界的情况。

（1）累计回报曲线

测试阶段的累计回报曲线如图 5－24 所示，深色曲线为三次训练结果的平均值，浅色区域为 95% 的置信区间。在 1 600～1 900 回合，运动基元方法与 DDPG 性能相似，而在 1 900 个回合以后，运动基元方法的性能稳定优于 DDPG，这是因为此时三个基元的训练量均已充足，适应了更精准的决策策略。同时，由于测试阶段实车数据驱动的场景的复杂度超过了 DDPG 可以适应的范围，因此 DDPG 的累计回报始终保持在固定水平，没有明显上升。Q 学习则同样未进行有效的学习。

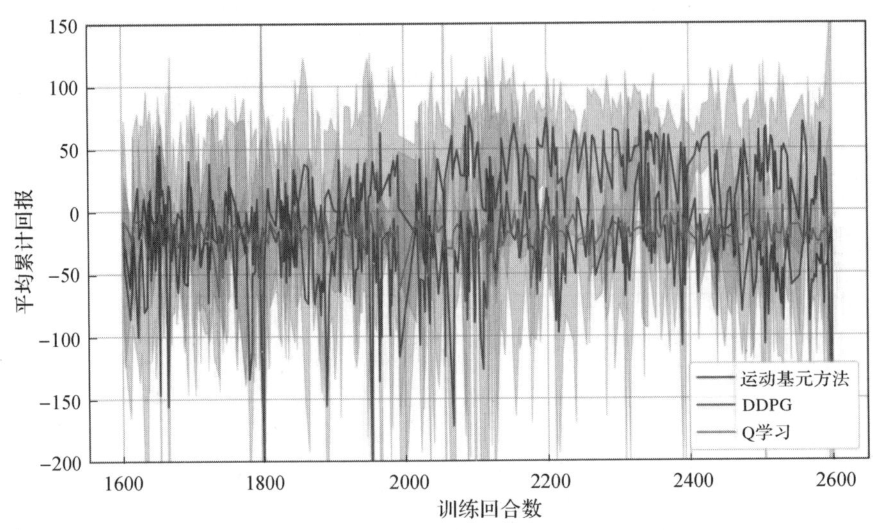

图 5－24　测试阶段各方法累计回报曲线（文末附彩图）

（2）各子任务完成率统计

测试阶段运动基元方法、DDPG、Q 学习对不同子任务的成功率如表 5－7 所示。在所有的子任务中，运动基元方法的成功率均全面优于 DDPG，且成功率随场景推进下降较平稳，显示了运动基元方法较好的稳定性。而 DDPG 在无保护左转时成功率大幅下降，终点的抵达率也下降到了 22%，这显示 DDPG 无法应对复杂的不确定场景。请注意 Q 学习的数据是无效的，因为它与仿真实验中的行为模式相符，随机在动作值中选取，这导致自车持续以低速蠕行，因而其完成无保护左转的成功率断崖式下降。而后由于超时，自车抵达终点的成功率为 0。

表 5－7　测试阶段不同方法各子任务成功率

子任务	运动基元方法			DDPG			Q 学习		
	总次数	成功数	成功率	总次数	成功数	成功率	总次数	成功数	成功率
他车变道	468	436	93%	457	349	76%	403	386	96%
无保护左转	468	403	86%	457	162	35%	403	27	7%
他车右转	468	324	69%	457	102	22%	403	0	0%
终　点	468	324	69%	457	102	22%	403	0	0%

（3）运动学参数分析

测试阶段某个典型回合各算法自车的运动学参数曲线如图 5－25 所示，其中图 5 – 25（a）为速度曲线、图 5 – 25（b）为航向角曲线、图 5 – 25（c）为时空轨迹，所有曲线均为大地坐标系下自车的运动学参数。

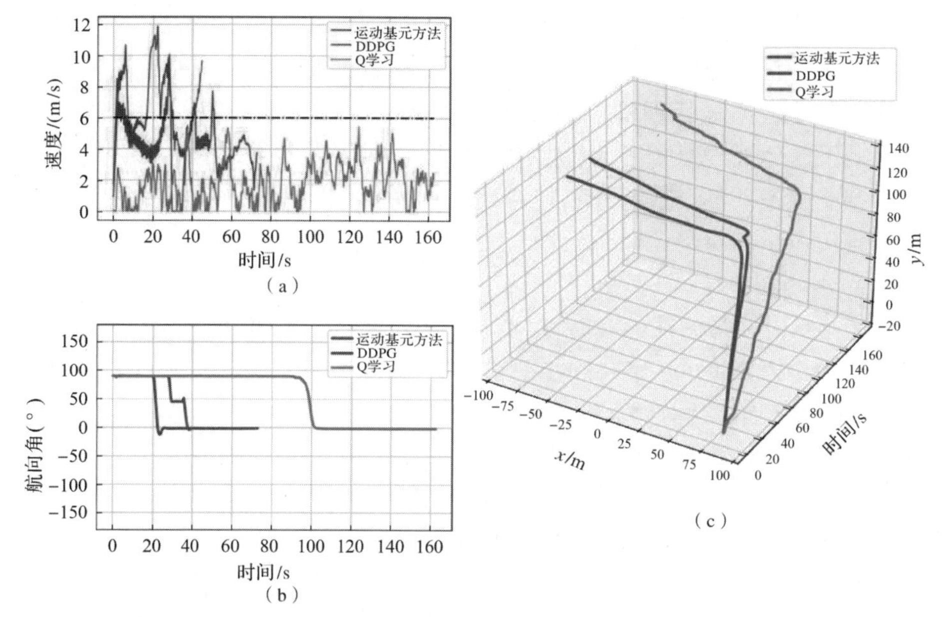

图 5 – 25　实车数据实验测试阶段自车的运动学参数曲线（文末附彩图）

（a）速度曲线；（b）航向角曲线；（c）时空轨迹

第一个他车换道子任务位于第 0 ~ 20 s 之间，运动基元方法选择平缓减速以跟随前车，将车速从目标速度 6 m/s 均匀减小到 4 m/s 以进行跟车。而 DDPG 的速度控制则欠缺精细度，首先加速到接近 10 m/s，然后迅速减速到他车车速（此处为 4 m/s）以进行跟车。

完成他车变道子任务后，第二个子任务是无保护左转。运动基元方法首先选择加速至 10 m/s 通过，但当其行驶至一半，判定会发生碰撞时则及时减速以避让他车，这体现了运动基元一定程度上理解了自车与他车的交互关系。DDPG 则选择了较为直接地加速到 12 m/s 快速通过，这已达到了实验设定的速度限制，是较为危险的驾驶行为。

在完成无保护左转后，第三个子任务是他车右转。与他车变道子任务类似，运动基元方法选择从 6 m/s 平稳减速到他车车速（此处为 4 m/s），并进一步减速最终抵达终点。DDPG 同样选择减速到他车车速，但速度控制不平滑，减速度较大且平顺性不好。Q 学习则在三个子任务中均保持低速蠕行。

上述实验结果显示，基于自适应纵向决策运动基元的方法在复杂场景下有较好的性能，而在更简单的离线训练阶段表现不好。这是由于使用基于统计的方法、基于神经网络的方法等这类函数拟合方法解决问题必然会获得近似解。

基于自适应纵向决策运动基元的方法的主要优势是减轻了每个运动基元内部策略的负担，使基元集中于自身的子任务，从而实现了问题状态空间很大的情况下具有更好的整体决策性能。

然而，当面对简单的问题时，使用该方法反而效果不好。基元库中每个运动基元都需要数据进行训练，当任务较简单时，由于没有划分为子任务的必要，因此无法体现分层方法行为抽象的优势。同时，一次训练过程中数据总量不多，基元越多则每个基元分配到的数据就越少，训练不充分导致欠拟合，使得基于自适应纵向决策运动基元的方法收敛速度会更慢。

（4）平均求解耗时

为了分析比较各方法的实时性，我们需要采集最后10个回合的平均耗时，每个回合包含最大1 000个时间步长，如表5－8所示。运动基元方法和DDPG的耗时主要用于求解神经网络的矩阵运算以及梯度计算，而Q学习的耗时主要用于哈希表的创建和查找。

运动基元的方法首先需要“最优基元选择策略”选择最优基元，然后将系统控制权移交给基元内部策略且执行纵向决策。因此相比于扁平的DDPG方法，运动基元方法额外花费了更多的时间进行基元选择，平均每个周期多消耗7.18 ms。

运动基元方法的平均耗时为18.76 ms，最大耗时为19.32 ms，具有较好的实时性，因此能够满足实车决策规划的需求。

表5－8　各方法求解平均耗时

回合序号	运动基元方法（ms）	DDPG（ms）	Q学习（ms）
1	18.65	11.57	4.27
2	18.18	11.29	4.26
3	18.47	12.00	4.25
4	19.05	11.19	4.26
5	18.97	11.68	4.19
6	19.32	11.70	4.25
7	19.25	11.60	4.31
8	18.50	11.78	4.26
9	19.11	11.65	4.33
10	18.10	11.32	4.37
	18.76（平均耗时）	11.58（平均耗时）	4.28（平均耗时）
	19.32（最大耗时）	12.00（最大耗时）	4.37（最大耗时）

第6章
决策的迁移与泛化

基于机器学习的决策规划模型能够显著提升模型在换道场景中的表现，但由于模型本身对数据的依赖，或者可以说模型对于学习样本本身的依赖，导致基于机器学习的方法在其他场景中的自适应性差。为了解决上述问题，研究人员提出了迁移学习的技术手段。本章将使用后继表征（Successor Representation，SR）强化学习算法，解决在换道、超车场景下决策迁移与泛化的问题。

6.1 迁移学习与认知地图

迁移学习（Transfer Learning，TL）的原理是将已经学习过的知识迁移到新的模型训练中，从而达到加速模型训练、增加效率，以及提升自适应性的目标。迁移学习已经在很多领域里发展了多年，包括网页分类、图像处理、自然语言处理，以及机器人控制等。在智能驾驶领域中，也有很多相关研究工作展开。以北京理工大学团队为代表[63-65]，通过将迁移学习技术引入到驾驶员模型构建中，从而提升了模型在多场景中的自适应性能力。除此之外，他们还通过迁移学习将仿真环境的数据迁移到真实数据中，从而提升了模型在真实数据中的表现。通过将学习的驾驶知识进行迁移，可以提升驾驶员模型在换道场景中的自适应性能力。相似地，有学者通过迁移学习，将换道场景中采集的驾驶数据迁移，从而提升了后续构建的换道模型在其他场景中的自适应性表现，并对比了与不迁移换道模型的方法，证明了迁移学习对于模型训练和自适应性提升的显著效果[66-67]。

近些年来，认知行为学的证据表明：人能够快速地认知环境并做出相应的行为，是因为其大脑中存在认知地图（Cognitive Map）。认知地图作为一种空间的编码方式，在空间理解、认知以及分析上，得到了越来越多的关注[68]。不同于传统的建立环境的拓扑地图、高精度地图等，认知地图的概念是从生物学研究出发，由 Tolman 等人最先提出这一概念，认为认知地图是动物在大脑中形成一个特殊的、独特的环境理解[69]。在研究中，研究人员发现，当把动物放置在一个熟悉的环境中，即使将环境完全变黑，但是仍旧不妨碍动物找到目标；或者将动物处于一个陌生的环境中，经过简单的探索，动物就能够具备优秀的导航能力。研究人员认为，这种出色的环境认知能力正是源于大脑中形成了针对环境的认知地图[70]。在往后的研究中，认知地图的存在逐渐得到了越来越多的证实，越来越多的证据指向认知地图不同于传统感知方法构建的地图，它是通过环境认知和自身行为，在某种神经元的作用下，从而实现了一种表示环境的方式[71]。后续也有很多研究证明了这种认知地图是同样存在于人的大脑中[72-73]。认知地图被认为是能够解决机器智能体环境认知能力不足、导航能力不足、场景泛化能力不足的关键方法之一，这为智能体认知环境信息以及根据环境进行决策，提供了一个新的思路和方法。因此，如何通过数学的方式将认知地图建模成为认知地图的构建关键。

为了构建面向换道场景的类人可迁移换道的决策规划模型，本章引入了迁移学习和认知地图的理论，通过迁移后续强化学习方法 SR 构建了面向换道场景的类人换道场景表征，提出了相应的基于类人换道场景表征的类人可迁移决策规划方法，并对其所提出的换道模型进行验证和分析。

6.2 基于 SR 的决策迁移建模

基于迁移学习和认知地图，本章提出了一种类人可迁移换道决策与运动规划模型。面向城市换道场景完整的类人可迁移换道模型框架如图 6-1 所示。整个类人可迁移换道模型的工作流程分为两大部分：第一部分是认知矩阵构建，第二部分是换道决策规划。

在第一部分中，可以看到在认知矩阵的构建上，本研究建立了三种认知矩阵 $\boldsymbol{M}_1$、$\boldsymbol{M}_2$ 和 $\boldsymbol{M}$。其中，认知矩阵通过智能体随机游走生成，或者通过真实的换道轨迹训练生成，这两种方式产生了不同特性的认知矩阵。$\boldsymbol{M}_1$ 是通用的可迁移的认知矩阵，在后续实验中用于证明本章提出的类人可迁移换道模型的可迁移特性；而在 $\boldsymbol{M}_1$ 的基础上，本章又提出了面向驾驶行为的 $\boldsymbol{M}_2$ 矩阵，并将两者组合成为了具有类人特性的换道认知矩阵 $\boldsymbol{M}$，而且在后续实验中证明了其用于类人决策规划的潜力。在第二部分中，本研究在实时换道场景中迁移了认知矩阵，将其与实时场景中观测到的场景奖励信息进行耦合作用，并通过制定一个决策和运动规划规则来为后续决策规划提供标准。同时，为了解决换道过程中运动规划和控制不一致性的问题，运动基元的技术路线被引入。运动基元是从事先采集的真实换道轨迹数据中转化而成的控制量序列，保留了人类在换道场景的换道行为操作特性。通过这样的方式，结合运动基元的类人可迁移换道模型把一个先决策、再规划、后控制的问题变成了一个运动基元的决策问题，从而提升自主换道规划和控制的一致性以及类人性。

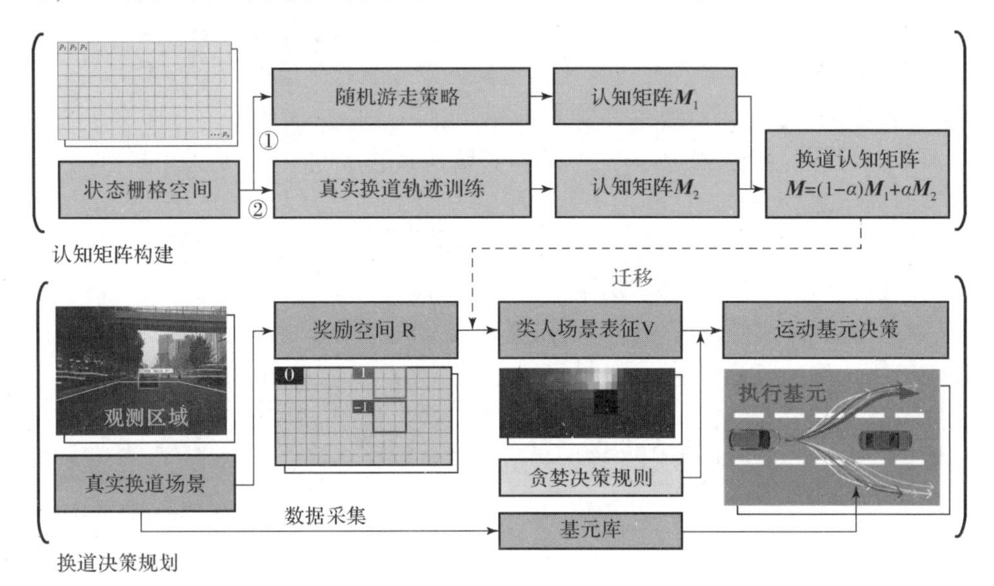

图6－1　类人可迁移换道决策规划方法流程图

6.2.1　类人换道场景表征

（1）认知矩阵构建

认知矩阵的目的是反映智能体（或主车）对于限定观察区域的场景理解，而在本研究中，状态之间的转移关系就是这种场景理解。根据换道场景中的要素，可以预先建立一个用于表征车辆视野的空间，其中包含了可通行的区域和一些障碍物（用于表示后续真实换道场景中的前车）；接着用一个状态栅格空间进行建模来离散表征该空间，其中，障碍物所占有的状态栅格赋值为0，其他可通行区域赋值为1。通过这样的方式，训练场景被抽象成为用数字0和1表征的可通行区域和不可通行区域。对于本研究而言，共涉及两种认知矩阵$\boldsymbol{M}_1$和$\boldsymbol{M}_2$。其中$\boldsymbol{M}_1$是通过随机网格转移生成的，$\boldsymbol{M}_2$则是通过真实的换道轨迹训练生成的。这两种认知矩阵生成的具体流程如下：

首先针对$\boldsymbol{M}_1$的构建，需要建立一个虚构的智能体在该状态栅格空间上进行随机的、无碰撞的游走（状态栅格转移），并将每一个栅格之间的转移频率

保存到矩阵 $\boldsymbol{M}_1$ 中。这样，该矩阵就反映了状态之间的转移关系，也反映了对于场景的认知，其中构建的最基本的认知为：状态栅格 1 和 1 之间可以转移，但状态栅格 1 和 0 之间无法转移。

为了提取这种状态转移关系，智能体对场景构建类人换道场景表征的过程可以被定义成为一个强化学习问题。为了满足强化学习中马尔可夫决策过程的要求，必备的要素为：状态空间、动作空间、状态转移分布概率、奖励函数以及一个折扣因子，并用来调整远期奖励的大小。

首先用一个状态栅格空间建模训练场景，其中空间内栅格的状态位置表示为

$$s = \{x_{lat}, y_{lat}\} \tag{6-1}$$

式中，s 被定义为状态；x_{lat}和 y_{lat}均为栅格横纵向的位置。通过这样的方式，空间连续的场景被离散化成为一个个的状态，这样就可以用于构建状态空间。

如图 6-2 所示，有了状态栅格，当构建的智能体在训练场景中随机游走时，其状态之间的转移关系被保存到认知矩阵 $\boldsymbol{M}$ 中。值得注意的是，尽管训练方式不同，但两种认知矩阵 $\boldsymbol{M}_1$ 和 $\boldsymbol{M}_2$ 的矩阵形式统一设置为

$$\boldsymbol{M} = \begin{bmatrix} M(s_1, s_1) \cdots M(s_1, s_N) \\ \vdots \quad \ddots \quad \vdots \\ M(s_N, s_1) \cdots M(s_N, s_N) \end{bmatrix} \tag{6-2}$$

式中，N 是状态栅格的数量；$M(s_a, s_b)$ 记录了从位置 s_a 到 s_b 的状态迁移频率。为了解释 $\boldsymbol{M}$ 的生成原理，以一条从位置 s 开始的轨迹为例。在这条轨迹中，从位置 s 到其他位置 s'的转移次数经过未来折扣后被储存在 $M(s, s')$ 中，其认知矩阵 $\boldsymbol{M}$ 中每一个要素的更新方式如下：

$$M(s, s') = \mathrm{E}\left[\sum_{t=0} \gamma^t \Psi(s_t = s') \mid s_0 = s\right] \tag{6-3}$$

式中，在 $s_t = s'$时 $\Psi(s_t = s') = 1$，否则为 0；E 表示数学期望；$\gamma \in [0,1]$ 表示折扣因子。从数学上看，从起始位置 p 开始，$M(s, s')$ 记录了每一个位置在未来被访问次数的指数级折扣的数学期望。其更新迭代可以通过差分学习的方式改为

$$M_{t+1}(s_t, s') = M_t(s_t, s') + \eta\delta_t(s') \tag{6-4}$$

式中，η 是学习率，而 $\delta_t(s')$ 定义为

$$\delta_t(s') = \Psi(s_t = s') + \gamma M_t(s_{t+1}, s') - M_t(s_t, s') \tag{6-5}$$

在完成所有训练步的迭代后，整个矩阵进行归一化，此时认知矩阵每一个值 $M(s_a, s_b)$ 都代表了状态之间的转移频率。

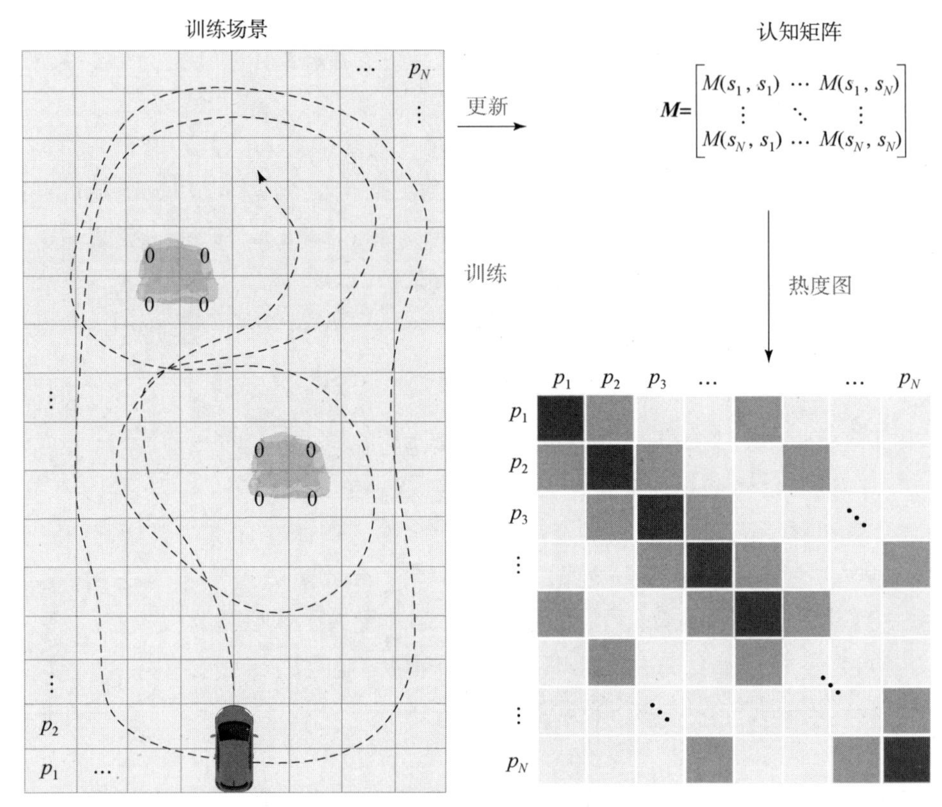

图 6－2　认知矩阵的构建示意图

在随机策略的训练过程中，只有充分训练并收敛的认知矩阵 $\boldsymbol{M}_1$ 才能够完善地构建出状态空间内所有状态的状态转移关系。因此，为了衡量训练中认知矩阵的收敛程度，本研究提出了一种利用矩阵相似度来衡量认知矩阵收敛的方法。具体而言：首先在认知矩阵 $\boldsymbol{M}_1$ 训练总步长中设置几个断点 $\boldsymbol{T}$，其次通过计算每两个相邻断点处认知矩阵差值的弗罗贝尼乌斯范数（F－范数），最后比较所有矩阵差的范数值变化，进而可以看出两个断点下认知矩阵之间的差异变化。F－范数计算的是矩阵中每项数的平方和的开方值，具体计算方式如下：

$$\|\boldsymbol{A}\|_F = \left(\sum_{i=1}^{n}\sum_{j=1}^{n} a_{ij}^2\right)^{1/2} \tag{6-6}$$

式中，$\|\cdot\|_F$ 表示 F－范数；$\boldsymbol{A}$ 表示计算的矩阵；a_{ij} 表示 $\boldsymbol{A}$ 中所有的元素。在本研究中，$\boldsymbol{A}$ 为两个临近断点认知矩阵的差值，当 $\boldsymbol{A}$ 的 F－范数趋近于 0 时，可知当前两个断点的认知矩阵已经基本相同，也表示认知矩阵已经收敛。因此，面向本章的矩阵相似度的具体公式如下：

$$F_T = \|\boldsymbol{A}\|_F = \|\boldsymbol{M}_T - \boldsymbol{M}_{T+1}\|_F \tag{6-7}$$

式中，F_T 是断点 T 处的计算的矩阵相似度；$\boldsymbol{M}_T$ 是断点 T 处的认知矩阵。但在本研究中，矩阵相似度结果不会收敛到0，因为每一次时间步下的状态栅格转移都会改变认知矩阵，而这种改变在开始训练的时候尤为明显，而在后期认知矩阵逐渐稳定的情况时，这种改变则会变得微小。因此，矩阵相似度是本章提出的一种当训练过程中没有显性指标来证明收敛时，用于衡量矩阵收敛程度的方法。

至此，针对整个训练场景的认知矩阵 $\boldsymbol{M}_1$ 就构建完成。

针对认知矩阵 $\boldsymbol{M}_2$ 的构建，本章通过换道轨迹进行训练。不同于认知矩阵 $\boldsymbol{M}_1$ 的构建方式，随机训练会建立所有状态之间的转移关系。而在通过轨迹训练 $\boldsymbol{M}_2$ 时，换道轨迹数据中状态之间的转移是固定的，因此用每一条轨迹数据进行训练时，将每一条轨迹的初始点都统一在栅格空间的一个位置上，然后该轨迹上后续的数据点所占的位置状态都将用于满足时序差分的训练方式，即公式（6-4）。将 $\boldsymbol{M}_1$ 和 $\boldsymbol{M}_2$ 加权组合在一起后，可以构建面向换道行为的认知矩阵 $\boldsymbol{M}$。通过这样的方式构建的认知矩阵，既通过 $\boldsymbol{M}_1$ 提取了栅格空间内中基本的状态转移关系，又通过 $\boldsymbol{M}_2$ 提取了轨迹数据中潜在的换道行为模式。

至此，两种认知矩阵都构建完毕，$\boldsymbol{M}_1$ 构建了面向换道场景中基本的状态转移关系，表征了面向换道场景的基本理解，包括可通行区域和不可通行区域的认知；而 $\boldsymbol{M}_2$ 通过换道轨迹数据进行训练，面向于提取轨迹数据中的换道行为模式，用于后续构建面向类人换道的换道决策规划模型。

（2）场景表征构建

构建的认知矩阵 $\boldsymbol{M}$ 通过状态转移关系反映了智能体（或主车）对于限定观察区域的场景理解。而该场景理解需要在新的场景（以下称为目标场景）中与场景中的信息进行耦合作用，进而生成类人的换道场景表征。

在强化学习框架下，每一个状态栅格的状态值反映了在未来状态所能得到预期的奖励总和，其表达式为

$$V(s)=\mathrm{E}\left[\sum_{t=0}^{\infty}\gamma^{t}R(s_t)\mid s_0=s\right] \tag{6-8}$$

式中，E 是数学期望；$\gamma\in(0,1)$ 表示折扣因子来削弱总奖励中远期奖励的比重；s_t 是在时间步 t 时访问的栅格状态位置。

为了使强化学习问题易于处理，通常会附加一个假设，即转换和奖励是由马尔可夫过程控制的，这意味着奖励和状态转换只依赖于当前状态，而不考虑之前的历史。这样，价值函数的估计可以通过以下方法更新：

$$V(s)\leftarrow R(s)+\gamma\sum T(s,s')V(s') \tag{6-9}$$

式中，T 称为转移函数，表征状态转移的概率。

考虑到模型灵活性和效率两个因素，要根据处理的问题选择合适的函数逼近体系结构是很重要的。一般来说，在对于给定函数逼近体系的结构选择上，线性体系结构通常被视为一种合理的方式，因为它们具有分析上的易处理性、计算上的简单性和生物学上的合理性。因此，其更新表达式如下：

$$V(s) = \sum_{s'} M(s,s')R(s') \tag{6-10}$$

式中，$R(s')$表示奖励空间中状态位置p'的奖励值信息（目标为1，障碍物为-1，其余为0）；$V(s)$表示基于当前类人换道场景表征状态位置s的状态奖励值，所有的$V(s)$构成了目标场景类人换道场景表征。在整个换道场景表征中，$V(s)$高的状态表明了目标对状态位置s的作用更强烈，障碍物对其的作用越小；反之表明了目标对状态位置s作用越小，障碍物对其影响越大。这样，整个场景表征就表明了智能体（或主车）在目标场景中的行为置信度。

具体来说，为了迁移认知矩阵$\boldsymbol{M}$，需要在目标场景中构建一个奖励空间来表征目标场景中的目标和障碍物。因此，需要在目标场景中建立一个和训练场景栅格状态空间同等大小的奖励栅格空间（以下称为奖励空间$\boldsymbol{R}$）。在该奖励空间$\boldsymbol{R}$内，目标设置为1，障碍物设置为-1，其他可通行区域设置为0。这样，在目标场景的奖励空间下，认知矩阵$\boldsymbol{M}$可以进行迁移来耦合场景的奖励信息。

为了更好地解释类人换道场景表征中状态值的计算原理，以图6-3的情况为例，假设已经具备了面向当前场景中状态转移的认知矩阵，当车辆在状态位置p_1时，后续可到达的位置有三个选择时，表示后续有三个可选状态，且每一个状态都有自己对应的奖励值$R(s)$时，则当前位置的状态值$V(s_1)$计算方式为

$$\begin{aligned} V(s_1) = & M(s_1,s_1)R(s_1) + M(s_1,s_2)R(s_2) + \\ & M(s_1,s_3)R(s_3) + M(s_1,s_4)R(s_4) \end{aligned} \tag{6-11}$$

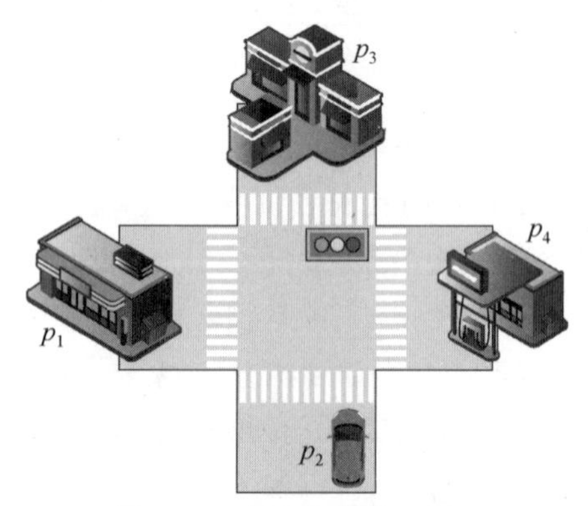

图6-3 状态值计算示意图

通过这样的方式计算得到的基于当前类人换道场景表征的状态奖励值，能够有效地反映其他可选状态对于当前状态的预期影响，而非单一状态的奖励影响，从而更加利于智能体从当前状态判断出更有利的选择。

作为一种由场景中奖励信息驱动的迁移学习方法，既能够保证生成的场景表征地保留了智能体对目标奖励值的偏好特性，也能够凸显其对于障碍物或者非目标区域的排斥作用。比起由单一奖励值和代价值驱动的场景表征，本研究提出的类人换道场景表征能够综合考虑所有未来可能状态对当前选择的影响，充分体现了该方法用于表征场景并用于决策规划的潜力。在本章节后续内容中，基于该场景表征生成的置信度，本研究开发了相关的决策方法和运动规划方法，以达到在该场景中充分利用相关信息完成相应的驾驶任务。

6.2.2　基于 SR 的分层强化学习换道决策

6.2.2.1　分层强化学习的决策框架

基于上一小节对于强化学习的要素定义，本节基于 SR 认知地图提出了分层强化学习的决策框架，其伪代码如表 6－1 所示。

表 6－1　基于 SR 认知地图的分层强化学习决策框架

```
1. 初始化奖励空间 R;
2. 导入认知矩阵 M,决策库 O;
3. 在实时场景中:
  上层:
    当主车与前车的距离 d 到达一定阈值时:
      实时生成奖励空间 R;
      迁移认知矩阵 M;
      类人换道场景表征 V = M × R;
  下层:
      在 V 基础上,基于一定策略选择 O 中的选项;
      完成换道决策规划;
换道决策规划结束
```

其中，上层主要用于生成类人换道场景表征结果：状态空间 $\boldsymbol{S}$ 由本章定义的观察区域制定，通过将观察区域区分为状态栅格，从而生成一个能够表征视野域的离散状态空间；奖励空间 $\boldsymbol{R}$ 用于定义实时场景下的最初奖励信号，用于智能体针对场景进行基本评估；生成的类人换道场景表征 $\boldsymbol{V}$ 用于构建实时场景下的最终奖励信号，作为场景的最终评估结果。下层主要为选项层：主要包含待选的换道行为决策，例如：左换道或者右换道，而决策选择依据则依托于一定的策略。

综上所述，在完成了面向换道场景的关键要素定义以后，本章提出的类人可迁移换道决策规划方法能够完成在实时换道场景中，依据观测到的交通情况来构建实时的奖励空间，接着通过迁移先前离线训练构建的认知矩阵 $\boldsymbol{M}$ 与当前的奖励空间 $\boldsymbol{R}$ 耦合后，就可以生成面向换道场景评估的实时类人换道场景表征 $\boldsymbol{V}$，最后依照特定策略，从而完成相应的换道决策。

6.2.2.2 基于场景表征的道路决策

对于智能车而言，换道决策应该能够像驾驶员决策一样，在需要面对交通场景中不同的情况去做出行为的时候来产生相应的行为响应。而对于换道场景来说，主要包含两个方向：第一是什么时候换道，也就是换道时机的确定，这决定了模型开始响应的时间；第二是选择哪一条车道进行换道，也就是道路决策，这明确了换道模型响应的目标。本节针对这两个方面进行阐述和定义。

（1）基于规则的换道时刻决策

换道时刻决策在智能驾驶系统中，是换道决策中重要的一部分。通常而言，换道时刻决策取决于诸多因素，包括：驾驶员本身的反应、驾驶员本身的驾驶技术、交通情况是否拥堵，以及各种换道场景中存在的交互因素。由于本研究不涉及对于驾驶员本身的研究，因此借鉴了先前研究工作中对于安全驾驶行为部分的统计和分析结果，将其中对于三秒经验规则的阐述和定义用于制定本章换道决策时刻的规则，从而构建基于规则的换道时刻决策方法。

如图 6 - 4 所示，三秒经验规则通常用于追尾事故中的风险评价，这为安全换道行为模型的设计提供了参考。三秒经验规则是指：为了避免交通事故的发生，后车（Rear Vehicle，RV）与前车要有一定的安全距离，其最小安全车距计算为

$$d_{\mathrm{A}} = v^{\mathrm{RV}} \cdot T_{\mathrm{r}} \tag{6-12}$$

式中，d_{A} 为最低要求安全车距；上标 RV 表示后车；v^{RV} 为后方车的实际速度；T_{r} 为时间常数，在经验规则中为 3 秒。该三秒经验规则从统计学角度定义了避免交通事故的距离阈值，这为智能驾驶系统设计提供了参考。

因此，本研究的换道时刻决策将基于此三秒经验规则：当后方车（在本章为主车）与前车的距离达到了三秒经验规则的阈值时，则模型将决策“开始换道”，这样不仅能够测试决策的准确性，还能在交通危险发生的阈值处测试本章提出的类人可迁移换道系统的可靠性和安全性。

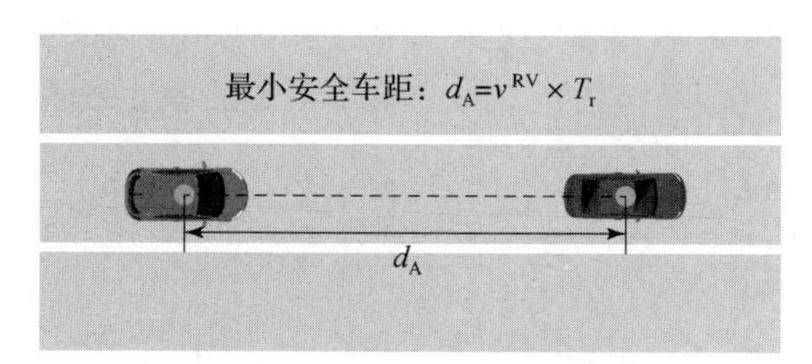

图6-4　三秒经验规则示意图

（2）基于场景表征的道路决策

如图6-5所示，在模型决策“开始换道”后，决策模型需要选择哪一条道路作为换道目标。通常在驾驶场景中，司机习惯性从左侧车道进行换道超车等行为，但当道路情况良好时，仍旧可以自由地根据交通情况和自身偏好进行目标道路的选择。因此，道路决策本身也是复杂的，往往会去取决于两个方面：一是道路本身的交通情况；二是司机本身的驾驶行为特点。为了验证本研究提出的类人可迁移换道模型的换道决策能力，需要对决策内容进行预先设置。

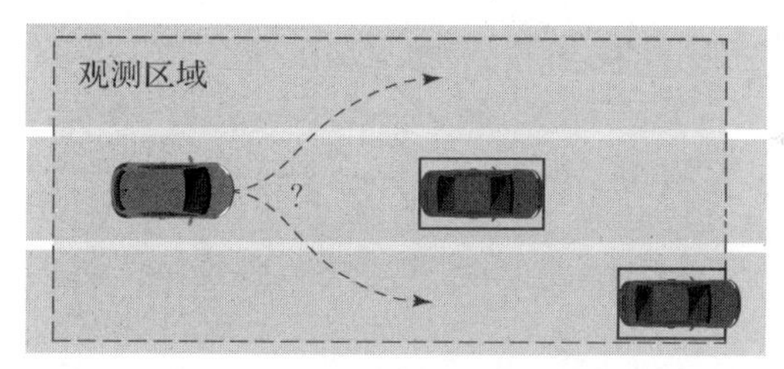

图6-5　换道车道决策示意图

本研究只针对必须换道的情况进行讨论，所以决策库中将不包含“车道保持”。首先将决策库内容进行定义：

$$\boldsymbol{O}=[\boldsymbol{O}_L,\boldsymbol{O}_R] \tag{6-13}$$

式中，$\boldsymbol{O}$ 是决策库；$\boldsymbol{O}_L$ 表示左换道决策；$\boldsymbol{O}_R$ 表示右换道决策。两类决策中还包含更加详细的决策内容，所以决策库进一步定义为：

$$\boldsymbol{O}=[o_1,o_2,\cdots,o_n] \tag{6-14}$$

式中，o 表示了左换道 $\boldsymbol{O}_L$ 和右换道 $\boldsymbol{O}_R$ 两类决策下的所有详细决策；n 是决策库 $\boldsymbol{O}$ 中可选决策的总数量。决策制定则需要依托于本研究构建的类人换道场景表征，在后续章节中将详细介绍决策内容。

如公式（6-10）所示，在本模型中，面向换道场景的类人换道场景表征中会将训练生成的认知矩阵和环境实时的信息进行耦合，其表征环境实时信息的奖励空间 $\boldsymbol{R}$ 将会与认知矩阵耦合生成类人换道场景表征作为换道决策的重要依据。据此，本章提出了贪婪决策规则：在所有的可用的决策选项 o 中，选择收益最大的决策作为最终决策，即 $V(p)$ 最大化。具体流程为

$$[v_1, v_2, \cdots, v_n] \xleftarrow{\pi} [o_1, o_2, \cdots, o_n] \tag{6-15}$$

式中，n 是决策库 $\boldsymbol{O}$ 中可选决策的总数量。在当前的类人换道场景表征结果置信度 $\boldsymbol{\pi}$ 下，每一条决策都会对应一个相应的状态值 v 作为决策收益。而为了决策收益最大化，最终的决策为

$$O(s) = \max\{v_1, v_2, \cdots, v_n \mid s = s_0\} \tag{6-16}$$

式中，$O(s)$ 是选择的贪婪决策；n 是可选决策的总数量，$k \in [1,2,3,\cdots,n]$，v_k 是在当前生成的类人换道场景表征下决策 o_k 的状态奖励值；s_0 是指在决策时，当前主车所在的状态位置。通过贪婪决策规则，主车可以选择奖励更大的车道来进行换道，从而帮助主车完成“趋利避害”的换道决策。

综上，制定了类人可迁移换道决策流程，具体流程如表 6－2 所示。

表 6－2　基于类人换道场景表征的分层强化学习换道决策流程

初始化奖励空间 $\boldsymbol{R}$；
导入认知矩阵 $\boldsymbol{M}$，决策库 $\boldsymbol{O} = [\boldsymbol{O}_L, \boldsymbol{O}_R]$；
在实时场景中：
当主车与前车的距离 $d \leqslant d_A = v^{RV} \cdot T_r$：
实时生成奖励空间 $\boldsymbol{R}$；
迁移认知矩阵 $\boldsymbol{M}$；
类人换道场景表征 $\boldsymbol{V} = \boldsymbol{M} \times \boldsymbol{R}$；
在 $\boldsymbol{V}$ 基础上，基于“贪婪决策策略”选择 $\boldsymbol{O}_L$ 或 $\boldsymbol{O}_R$；
完成换道车道决策；
换道决策结束

6.2.3　换道场景运动基元

在换道场景中，智能车辆运动规划系统的目标是能够实时高效地规划出一条无碰撞、易跟踪的路径。不同于已知场景全部信息去规划一条全局路径的全局运动规划技术，换道场景的运动规划是一种局部运动规划技术，需要运动规划器能够实时地响应并关注视野内的动态场景信息，从而生成一条无碰撞和易追踪的轨迹供智能车追踪和通过。因此，局部运动规划将更加考验运动规划器的能力。

在换道场景中进行运动规划时，需要考虑观测场景中的动态、静态要素信

息，静态要素信息包括：车道线、障碍物以及一些特殊的静态交通标志物等；动态信息则主要以交通参与者为主，例如：其他车辆、行人或者骑行者等。因此，车辆在感知到这些交通要素后，运动规划器应该在满足静态要素的交通约束下考虑这些动态要素的影响，安全且高效地避开这些动态要素进而完成换道。

通常来说，车辆的运动规划有三种方法：基于采样的方法、基于搜索的方法以及基于优化的方法。通常而言，基于搜索的方法和基于优化的方法更多地被应用于全局运动规划方法中来规划一条更优的全局路径。而基于采样的方法，通常因为其效率高和响应快而被广泛用于动态场景的局部运动规划中。

基于采样的方法，基本思想是基于当前车辆的状态，向目标点生成一簇采样路径，然后通过一些选择偏好或者预先定义的规则来确定最终的选择。如图 6-6 所示，基于采样的方法主要分为两个类别：一是基于控制的采样，另一种是基于状态空间的采样。前者基于控制的采样主要是在满足车辆运动学约束的条件下，去实施可追踪控制的路径采样，主要是为了满足路径可追踪的需求；后者主要是通过一些规则定义好的状态采样线来实施采样，例如螺旋线、多项式曲线和其他形式的样条线等，将采样问题变成一个起点和终点之间的两点边界值问题。在基于控制采样的运动规划中，Broggi 等[74]在车辆动力学约束的基础上，考虑了轨迹曲率影响，通过线性变化速率曲线来生成若干采样轨迹；Fox 等[75]则通过考虑横向速度和横摆角速度的联合影响，提出了动态窗口法，通过圆弧采样的方式来生成采样轨迹。因此，基于控制采样的运动规划会考虑到车辆本身的动力学特性，采样的基础是通过仿真一段车辆的行驶来完成，这将更有利于将运动规划的结果用于后续车辆的追踪控制。在基于状态空间采样的运动规划中，北京理工大学的姜岩等[76-77]以全局路径上的参考点为锚点，通过在锚点上建立横向延伸采样点，然后构建当前位置与所有延伸点的五次多项式曲线，从而生成采样路径簇；类似地，还有相应的研究也通过横向延伸的方式构建采样点，然后通过螺旋线来生成采样路径，保证了采样路径的丰富性和采样方式的可控性[76-77]。因此，从基于状态空间采样的方法中可以看出，基于状态空间采样的运动规划更有利于控制采样路径终止点和采样路径形状。

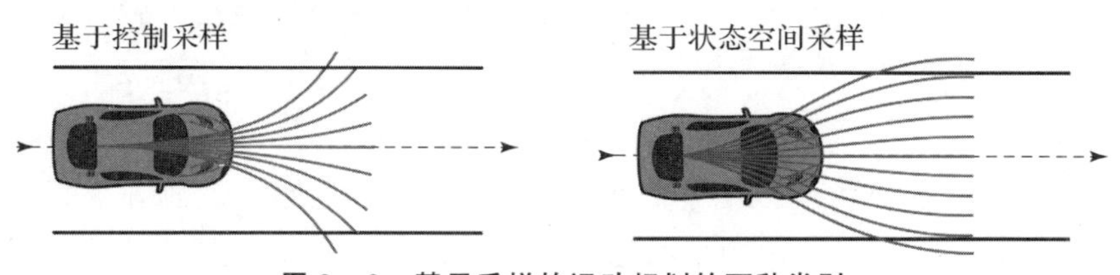

图 6-6　基于采样的运动规划的两种类别

从对比来看，基于采样的运动规划中两种方法各有优劣：基于控制的采样方法虽然能够有效地解决车辆的追踪控制问题，但由于该方法生成的路径依托于车辆的控制量和动力学系统本身，因此只能从时空上简单地向前模拟一段车辆行驶来生成采样路径，从而缺少有效控制采样路径终止点分布的能力。在真实的换道场景中，系统有可能无法有效地对换道结束点进行控制和掌控，以至于危险的发生；而基于状态空间采样的方法可以通过规定采样路径终止点，有效地解决采样路径终止点的分布问题，但是会有可能选择的路径可追踪性差甚至完全不可追踪，导致实际追踪控制的路径和规划的路径相差较大，造成规划控制结果的不一致性。综上所述，尽管基于采样的方法能够有效地解决模型在换道场景中的响应性问题，但是由于其两类方法现存的缺点，因此限制了其换道性能的表现。

为了解决基于采样的运动规划方法中存在的上述问题，用于运动规划的运动基元方法被提出。运动基元的思想是将车辆的轨迹和控制量进行同步离线保存，从而形成一个运动规划操作库。当车辆需要完成以某条轨迹为目标的运动规划时，可以通过直接调用相应的运动基元，也就是控制量指令，就可以完成相应的运动规划和控制。运动基元结合了基于控制采样和基于状态空间采样两种方法的优点，既保留了对采样路径终止点的可控性，又保证了规划控制的一致性，从而有效地解决了换道场景中动态复杂的运动规划难题。

6.2.4 基于场景表征和运动基元的运动规划

本模型基于决策贪婪规则的方法来选取奖励值最大的决策，因而将决策的内容定义为可选的运动基元，即预先生成的运动基元将作为可选决策，其定义流程如下：

$$o \leftarrow MP \tag{6-17}$$

$$\boldsymbol{O} = (MP_1, MP_2, \cdots, MP_n) \tag{6-18}$$

式中，$\boldsymbol{O}$ 表示决策库；MP 是预先离线生成的运动基元；n 是运动基元的数量，也是可选决策的数量。

在决策后同时实现运动规划，保证了在换道任务上决策、规划和控制的同步性。在6.2.2中，本研究定义了贪婪决策规则来选取收益最大的决策，由于在本节中决策被定义为运动基元，所以需要根据运动基元本身的特性修改贪婪决策的规则。

具体而言，由于每一个运动基元都对应了一个确定的换道轨迹，而每一条换道轨迹的长短不同，所占栅格状态数量不同，为了避免模型通过选择轨迹尽量长的运动基元来最大化奖励值，本研究采用平均总奖励的方式，通过计算每一个运动基元所能获得的总奖励和其所占有栅格状态数量的比值，来找到最大化收益的运动规划决策。因此，本节将针对运动规划将贪婪决策规则调整为

$$O(s)=\max\left\{\frac{v_1}{n_1},\frac{v_2}{n_2},\cdots,\frac{v_m}{n_m}\;\middle|\; s=s_0\right\} \tag{6-19}$$

式中，$O(s)$是决策的运动基元；m是可选运动基元的总数量，$k\in[1,2,3,\cdots,m]$，v_k是运动基元MP_k的状态值总奖励，n_k是运动基元MP_k所占有的栅格状态数目；s_0是指在决策时，当前主车所在状态位置。

通过调整后的决策贪婪规则，主车可以选择平均总奖励更大的运动基元来进行换道，从而帮助主车完成“趋利避害”的运动规划。改变后的决策贪婪规则，其既满足了运动规划的需要，也同时能够满足最优决策的要求，保证了决策和运动规划同时符合最大收益的需求。

6.3 类人可迁移换道模型的可迁移超车实验测试

6.3.1 面向超车类人换道场景表征的离线构建

构建一个10.5 m×105 m的观察区域用于表征智能车的前视视野，同时在该观察区域上构建一个3×30的栅格空间用于建模类人换道场景表征。其中每一个栅格的大小为3.5 m×3.5 m。如图6-7所示，该栅格空间中黄色栅格表示可以可用的栅格，紫色栅格表示障碍物。设置一个智能体在栅格状态空间上采用随机游走的策略进行探索，同时将栅格之间的状态转移关系记录在矩阵$\boldsymbol{M}_1$中。

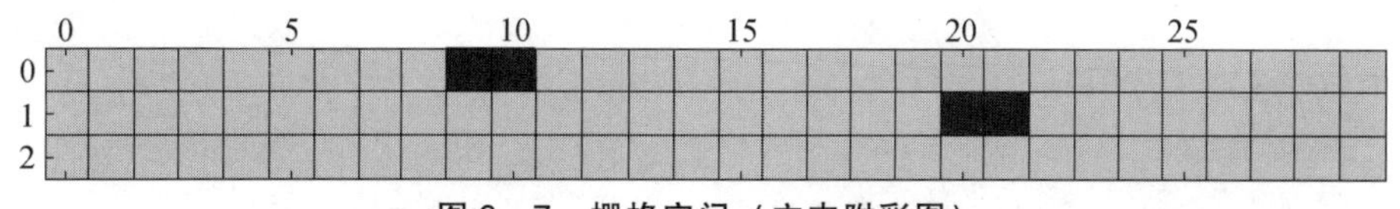

图6-7 栅格空间（文末附彩图）

为了找到收敛的认知矩阵$\boldsymbol{M}_1$，本章设置了30 000步的训练步，并设置了30个断点用来保存不同训练阶段时的认知矩阵$\boldsymbol{M}_1$。根据本研究在第6章提出的用于衡量矩阵相似度的公式（6-7），其30个断点的认知矩阵$\boldsymbol{M}_1$相似度变化如图6-8所示。

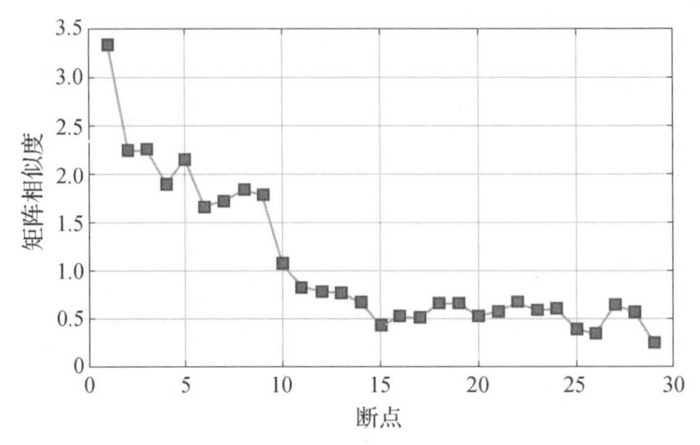

图 6-8 M_1 矩阵相似度变化曲线

如图 6-8 所示，矩阵相似度从断点 15 后开始趋于稳定，也就是从 $M_1(15)$ 开始，认知矩阵就已经趋近收敛。值得注意的是，这里的矩阵相似度不会为 0，因为每一次的探索都必然会改变认知矩阵 M_1 中某些元素值的大小。为了更加清楚地显示训练过程中矩阵的变化情况，这里选取了断点 1、5、15、30 四处的 M_1 矩阵，并将他们通过热度图的方式可视化，结果如图 6-9 所示。

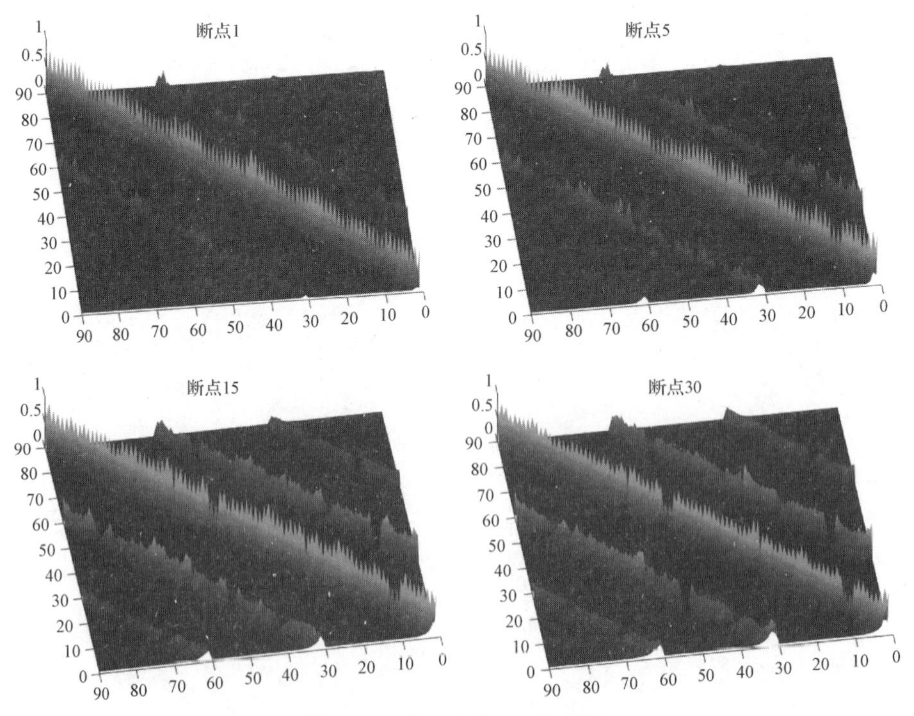

图 6-9 认知矩阵 M_1 热度图

从图 6－9 中可以看出，在断点 1 时，认知矩阵 $\boldsymbol{M}_1$ 的构建是不充分的，其中对状态与状态之间状态转移关系的探索还不完善；随着训练时间的增加和状态探索的逐渐丰富，认知矩阵中的元素逐渐稳定。可以从断点 15 之后的热度图看出，认知矩阵的 $\boldsymbol{M}_1$ 已经趋近收敛，只有局部还存在微小的变化。

为了展示在认知矩阵 $\boldsymbol{M}_1$ 训练过程中，智能体对各个栅格状态的探索充分性变化，本研究也用热度图的方式展示了每一个状态栅格的探索频率，结果如图 6－10 所示。

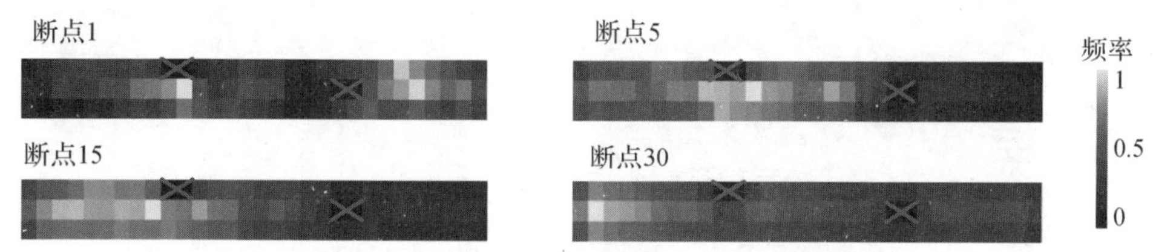

图 6－10　状态栅格探索变化（文末附彩图）

其中标有蓝色记号的栅格表示不可抵达的状态栅格，用来模拟超车视野中的前车（或其他障碍物等）。可以看出，随着时间的推移，智能体对整个状态栅格空间的探索在逐渐均匀与充分，从而也对应了逐渐收敛的认知矩阵。

为了后续验证方便，本节选取断点 15 处已经收敛的认知矩阵 $\boldsymbol{M}_1$ 来生成后续实验中的类人换道场景表征，同时将其迁移并作用于实时的奖励空间来生成类人换道场景表征，以指导后续的换道决策规划。

为了验证本章提出的类人可迁移换道模型在多种换道场景中的可用性，本章依据真实采集的数据中前车的行为模式设计了四种场景来测试。如图 6－11 所示，场景 1 用来表示主车在换道时，前车大概维持着现有速度，并无明显的加速行为，该场景用来描述驾驶行为相对保守或不易受他车行为影响的司机；场景 2 用来描述主车在换道时，前车有明显加速行为来阻止被超越，该场景用来描述驾驶行为风格较为激进的司机；场景 3 为避险场景，主车在完成第一次换道后，会面临突然出现的障碍物，此时主车需要通过完成二次换道来进行紧急避险；场景 4 用来测试换道决策的前瞻性，测试主车能否在第一次换道后将自己置于更利于二次换道的境地。

6.3.2　自主换道超车实验与结果分析

针对前文中介绍的四个场景，本小节展开四个超车实验。

（1）实验场景 1

场景 1 的测试建立在 CARLA 城区环境中一个双直行道上。前车的速度恒定，约为 7.5 m/s，而为了满足换道需求，主车的初始速度设置为 12 m/s。在

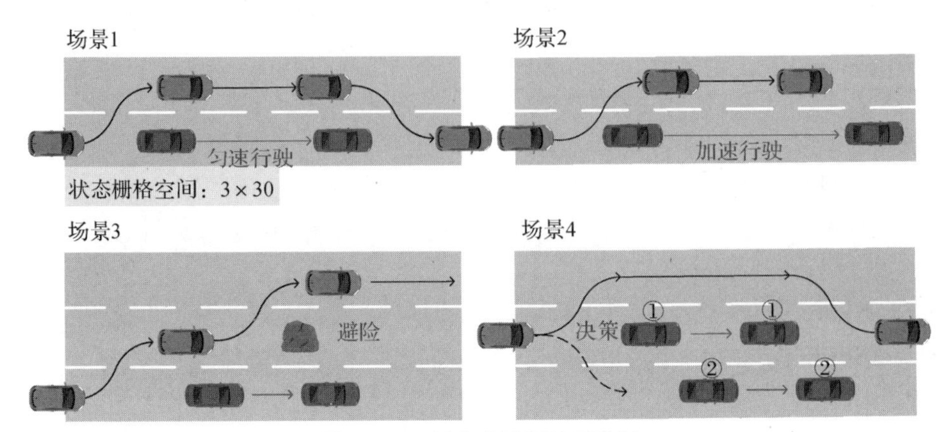

图 6－11　四个实验场景示意图

同一起点处，前车先出发 4 s，然后主车再出发，以此来保证一个安全的距离来满足公式（6－12）中的换道条件。当主车出发后，前车与主车之间的距离逐渐缩小，当满足换道触发的条件时，6. 2. 1 中离线提取的认知矩阵 $\boldsymbol{M}_1$ 会和当前时刻下的奖励空间进行作用生成类人换道场景表征。基于该类人换道场景表征，主车开始执行第一次换道。在完成第一次换道后，主车保持着 12. 5 m/s 的速度前进。同理依照公式（6－12），当满足第二次换道条件时，主车依据实时生成的类人换道场景表征来执行第二次换道。轨迹结果和换道时刻生成的类人换道场景表征结果如图 6－12 所示。

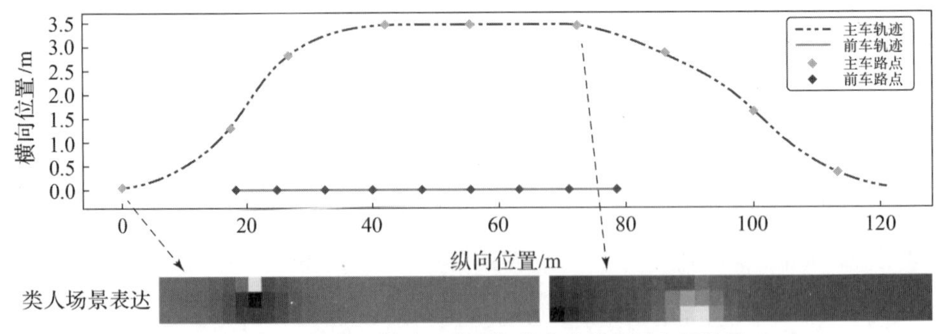

图 6－12　场景 1 轨迹示意图与类人换道场景表征结果

可以看出，换道时通过认知矩阵 $\boldsymbol{M}_1$ 和实时的奖励空间 R 生成的类人换道场景表征反映了模型面向换道行为的置信度。基于该类人换道场景表征的置信度和贪婪决策规则，模型从构建好的换道基元库中选取合适的运动基元完成换道。结果显示，模型能够在实验场景 1 中安全完成换道行为并顺利超车。

（2）实验场景 2

实验场景 2 中的道路条件同实验场景 1 一样为两车道的直行路段。主车和前车相距 35 m，在主车开始第一次换道时，前车开始提速，从起初的 7.5 m/s 加速至大约 14 m/s。前车的提速行为使得主车在第一次换道后，两车之间的纵向距离越来越大。其轨迹结果如图 6－13 所示。

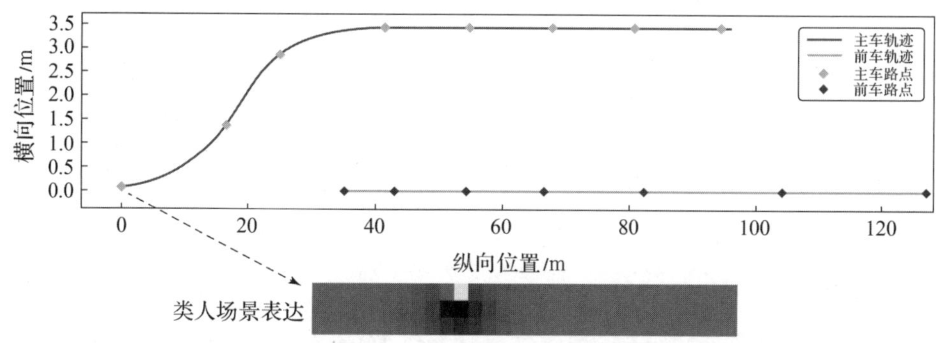

图 6－13　场景 2 轨迹示意图与类人换道场景表征结果

轨迹结果显示，主车在第一次换道后，由于前车的加速行为而无法满足第二次换道条件，所以系统没有进行第二次换道，保证了车辆的行驶安全。

（3）实验场景 3

实验场景 3 建立在一条三车道的直行路段上，前车早于主车出发 6 s。当主车与前车的间距为 30 m 时，主车完成第一次换道，换道完成后，主车所在路段前方 18 m 处出现障碍物，主车需要进行第二次换道进行避障。其轨迹结果和类人换道场景表征如图 6－14 所示。

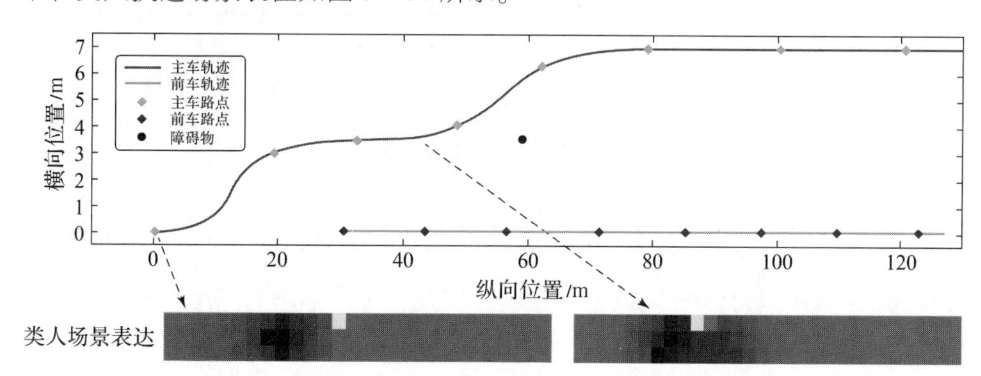

图 6－14　场景 3 轨迹示意图与类人换道场景表征结果

轨迹结果显示，主车在第一次换道后，面对障碍物，采取了二次换道策略避险，保证了行驶安全，证明了类人换道场景表征的可靠性以及基于该场景表征的运动基元决策响应性。

(4) 实验场景 4

实验场景 4 同样建立在一个三车道的直行路段上，主车从中间车道出发，中间车道前方 20 m 和右车道前方 55 m 处各存在一辆前车，主车需要在第一次换道决策采取哪一条车道用来超车。在该情况下，主车选择左车道进行第一次换道将能够有利于第二次换道超车，被判定为“更优决策”。轨迹结果如图 6 – 15 所示。

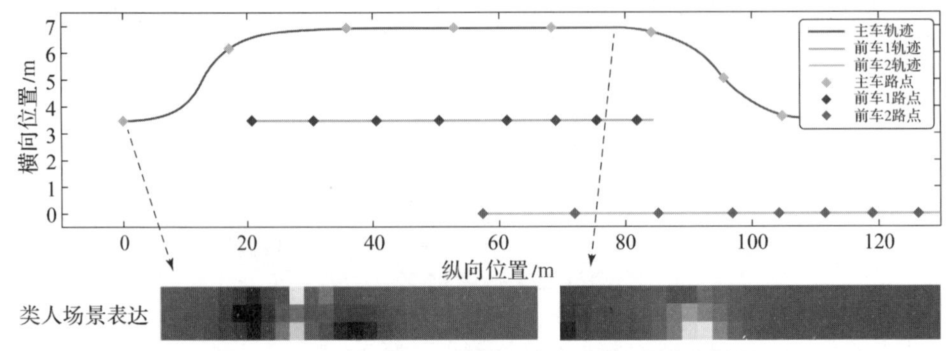

图 6 – 15 场景 4 轨迹示意图与类人换道场景表征结果

轨迹结果显示，基于类人可迁移换道模型的主车能够在第一次换道选择“更优决策”，因为其类人换道场景表征里考虑了更远处车辆对其的影响。因此，该模型的决策更加具有前瞻性。

6.4 类人可迁移换道模型的类人实验测试

6.4.1 不同风格行为的类人换道场景表征

在本节中，为了在类人换道场景表征的基础上更好地实现类人运动规划，本小节在一个 12 m × 80 m 的视野域上，构建了一个 36 × 240 的栅格状态空间。相较于 6.1 中采用大小为 3 × 30 的栅格状态空间，更加细化的栅格状态空间更有利于模型通过运动基元来完成类人决策和运动规划。此外，为了让栅格状态空间更加贴合真实的视野，本小节将主车的位置设置在了栅格空间的(18,60)处，同时也就是整个视野域的（6 m，20 m）处，这样就可以保证车辆对于后方交通情况的感知，以接近真实的驾驶情况。其状态栅格空间示意图如图 6 – 16 所示。

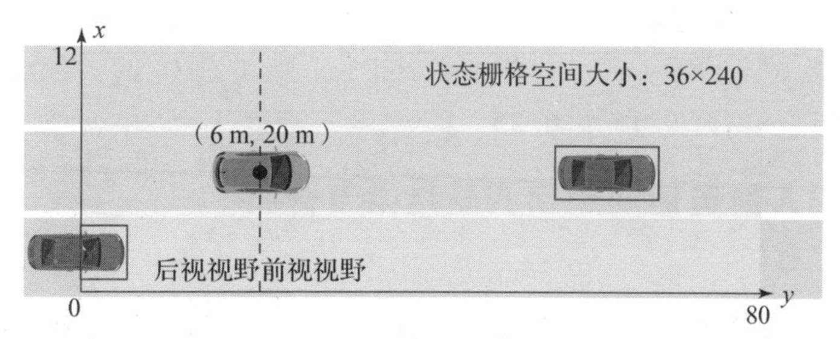

图6－16　状态栅格空间示意图

在该栅格状态空间上，为了生成面向三种风格换道行为的类人换道场景表征，本小节采用三种风格的换道数据进行换道认知矩阵 $\boldsymbol{M}$ 的构建。在6.1.1中构建的认知矩阵 $\boldsymbol{M}_1$ 的基础上，本小节引入了 $\boldsymbol{M}_2$ 作为面向不同风格驾驶员的类人换道认知矩阵 $\boldsymbol{M}$。$\boldsymbol{M}$ 的表达式为：

$$\boldsymbol{M}=(1-\alpha)\boldsymbol{M}_1+\alpha\boldsymbol{M}_2 \tag{6-20}$$

式中，系数 α 介于0到1，用来区分三类驾驶员；$\boldsymbol{M}_1$ 在6.3中称为认知矩阵，为了与 $\boldsymbol{M}_2$ 和 $\boldsymbol{M}$ 进行区分，此处开始称 $\boldsymbol{M}_1$ 为预认知矩阵。预认知矩阵 $\boldsymbol{M}_1$ 通过随机训练生成，$\boldsymbol{M}_2$ 矩阵通过换道数据生成，其训练过程中轨迹数据输入到栅格空间中生成的状态栅格访问频率热图如图6－17所示。系数 α 是面向不同风格驾驶行为的权重分配，$\boldsymbol{M}$ 矩阵作为是最后 $\boldsymbol{M}_1$ 和 $\boldsymbol{M}_2$ 加权后组合的换道认知矩阵。通过引入系数的方式来调整两个矩阵的权重，面向不同驾驶风格类别的换道认知矩阵 $\boldsymbol{M}$，就可以建立并用于后续的类人换道实验验证。

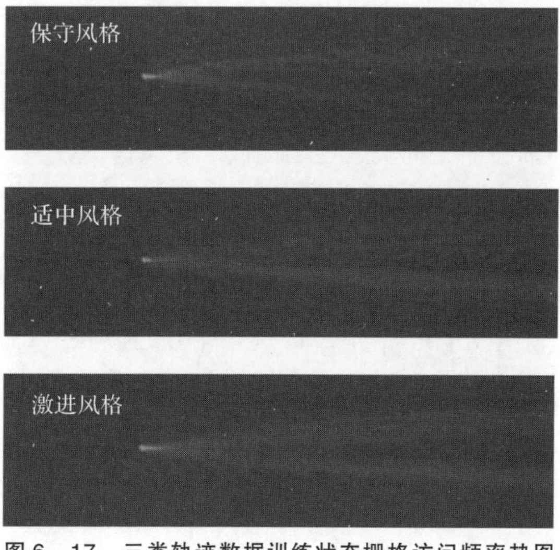

图6－17　三类轨迹数据训练状态栅格访问频率热图

在本研究中，经过对现有真实采集数据场景中的大量测试，确定了三种驾驶风格的系数 α 区间为：保守风格系数 α 的区间为 0 到 0.1；适中风格为 0.35 到 0.45；激进风格为 0.15 到 0.25。

6.4.2 类人换道运动规划实验结果及分析

为了验证本方法在轨迹层面的类人性，本研究在采集数据的基础上，针对三种驾驶风格的数据场景进行了复现。具体而言，为了确定三种驾驶风格的系数 α，本实验将真实换道轨迹作为目标，经过大量测试，确定了面向三种风格驾驶员的系数 α 范围。此外，为了能够反映出本研究提出的类人可迁移换道模型在运动规划上和真实数据上的比较结果，本小节选用了均方根误差（Root Mean Squared Error，RMSE）来计算类人可迁移换道模型规划的轨迹和真实数据中换道轨迹的误差。其计算原理如下：

$$\mathrm{RMSE}(x) = \sqrt{\frac{1}{N}\sum_{k=1}^{N}(x_k - \hat{x}_k)^2} \tag{6-21}$$

式中，N 是用于计算 RMSE 所选取的计算点数量，其数量依据真实场景轨迹数据的计算点数量而定；x_k 表示类人可迁移模型运动规划得到轨迹中第 k 个计算点的横向位置；$\hat{x}_k$ 表示真实数据中换道轨迹中第 k 个计算点的横向位置。本研究只选取了横向方向上的 RMSE 结果来进行展示，纵向方向同理，故不做重复计算。

在 6.3.1 中，在模型执行换道时，其奖励空间的生成由三秒经验规则指定运动规划目标位置。在本节实验的类人验证中，目标点则依据实验数据，其主车换道目标为真实数据中主车的换道结束点，其主车开始换道点为真实数据中主车的开始换道点。换句话说，真实换道数据场景中主车换道轨迹的起止点将分别作为本模型换道的决策点和目标点，以此来检验本研究提出的类人可迁移换道模型在运动规划层面上的类人性。因此，在数据场景复现的过程中，当主车的速度和与前车的间距与数据场景中一致时，系统开始进行换道运动规划，其数据中真实轨迹的换道结束点所占的奖励空间栅格设置 $R=1$。其在真实数据场景中运动规划示意图如图 6-18 所示。

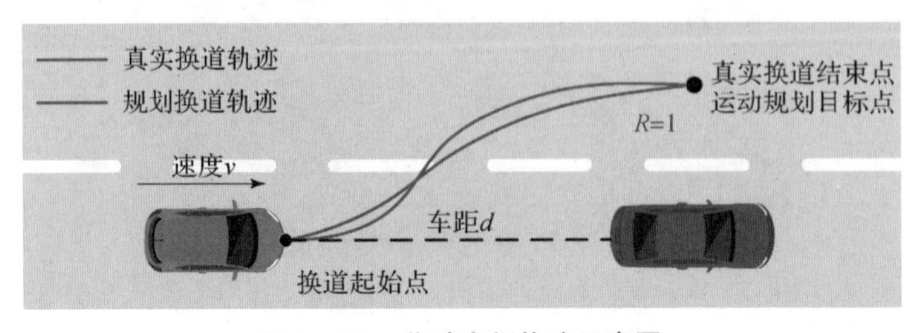

图 6-18 奖励空间构建示意图

（1）保守风格

针对保守风格的驾驶员数据，本研究针对现有数据进行了大量实验验证后，确定了系数 α 的区间为 0 到 0.1，其对应 10 组测试实验的 RMSE 结果展示如图 6－19 所示。

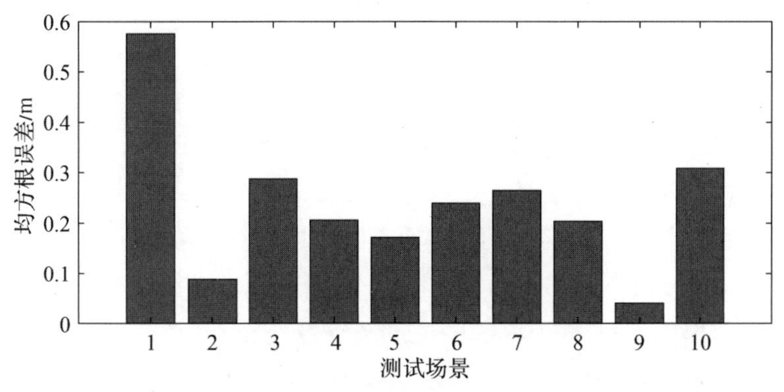

图 6－19　保守风格类人换道实验 RMSE 结果

图 6－20 展示了其中三个测试场景的轨迹结果。针对保守型的换道行为，本小节提出的认知矩阵 $\boldsymbol{M}$ 和相应的系数 α 能够实现轨迹层面类人的运动规划。

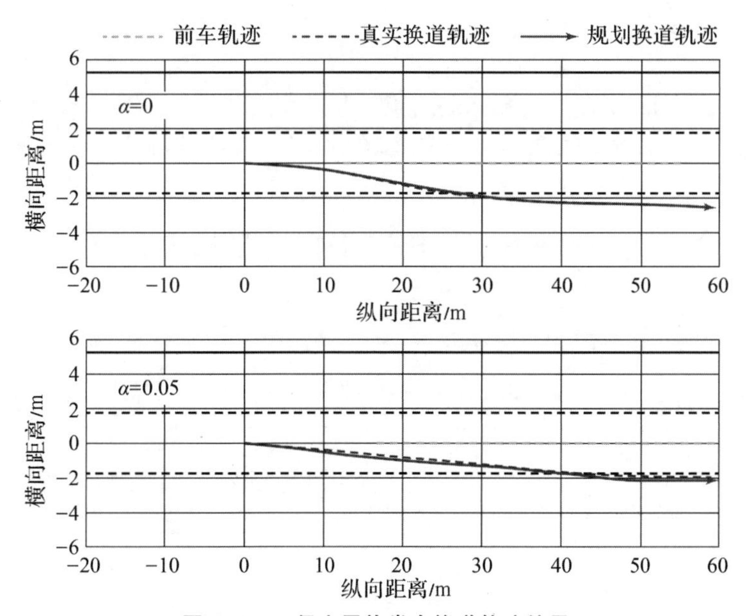

图 6－20　保守风格类人换道轨迹结果

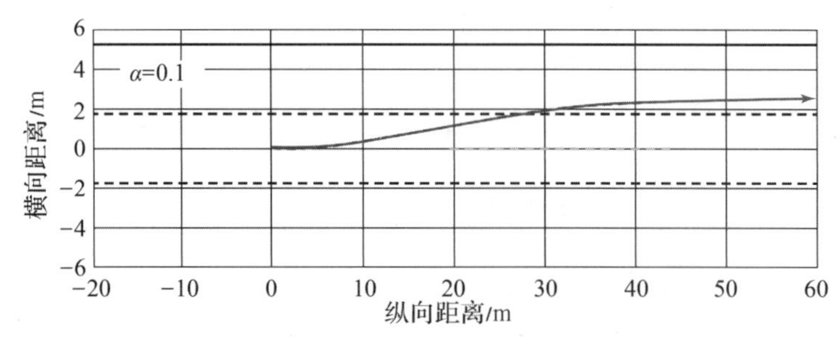

图 6-20　保守风格类人换道轨迹结果（续）

（2）适中风格

针对适中风格的驾驶员数据，本研究针对现有数据进行了大量实验验证后，确定了系数 α 的区间为 0.35 到 0.45，其适中风格驾驶行为对应 41 组测试场景的运动规划实验结果如图 6-21 所示。

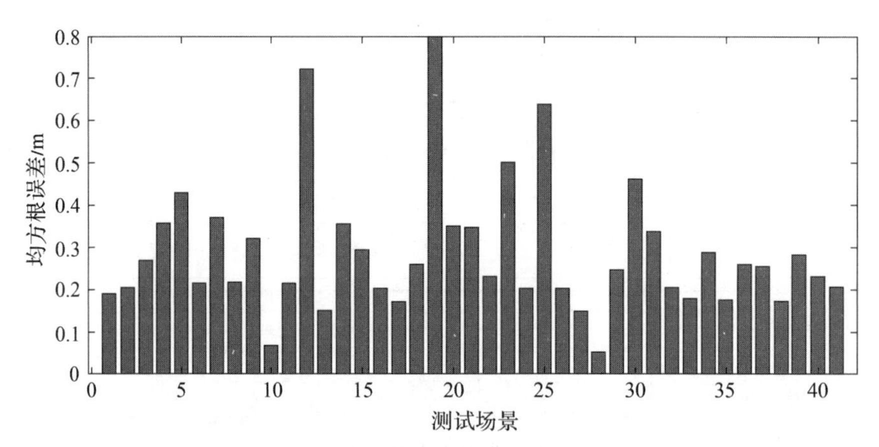

图 6-21　适中风格类人换道实验 RMSE 结果

图 6-22 展示了三个实验场景的轨迹结果。针对风格适中型的换道行为，本章提出的认知矩阵 $\boldsymbol{M}$ 和相应的系数 α 能够实现轨迹层面类人的运动规划。

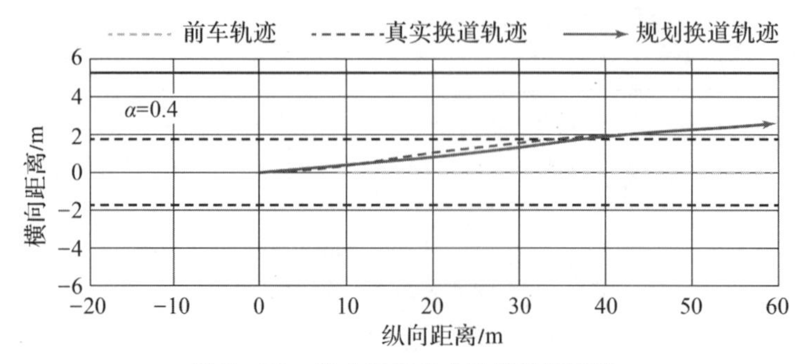

图 6-22　适中风格类人换道轨迹结果

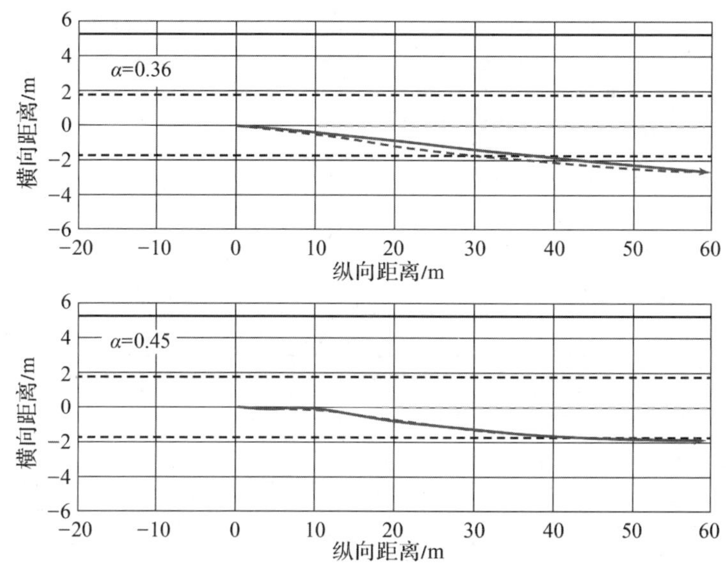

图 6－22　适中风格类人换道轨迹结果（续）

（3）激进风格

针对激进风格的驾驶行为，本研究针对现有数据进行了大量实验验证后，确定了系数 α 的区间为 0.15 到 0.25，其 8 组激进风格驾驶行为测试场景对应的运动规划 RMSE 结果如图 6－23 所示。

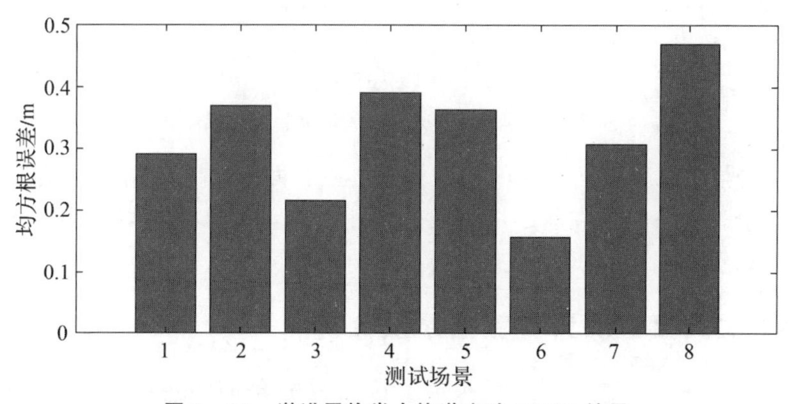

图 6－23　激进风格类人换道实验 RMSE 结果

图 6－24 展示了三个实验场景的轨迹结果。针对风格激进型的换道行为，本小节提出的认知矩阵 $\boldsymbol{M}$ 和相应的系数 α 能够实现轨迹层面类人的运动规划。

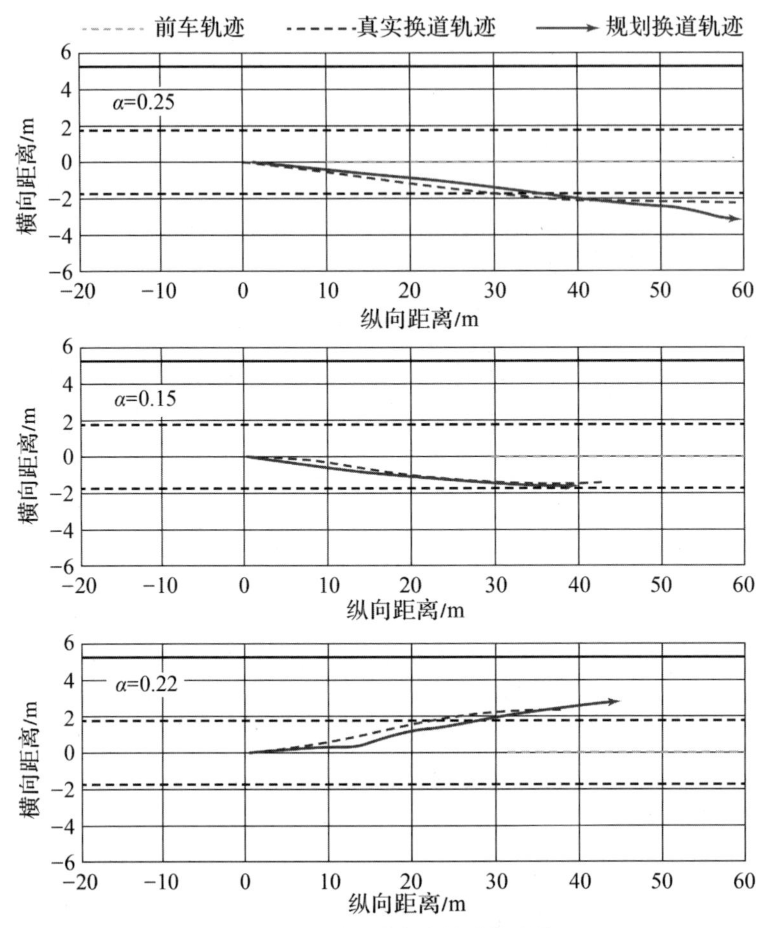

图 6-24 激进风格类人换道轨迹结果

上述实验结果表明，在当前的数据基础上，面向不同风格驾驶员构建的类人换道场景表征，能够在运动规划上选择出轨迹与真实数据接近的运动基元，这表明了本研究提出的类人可迁移模型具有很好的类人运动规划潜力。

6.4.3 类人换道决策实验结果及分析

在换道场景中，对于驾驶员来说，选择哪一条道路进行换道是至关重要的。在本节中，本研究将对模型换道决策的类人性进行测试。

具体而言，针对三种类别的驾驶风格数据，在构建的三种换道认知矩阵 $\boldsymbol{M}$ 的基础上，本节选取了 CARLA 中的三车道作为测试场景，其中测试方式如下：首先将基于北京理工大学数据采集平台构建的数据集在 CARLA 中进行场景还原，从而生成了测试场景。其次，通过将数据集的每一个换道场景里主车的换道决策设为真值，然后通过本研究提出的类人可迁移换道模型进行决策测试。最后，通过统计数据中在三种换道行为风格下真值和模型测试结果中道路决策一致的概率，从而得到类人可迁移模型的道路决策是否具有类人性。

（1）保守风格

保守风格的测试场景共有10组，其真实数据场景中换道决策结果、基于类人可迁移模型的换道决策结果以及两种方法的换道决策一致率如表6-3所示。

表6-3 保守风格换道决策对比结果

方法	类人可迁移换道模型		真实数据	
换道决策率（%）	左换道70%	右换道30%	左换道60%	右换道40%
换道决策一致率（%）	90%			

从换道决策结果可以看出，在保守风格数据中，真实场景数据中主车共有6次左换道，4次右换道。而本节提出的类人可迁移换道模型在测试中，左换道决策7次，右换道决策3次，换道决策一致率为90%。

（2）适中风格

保守风格的测试场景共有41组，其真实数据场景中换道决策结果、基于类人可迁移模型的换道决策结果以及两种方法的换道决策一致率结果如表6-4所示。

表6-4 适中风格换道决策对比结果

方法	类人可迁移换道模型		真实数据	
换道决策率（%）	左换道58.5%	右换道41.5%	左换道46.3%	右换道53.7%
换道决策一致率（%）	82.9%			

从换道决策结果可以看出，在适中风格数据中，真实场景数据中主车左换道决策次数为19次，右换道决策次数为22次。而本小节提出的类人可迁移换道模型在测试中，在左换道和右换道都可以的情况下，左换道决策24次，右换道决策17次，其换道决策一致率为82.9%。

（3）激进风格

激进风格的测试场景共有8组，其真实数据场景中换道决策结果、基于类人可迁移模型的换道决策结果以及两种方法的换道决策一致率结果如表6-5所示。

表 6－5　激进风格换道决策对比结果

方　法	类人可迁移换道模型		真实数据	
换道决策率（%）	左换道 50%	右换道 50%	左换道 62.5%	右换道 37.5%
换道决策一致率（%）	87.5%			

从换道决策结果可以看出，在激进风格数据中，真实场景数据中主车左换道决策次数为 5 次，右换道决策次数为 3 次。而本小节提出的类人可迁移换道模型在测试中，在左换道和右换道都可以的情况下，左换道决策 4 次，右换道决策 4 次，其换道决策一致率为 87.5%。

综上所述，在三种行为风格场景中，本章提出的类人可迁移换道模型在换道决策上能够与真实数据保持一定程度上的一致率。

人类驾驶员的决策并非绝对是最优决策。因此，选择六个场景，测试其所提出的方法选择更好的车道来改变的能力。在这个测试中，本研究使用了来自公开数据集的 6 个数据场景。在这些数据场景中，道路上有不止一辆障碍物车（FV）。当两辆 FV 分别在当前车道和某侧车道上时，另一侧车道被认为是变道时的最佳选择。如图 6－25 所示，在人类驾驶员（Driver）的决策较优时，基于类人可迁移模型（Cog－MP）能作出与其一致的动作，以保证决策一致性。当人类驾驶员决策并非理论上最优时，基于类人可迁移模型能优先作出更优决策，而非完全与驾驶员保持一致。

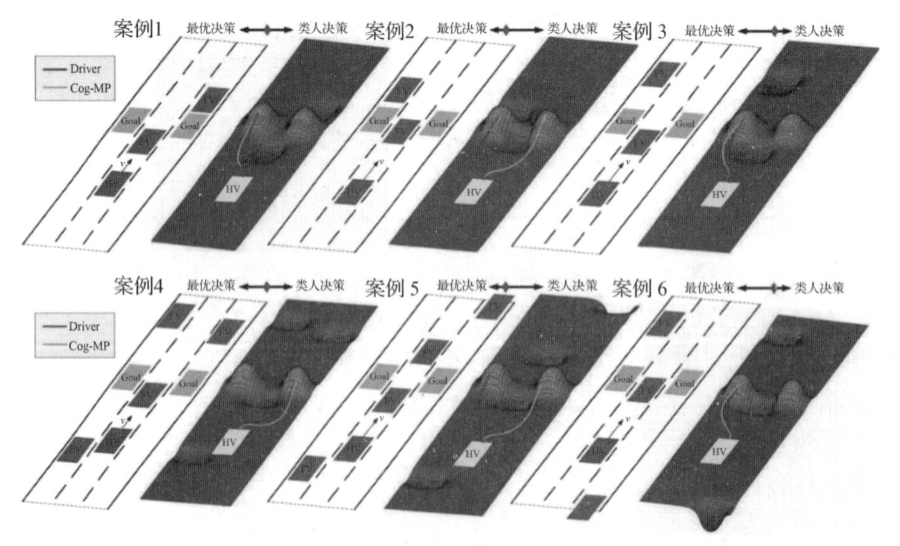

图 6－25　在场景中实现决策优化的示例

本书详细阐述了多种强化学习算法，包括经典强化学习中的Q学习和NLP算法、分层强化学习中的改进Q学习算法、深度强化学习中的DQN和DDPG算法，以及具有迁移性的SR算法。并应用这些强化学习算法，构建智能车辆的决策控制模型，解决了智能车辆决策控制领域的多项问题，包括横纵向速度决策控制、路径跟踪、超车、换道、交叉路口通行等。对智能车辆模型引入强化学习算法，能实现模型适应性提升，帮助其在复杂场景中作出合理且安全的通行选择。随着强化学习和智能驾驶的发展，越来越多的针对此领域的研究被相继开展，它们将共同促进道路交通智能化水平的提升，从而推动交通运输行业的转型升级。

参 考 文 献

[1] Shladover S E. Connected and automated vehicle systems: Introduction and overview [J]. *Journal of Intelligent Transportation Systems*, 2018, 22(3): 190 - 200.

[2] Bathla G, Bhadane K, Singh R K, et al. Autonomous vehicles and intelligent automation: Applications, challenges, and opportunities [J]. *Mobile Information Systems*, 2022, 2022(1): 7632892.

[3] Fayyad J, Jaradat M A, Gruyer D, et al. Deep learning sensor fusion for autonomous vehicle perception and localization: A review[J]. *Sensors*, 2020, 20(15): 4220.

[4] Zhu H, Yuen K V, Mihaylova L, et al. Overview of environment perception for intelligent vehicles[J]. *IEEE Transactions on Intelligent Transportation Systems*, 2017, 18(10): 2584 - 2601.

[5] Hu A, Cotter F, Mohan N, et al. Probabilistic future prediction for video scene understanding[C]//Computer Vision - ECCV 2020: 16th European Conference, Glasgow, UK, August 23 - 28, 2020, Proceedings, Part XVI 16. *Springer International Publishing*, 2020: 767 - 785.

[6] Tampuu A, Matiisen T, Semikin M, et al. A survey of end - to - end driving: Architectures and training methods[J]. *IEEE Transactions on Neural Networks and Learning Systems*, 2020, 33(4): 1364 - 1384.

[7] Wurman P R, Barrett S, Kawamoto K, et al. Outracing champion Gran Turismo drivers with deep reinforcement learning[J]. *Nature*, 2022, 602. DOI: 10. 1038/s 41586 - 021 - 04357 - 7.

[8] Xu Z, Zhang Y, Xie E, et al. Drivegpt 4: Interpretable end - to - end autonomous driving via large language model[J]. arXiv preprint arXiv: 2310. 01412, 2023.

[9] Llorca D F, Daza I G, Parra N H, et al. Sensors and sensing for intelligent vehicles [J]. *Sensors*, 2020, 20(18): 5115.

[10] Alaba S Y. GPS - IMU Sensor Fusion for Reliable Autonomous Vehicle Position Estimation[J]. arXiv preprint arXiv: 2405. 08119, 2024.

[11] Häne C, Heng L, Lee G H, et al. 3D visual perception for self - driving cars using a multi - camera system: Calibration, mapping, localization, and obstacle detection [J]. *Image and Vision Computing*, 2017, 68: 14 - 27.

[12] Bao Z, Hossain S, Lang H, et al. High - definition map generation technologies for autonomous driving[J]. arXiv preprint arXiv: 2206. 05400, 2022.

[13] Galvao L G, Abbod M, Kalganova T, et al. Pedestrian and vehicle detection in autonomous vehicle perception systems—A review [J]. *Sensors*, 2021, 21 (21):7267.

[14] Ghraizi D, Talj R, Francis C. An overview of decision – making in autonomous vehicles[J]. *IFAC – PapersOnLine*, 2023, 56(2):10971 – 10983.

[15] Le Mero L, Yi D, Dianati M, et al. A survey on imitation learning techniques for end – to – end autonomous vehicles [J]. *IEEE Transactions on Intelligent Transportation Systems*, 2022, 23(9):14128 – 14147.

[16] Mao J, Qian Y, Zhao H, et al. Gpt – driver: Learning to drive with gpt[J]. arXiv preprint arXiv:2310.01415, 2023.

[17] Liu Q, Li X, Yuan S, et al. Decision – making technology for autonomous vehicles: Learning – based methods, applications and future outlook[C]//2021 *IEEE International Intelligent Transportation Systems Conference (ITSC)*. IEEE, 2021:30 – 37.

[18] Shani G, Heckerman D, Brafman R I, et al. An MDP – based recommender system [J]. *Journal of machine Learning research*, 2005, 6(9).

[19] Sutton R S, Barto A G. Reinforcement learning: An introduction [M]. *MIT press*, 2018.

[20] Mnih V, Kavukcuoglu K, Silver D, et al. Human – level control through deep reinforcement learning[J]. *Nature*, 2015, 518(7540):529 – 533.

[21] Cortes C, Vapnik V. Support – vector networks[J]. *Machine learning*, 1995, 20: 273 – 297.

[22] Caron M, Bojanowski P, Joulin A, et al. Deep clustering for unsupervised learning of visual features[C]//*Proceedings of the European conference on computer vision (ECCV)*. 2018:132 – 149.

[23] Sutton R S. Learning to predict by the methods of temporal differences [J]. *Machine learning*, 1988, 3:9 – 44.

[24] Watkins C J C H, Dayan P. Q – learning [J]. *Machine learning*, 1992, 8:279 – 292.

[25] Rummery G A, Niranjan M. On – line Q – learning using connectionist systems [M]. Cambridge, UK: University of Cambridge, Department of Engineering, 1994.

[26] Bertsekas D, Tsitsiklis J N. Neuro – dynamic programming[M]. *Athena Scientific*, 1996.

[27] Reinforcement learning and approximate dynamic programming for feedback control[M]. *John Wiley & Sons*, 2013.

[28] Silver D, Lever G, Heess N, et al. Deterministic policy gradient algorithms[C]// *International conference on machine learning*. Pmlr, 2014: 387 – 395.

[29] Bertsekas D P. Dynamic programming and stochastic control[J]. 1976.

[30] Duchi J, Hazan E, Singer Y. Adaptive subgradient methods for online learning and stochastic optimization[J]. *Journal of machine learning research*, 2011, 12(7).

[31] Papierok S, Noglik A, Pauli J. Application of reinforcement learning in a real environment using an RBF network[C]// *Proceedings of the International Workshop on Evolutionary Learning for Autonomous Robot Systems*. 2008: 17 – 22.

[32] Van Hasselt H, Guez A, Silver D. Deep reinforcement learning with double q – learning[C]// *Proceedings of the AAAI conference on artificial intelligence*. 2016, 30 (1).

[33] Mnih V, Badia A P, Mirza M, et al. Asynchronous methods for deep reinforcement learning[C]// *International conference on machine learning*. PMLR, 2016: 1928 – 1937.

[34] DOSOVITSKIY A, ROS G, CODEVILLA F, et al. CARLA: An open urban driving simulator; *Proceedings of the Conference on robot learning*, F, 2017 [C]. PMLR: 1 – 16.

[35] Zhao J, Chen Z, Zhu B, et al. Research on adaptive cruise control strategy considering the disturbance of preceding vehicle and multi – objective optimization[R]. *SAE Technical Paper*, 2021.

[36] Song T, Zhu W X. Analysis of feed – forward control effect on autonomous driving car – following system[J]. *Physica A: Statistical Mechanics and its Applications*, 2022, 598: 127401.

[37] Yuan M, Shan J. Learning Adaptive Cruise Control for Autonomous Vehicles Using End – to – End Deep Reinforcement Learning[C]// *IECON* 2023 – 49*th Annual Conference of the IEEE Industrial Electronics Society*. IEEE, 2023: 1 – 6.

[38] Lee D H. Lane – Keeping Control of Autonomous Vehicles Through a Soft – Constrained Iterative LQR[J]. arXiv preprint arXiv: 2311. 16900, 2023.

[39] Jeong Y. Interactive Lane Keeping System for Autonomous Vehicles Using LSTM – RNN Considering Driving Environments[J]. *Sensors*, 2022, 22(24): 9889.

[40] Yu S, Hirche M, Huang Y, et al. Model predictive control for autonomous ground vehicles: a review[J]. *Autonomous Intelligent Systems*, 2021, 1: 1 – 17.

[41] Kiran B R, Sobh I, Talpaert V, et al. Deep reinforcement learning for autonomous

driving: A survey [J]. *IEEE Transactions on Intelligent Transportation Systems*, 2021,23(6):4909 - 4926.

[42] Hang P, Lv C, Xing Y, et al. Human - like decision making for autonomous driving: A noncooperative game theoretic approach [J]. *IEEE Transactions on Intelligent Transportation Systems*, 2020,22(4):2076 - 2087.

[43] Kim, I. - H.; Bong, J. - H.; Park, J.; Park, S. Prediction of driver's intention of lane change by augmenting sensor information using machine learning techniques. *Sensors* 2017,17,1350.

[44] Lu C, Gong J, Lv C, et al. A personalized behavior learning system for human - like longitudinal speed control of autonomous vehicles[J]. *Sensors*, 2019, 19(17):3672.

[45] Huang Z, Xu X, He H, et al. Parameterized batch reinforcement learning for longitudinal control of autonomous land vehicles [J]. *IEEE Transactions on Systems, Man, and Cybernetics: Systems*, 2017, 49(4):730 - 741.

[46] Priddy K L, Keller P E. Artificial neural networks: an introduction [M]. *SPIE press*, 2005.

[47] Rumelhart D E, Hinton G E, Williams R J. Learning representations by back - propagating errors[J]. *Nature*, 1986, 323(6088):533 - 536.

[48] Schwarting W, Pierson A, Alonso - Mora J, et al. Social behavior for autonomous vehicles[J]. *Proceedings of the National Academy of Sciences*, 2019, 116(50): 24972 - 24978.

[49] Sutton R S, Precup D, Singh S. Between MDPs and semi - MDPs: A framework for temporal abstraction in reinforcement learning [J]. *Artificial intelligence*, 1999, 112(1 - 2):181 - 211.

[50] 王鼎新. 基于改进 Q - learning 算法的 AGV 路径规划[J]. 电子设计工程, 2021, 29(04):7 - 10 + 15.

[51] Paden B, Čáp M, Yong S Z, et al. A survey of motion planning and control techniques for self - driving urban vehicles[J]. *IEEE Transactions on intelligent vehicles*, 2016, 1(1):33 - 55.

[52] Khan S. Collision avoidance system proposed by a model using NRF 24L01 and infrared sensor[D]. BRAC University, 2018.

[53] Howard T M, Kelly A. Optimal rough terrain trajectory generation for wheeled mobile robots[J]. *The International Journal of Robotics Research*, 2007, 26(2): 141 - 166.

[54] Thrun S, Montemerlo M, Dahlkamp H, et al. Stanley: The robot that won the DARPA

Grand Challenge[J]. *Journal of field Robotics*,2006,23(9):661 – 692.

[55] Li Y, Ang K H, Chong G C Y. Patents, software, and hardware for PID control: an overview and analysis of the current art[J]. *IEEE Control Systems Magazine*, 2006,26(1):42 – 54.

[56] Polack P, Altché F, d'Andréa – Novel B, et al. The kinematic bicycle model: A consistent model for planning feasible trajectories for autonomous vehicles?[C]. 2017 *IEEE intelligent vehicles symposium(IV)*. IEEE,2017:812 – 818.

[57] Wang S, Gao K, Zhang L, et al. Probabilistic Prediction of Longitudinal Trajectory Considering Driving Heterogeneity With Interpretability [J]. *IEEE Intelligent Transportation Systems Magazine*,2024.

[58] He Z. Research based on high – fidelity NGSIM vehicle trajectory datasets: A review[J]. *Research Gate*,2017:1 – 33.

[59] Dong C, Dolan J M, Litkouhi B. Intention estimation for ramp merging control in autonomous driving[C]. 2017 *IEEE intelligent vehicles symposium (IV)*. IEEE, 2017:1584 – 1589.

[60] Lillicrap T P ,Hunt J J ,Pritzel A ,et al. Continuous control with deep reinforcement learning[J]. *Computer Science*,2015. DOI:10. 1016/S1098 – 3015(10)67722 – 4.

[61] 吕超,鲁洪良,于洋,等. 基于分层强化学习和社会偏好的自主超车决策系统 [J]. 中国公路学报,2022,35(3):115 – 126.

[62] Pivtoraiko M , Kelly A . Kinodynamic motion planning with state lattice motion primitives[C]//2011 *IEEE/RSJ International Conference on Intelligent Robots and Systems*, IROS 2011, San Francisco, CA, USA, September 25 – 30, 2011. IEEE, 2011. DOI:10. 1109/IROS. 2011. 6094900.

[63] LU C, HU F, CAO D, et al. Virtual – to – real knowledge transfer for driving behavior recognition: Framework and a case study [J]. *IEEE Transactions on Vehicular Technology*,2019,68(7):6391 – 6402.

[64] LU C, HU F, CAO D, et al. Transfer learning for driver model adaptation in lane – changing scenarios using manifold alignment [J]. *IEEE Transactions on Intelligent Transportation Systems*,2019,21(8):3281 – 3293.

[65] LU C, HU F, WANG W, et al. Transfer learning for driver model adaptation via modified local Procrustes analysis [C]. 2018 *IEEE Intelligent Vehicles Symposium(IV)*. IEEE:73 – 78.

[66] LI Z, GONG C, LU C, et al. Transferable driver behavior learning via distribution adaption in the lane change scenario [C]. 2019 *IEEE Intelligent Vehicles*

Symposium(*IV*). IEEE:193 – 200.

[67] GONG C, LI Z, LU C, et al. A comparative study on transferable driver behavior learning methods in the lane – changing scenario [C]. 2019 *IEEE Intelligent Transportation Systems Conference*(*ITSC*). IEEE:3999 – 4005.

[68] 杨闯,刘建业,熊智,等. 由感知到动作决策一体化的类脑导航技术研究现状与未来发展 [J]. 航空学报,2020,41(1):023280.

[69] TOLMAN E C. Cognitive maps in rats and men [J]. *Psychological Review*, 1948, 55(4):189.

[70] YAN W, WEBER C, WERMTER S. A neural approach for robot navigation based on cognitive map learning [C]. *The* 2012 *international joint conference on neural networks*(*IJCNN*). IEEE:1 – 8.

[71] BEHRENS T E, MULLER T H, WHITTINGTON J C, et al. What is a cognitive map? Organizing knowledge for flexible behavior [J]. *Neuron*, 2018, 100(2): 490 – 509.

[72] SCHUCK N W, CAI M B, WILSON R C, et al. Human orbitofrontal cortex represents a cognitive map of state space [J]. *Neuron*, 2016, 91(6):1402 – 1412.

[73] EPSTEIN R A, PATAI E Z, JULIAN J B, et al. The cognitive map in humans: spatial navigation and beyond [J]. *Nature neuroscience*, 2017, 20(11):1504 – 1513.

[74] BROGGI A, MEDICI P, ZANI P, et al. Autonomous vehicles control in the VisLab intercontinental autonomous challenge [J]. *Annual Reviews in Control*, 2012, 36(1):161 – 171.

[75] FOX D, BURGARD W, THRUN S. The dynamic window approach to collision avoidance [J]. *IEEE Robotics Automation Magazine*, 1997, 4(1):23 – 33.

[76] JIANG Y, GONG J, XIONG G, et al. Design of a universal self – driving system for urban scenarios—BIT – III in the 2011 Intelligent Vehicle Future Challenge [C]. 2012 *IEEE Intelligent Vehicles Symposium*. IEEE:506 – 510.

[77] 姜岩,龚建伟,熊光明,等. 基于运动微分约束的无人车辆纵横向协同规划算法的研究 [J]. 自动化学报,2013,39(12):2012 – 2020.

术 语 表

中文全称	英文全称	英文简写
全球定位系统	Global Positioning System	GPS
惯性测量单元	Inertial Measurement Unit	IMU
控制器局域网	Controller Area Network	CAN
防抱死制动系统	Anti – Locked Braking System	ABS
比例积分微分	Proportional Integral Differential	PID
个性化学习系统	Personalized Behavior Learning System	PBLS
线性二次型调节器	Linear Quadratic Regulator	LQR
深度强化学习	Deep Reinforcement Learning	DRL
马尔可夫决策过程	Markov Decision Process	MDP
部分可观察马尔可夫决策过程	Partially Observable Markov Decision Process	POMDP
时序差分学习	Temporal – Difference Learning	TD Learning
强化学习	Reinforcement Learning	RL
马尔可夫过程	Markov Process	MP
行动器 – 评判器方法	actor – critic method	
异步优势行动器 – 评判器	Asynchronous Advantage Actor – Critic	A3C
梯度下降	Gradient Descent	GD
均方误差	Mean – Squared Error	MSE
随机梯度下降法	Stochastic Gradient Descent	SGD
策略梯度法	Policy Gradient	PG
模型预测控制	Model Predictive Control	MPC
深度确定性策略梯度	Deep Deterministic Policy Gradient	DDPG

续表

中文全称	英文全称	英文简写
生成型预训练变换模型	Generative Pre – trained Transformer	GPT
径向基函数	Radial Basis Function	RBF
自动巡航控制	Automatic Cruise Control	ACC
换道	Lane Change	LC
车道保持	Lane Keeping	LK
神经 Q 学习	Neural Q – Learning	NQL
纵向速度控制	Longitudinal Speed Control	LSC
卷积神经网络	Convolutional Neural Network	CNN
反向传播算法	Backpropagation algorithm	BP
均方根误差	Root Mean Squared Error	RMSE
分层强化学习	Hierarchical Reinforcement Learning	HRL
半马尔可夫决策过程	Semi – Markov decision process	SMDP
运动基元	Motion Primitive	MP
机器人操作系统	Robot Operating System	ROS
深度 Q 网络	Deep Q – Network	DQN
双重深度 Q 网络	Double Deep Q – Network	DDQN
迁移学习	Transfer Learning	TL
认知地图	Cognitive Map	
同步建图与定位	Simultaneous Localization And Mapping	SLAM
后继强化学习	Successor Representation	SR

索　引

A ~ Z

B

C

D

F

K～M

P ~ Q

R

S

（王彦祥、张若舒 编制）

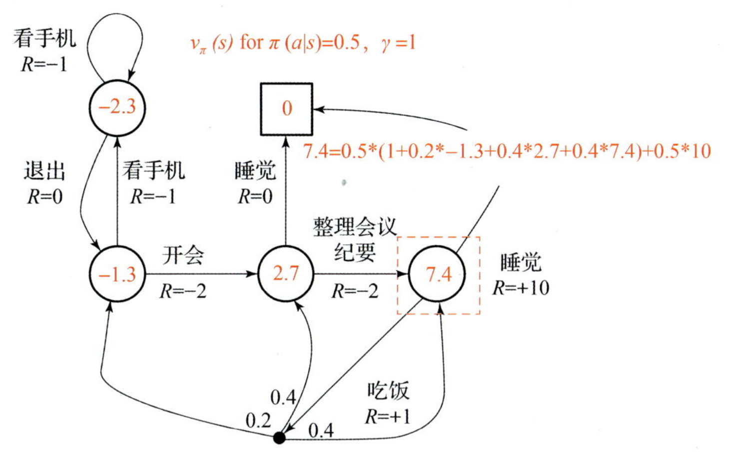

图 2－8　日常工作的马尔可夫决策状态值计算验证

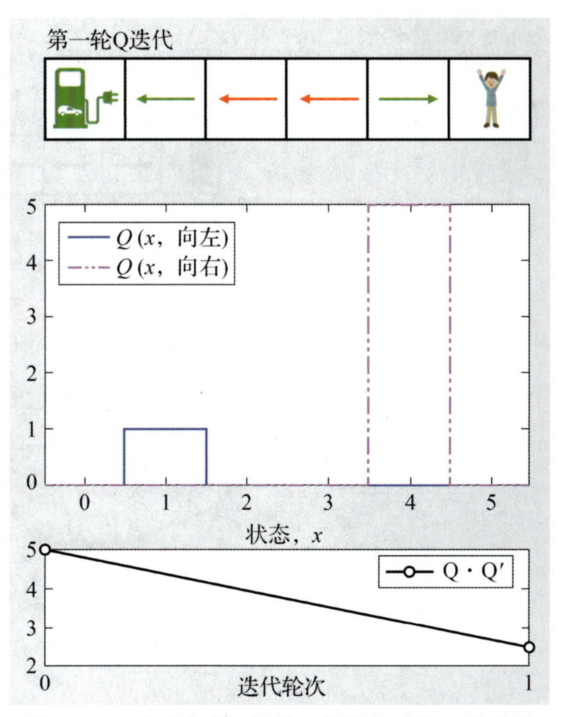

图 2－15　电动汽车环境第一轮迭代后的 Q 值曲线

$Q_2(s, a)$	−1	1
0	0	0
1	1	0
2	0.5	0
3	0	2.5
4	0	5
5	0	0

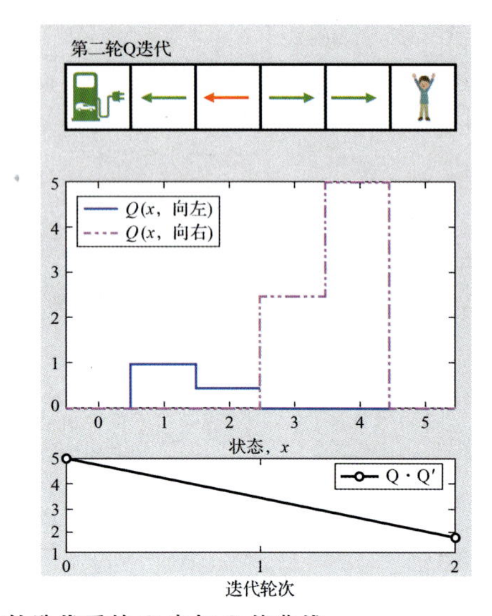

图 2－16　电动汽车环境第二轮迭代后的 Q 表与 Q 值曲线

$Q_4(s, a)$	−1	1
0	0	0
1	1	0.625
2	0.5	1.25
3	0.625	2.5
4	1.25	5
5	0	0

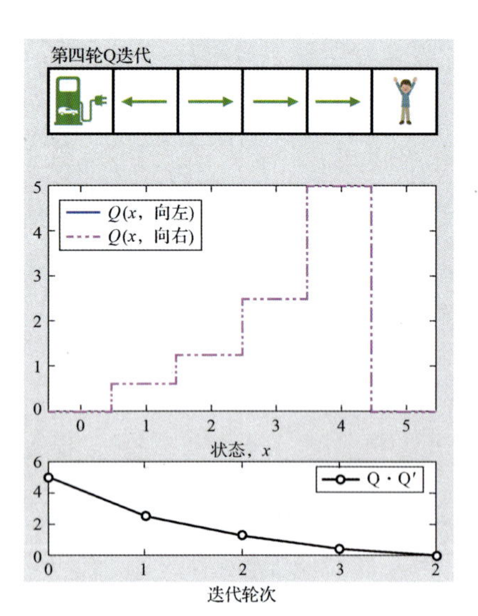

图 2－17　电动汽车环境第四轮迭代后的 Q 表与 Q 值曲线

$Q_5(s, a)$	-1	1
0	0	0
1	1	0.625
2	0.5	1.25
3	0.625	2.5
4	1.25	5
5	0	0

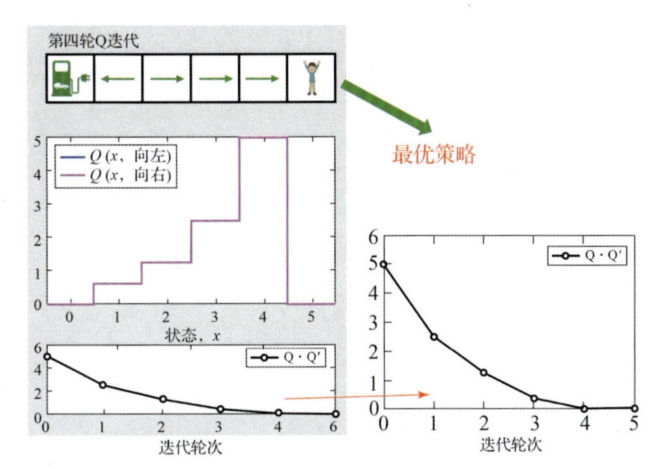

图 2-18　电动汽车环境迭代收敛时的 Q 表与 Q 值曲线

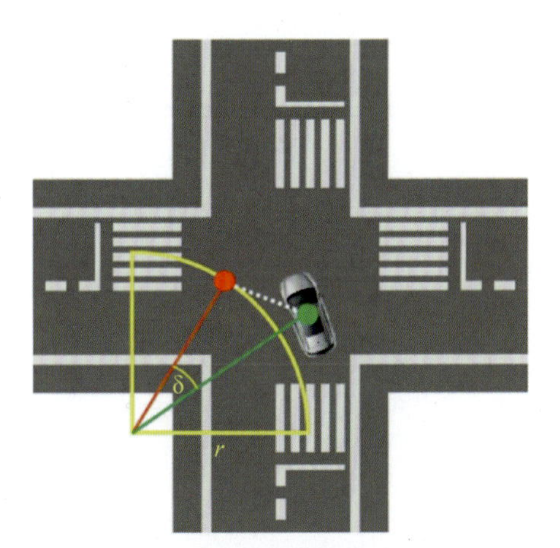

图 3-8　路径跟踪控制实验场景

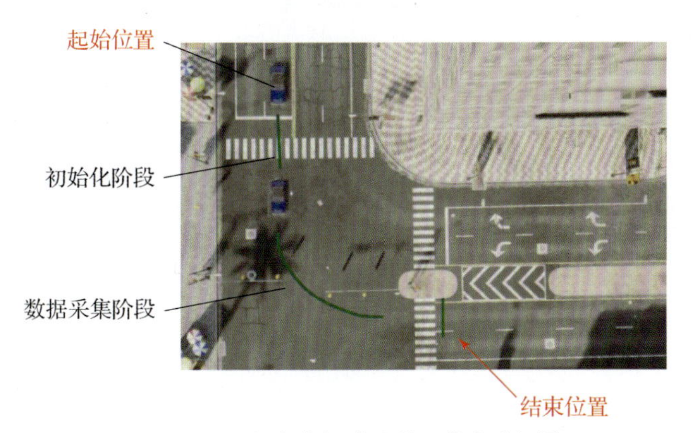

图 3-10　向人类驾驶员学习的实验场景

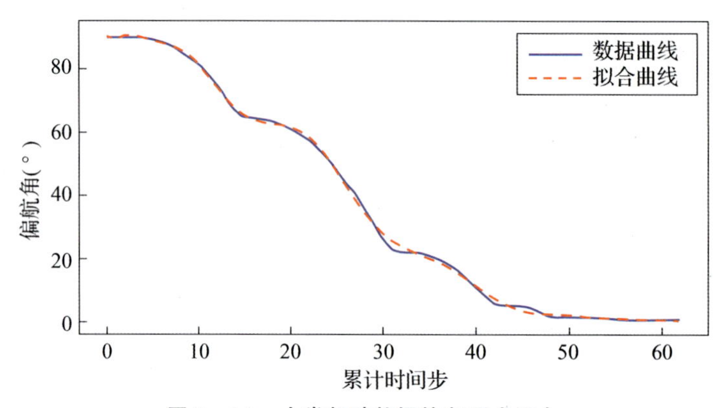

图 3-11　人类驾驶数据的多项式拟合

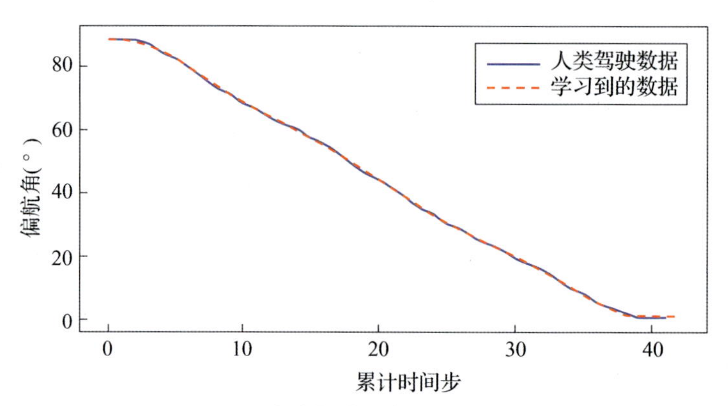

图 3-12　向人类驾驶员学习的转弯实验结果

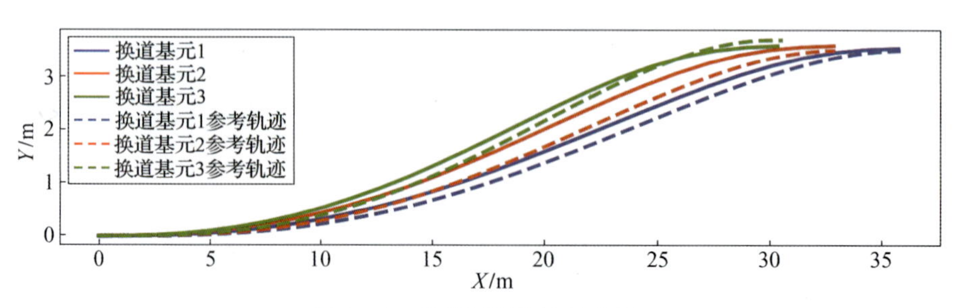

图 4-8　换道基元轨迹结果图

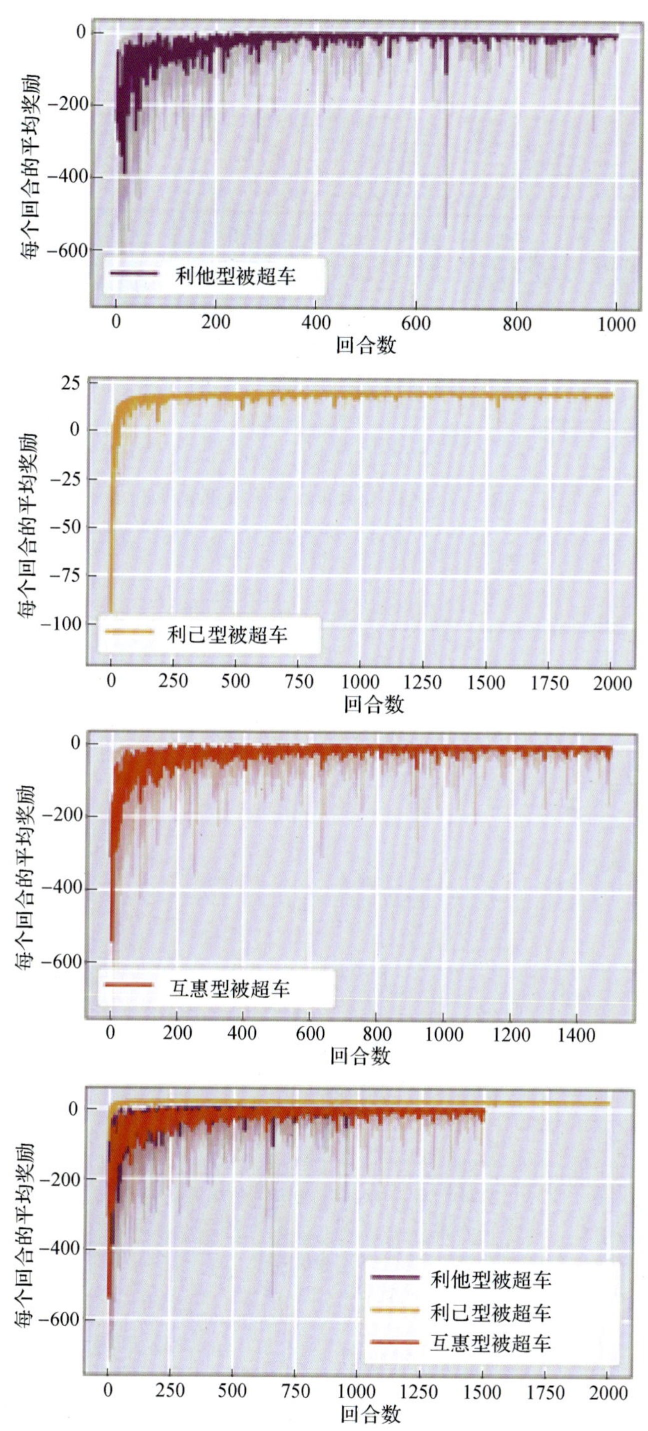

图 4－21　半基于模型的改进 Q－learning 算法训练结果对比图

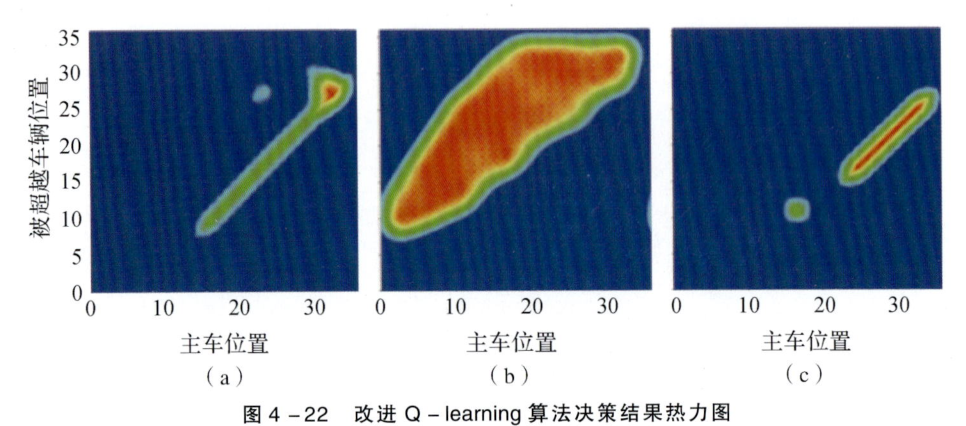

图 4-22　改进 Q-learning 算法决策结果热力图

（a）被超越车辆为利他型；（b）被超越车辆为利己型；（c）被超越车辆为互惠型

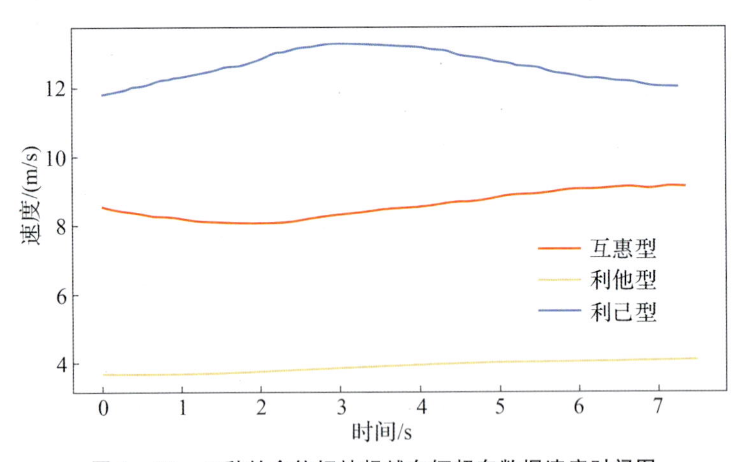

图 4-23　三种社会偏好被超越车辆超车数据速度时间图

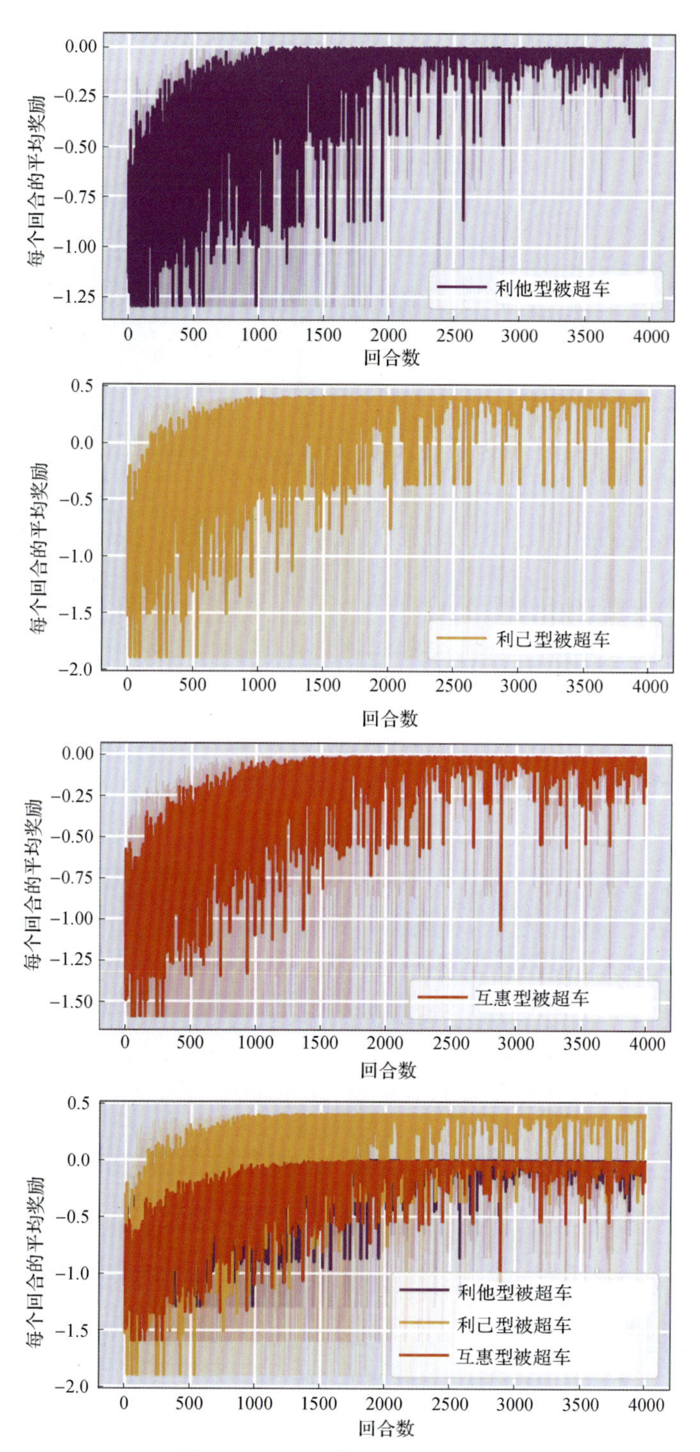

图 5－1　DQN 算法训练结果对比

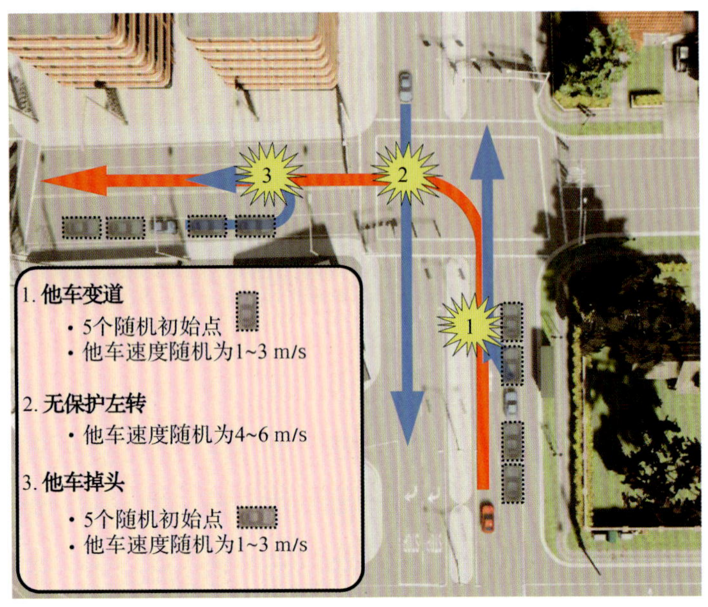

图 5-9 仿真实验场景示意图

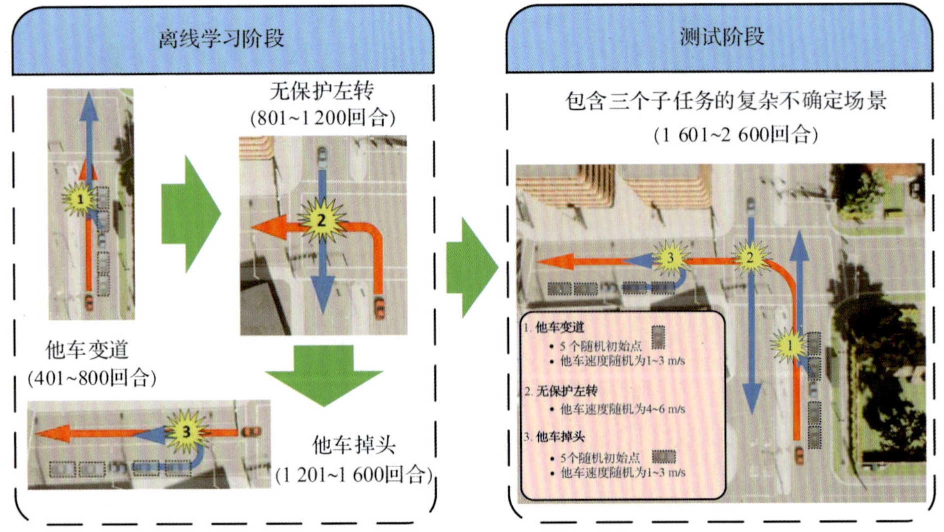

图 5-10 离线学习与测试示意图

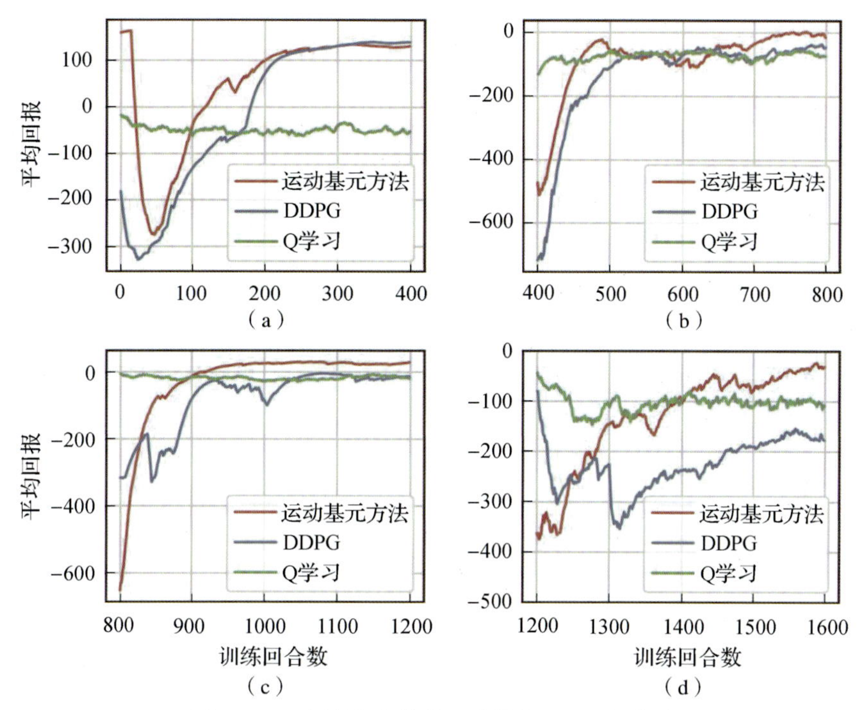

图 5－11 子任务离线学习阶段的平均回报曲线

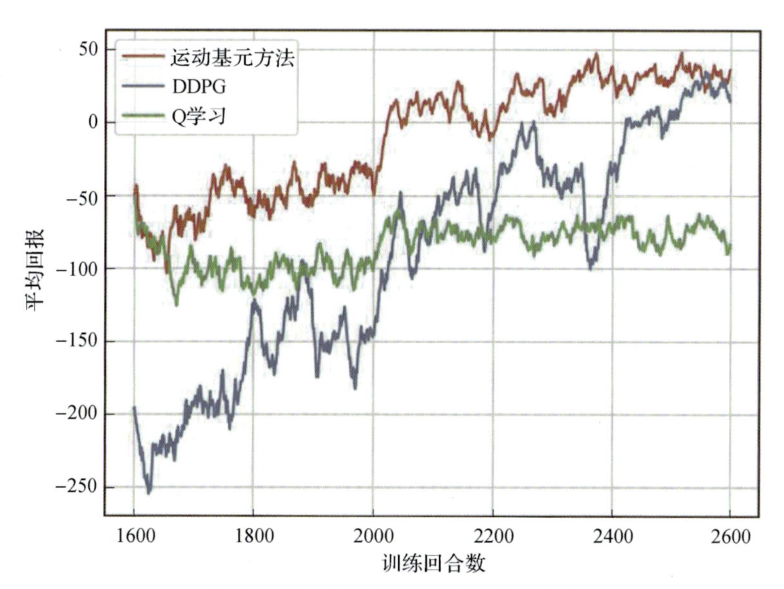

图 5－12 测试阶段的平均回报曲线

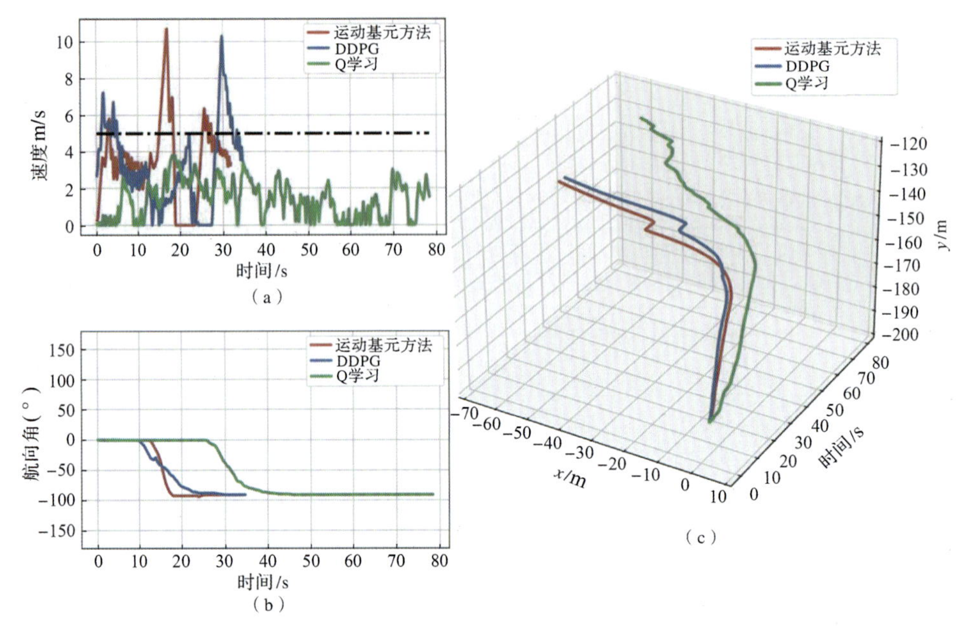

图 5－13　测试阶段自车的运动学参数曲线

(a) 速度－时间曲线；(b) 航向角－时间曲线；(c) 测试阶段时空轨迹

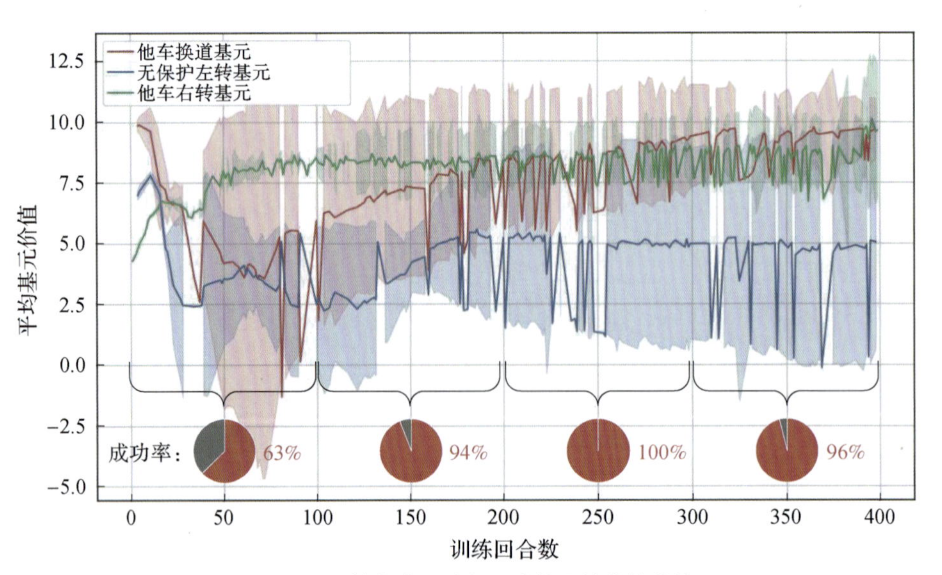

图 5－16　基本学习时各运动基元的价值曲线

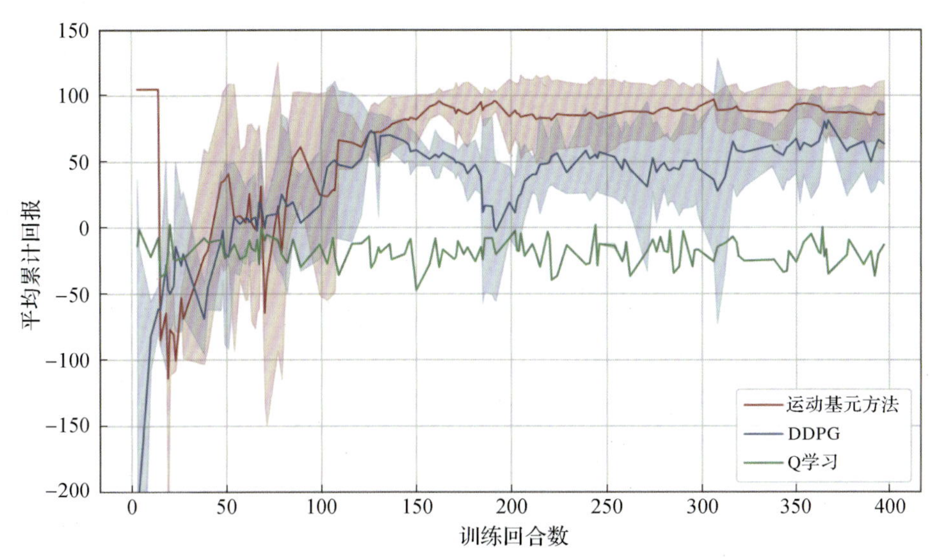

图 5－17　基本学习时各方法累计回报曲线

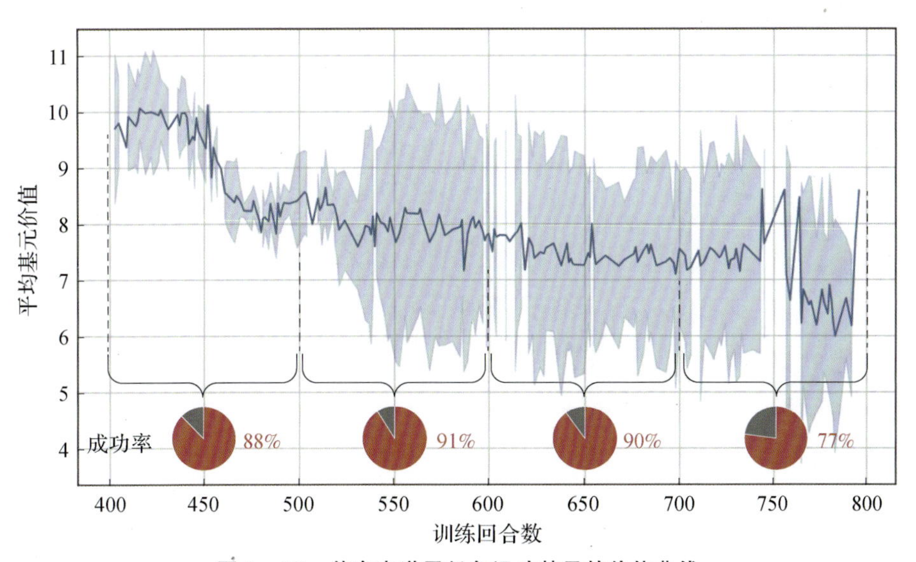

图 5－18　他车变道子任务运动基元的价值曲线

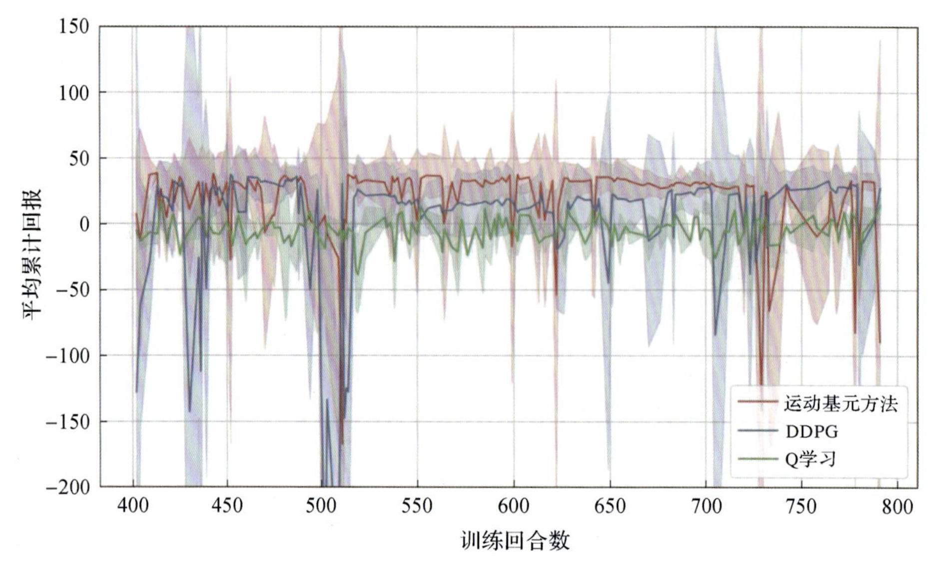

图 5－19　他车变道子任务各方法累计回报曲线

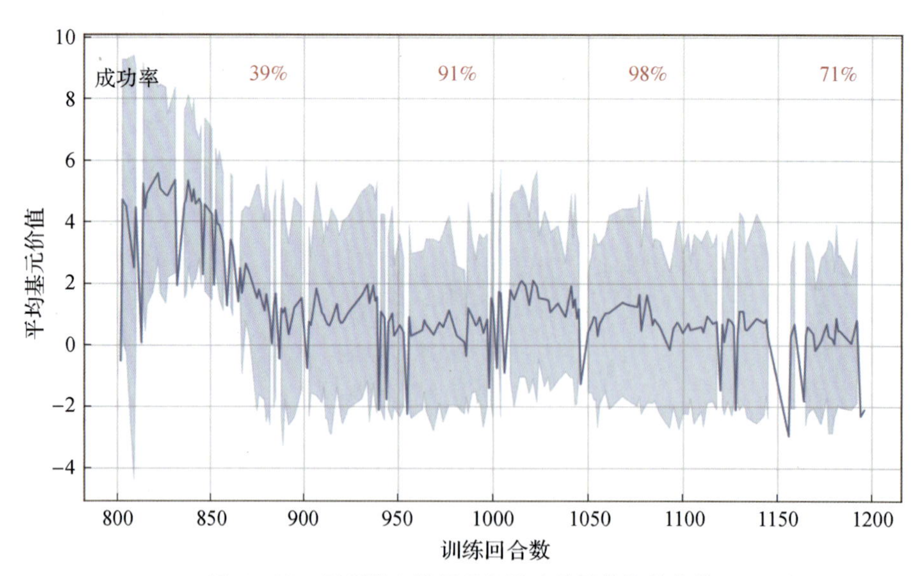

图 5－20　无保护左转子任务运动基元的价值曲线

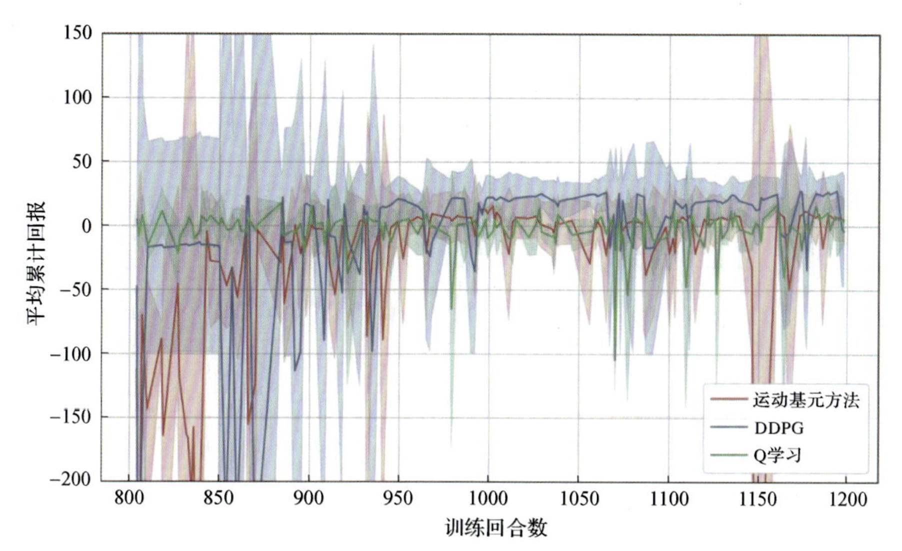

图 5－21　无保护左转子任务的各方法累计回报曲线

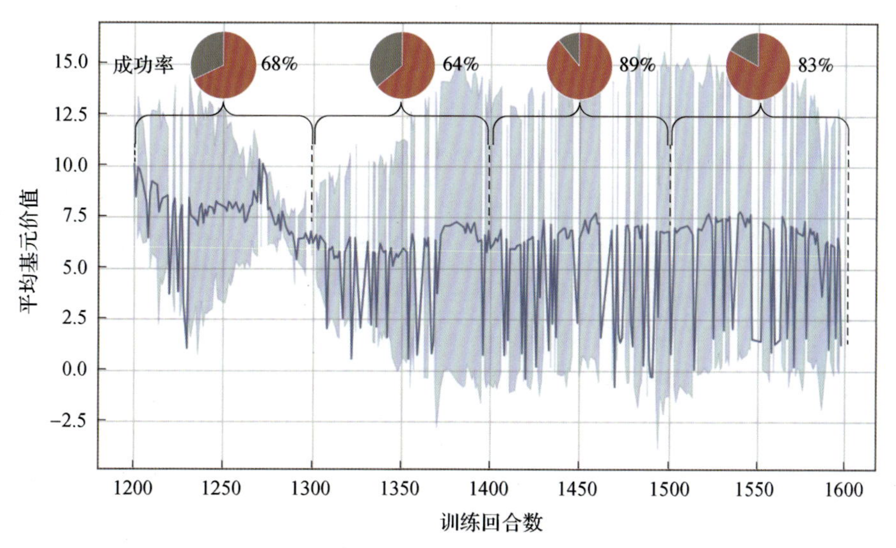

图 5－22　他车右转子任务运动基元价值曲线

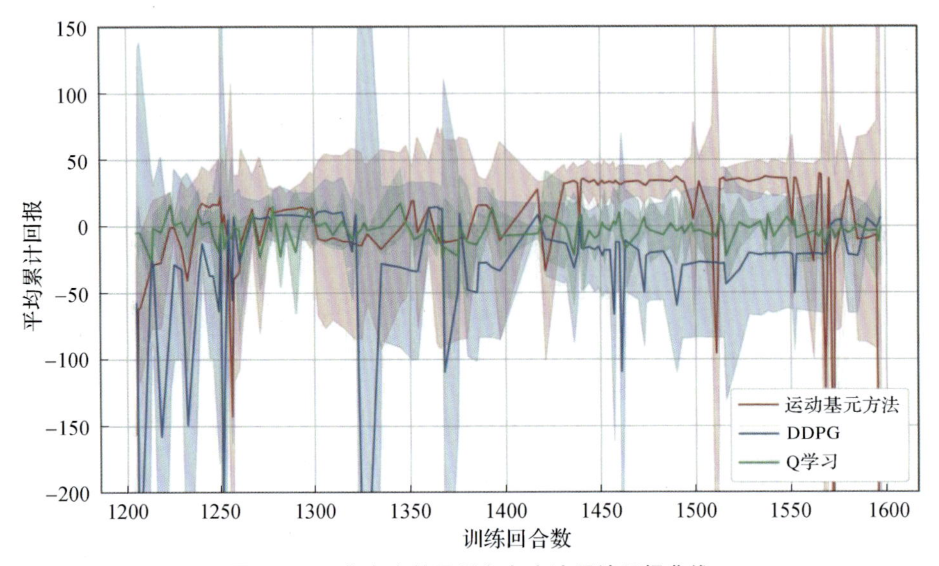

图 5－23　他车右转子任务各方法累计回报曲线

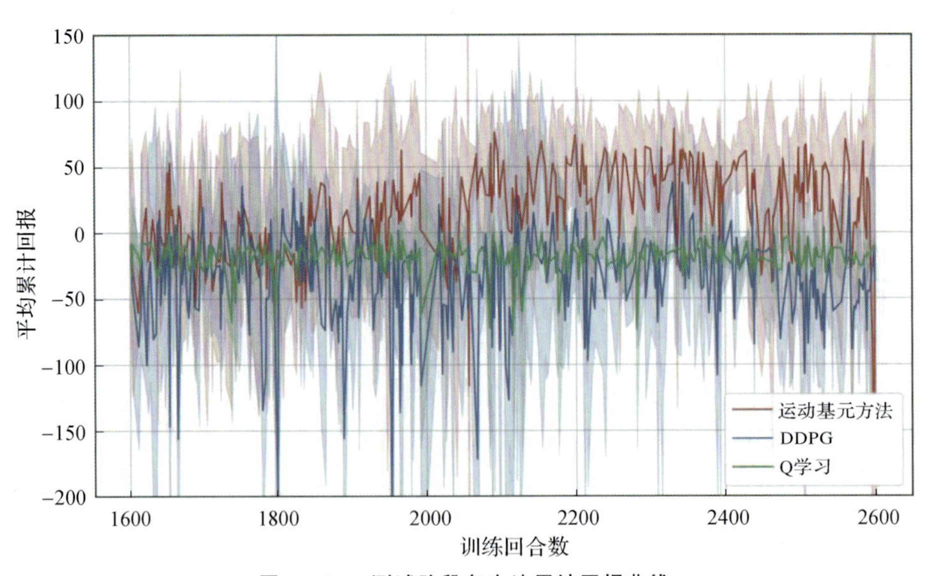

图 5－24　测试阶段各方法累计回报曲线

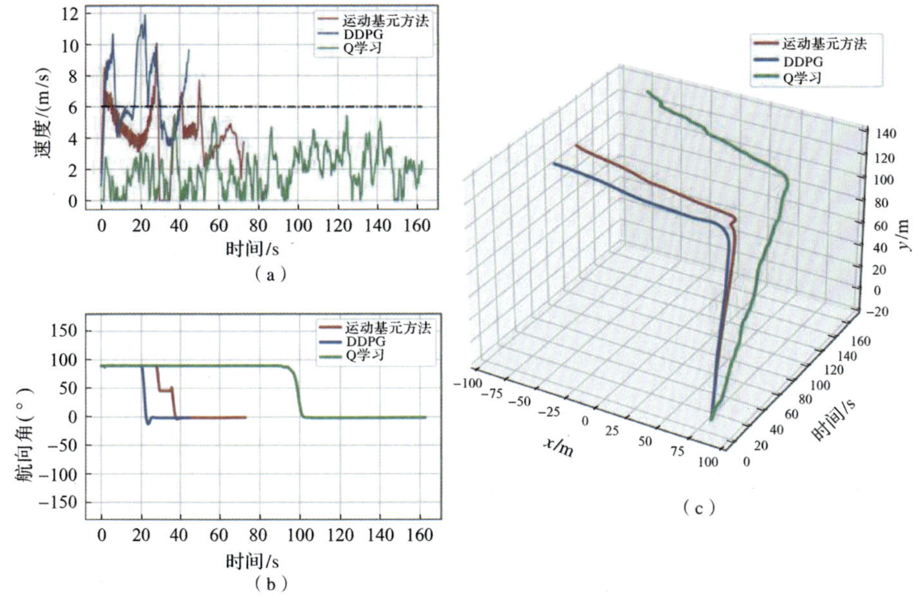

图 5-25 实车数据实验测试阶段自车的运动学参数曲线

(a) 速度曲线；(b) 航向角曲线；(c) 时空轨迹

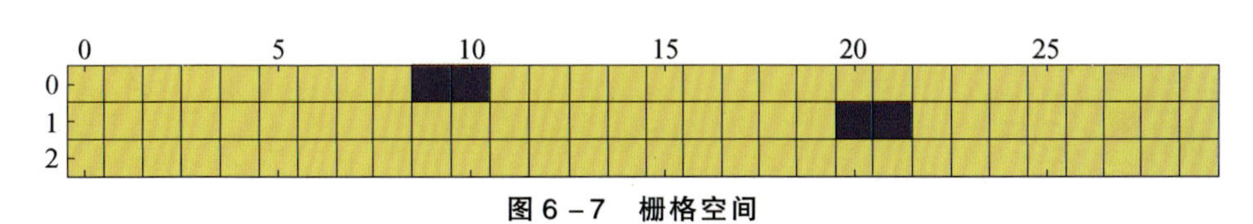

图 6-7 栅格空间

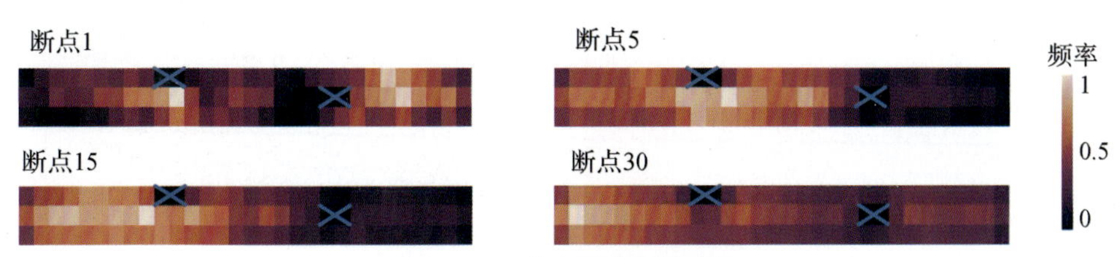

图 6-10 状态栅格探索变化